그리스도의 임재

The Abiding Presence

by Hugh Martin

스코틀랜드 P&R 시리즈는 칼빈의 종교개혁에 이어 1560년 존 낙스(John Knox)가 주도한 스코틀랜드 종교개혁과 그 신앙을 면면히 계승한 언약도, 그리고 자유교회를 지향한 탁월한 신학자 등 영적 위인들의 명저를 소개합니다. 존 낙스, 사무엘 루터포드(Samuel Rutherford), 윌리엄 거스리(William Guthrie), 로버트 트레일(Robert Traill), 토마스 보스톤(Thomas Boston), 토마스 찰머스(Thomas Chalmers), 제임스 배너만(James Bannerman), 존 던컨(John Duncan), 로버트 맥체인(Robert McCheyne), 앤드류 보나르(Andrew Bonar), 호라티우스 보나르(Horatius Bonar), 휴 마틴(Hugh Martin) 등 일일이 열거하기 힘들 만큼 많은 영적 위인들이 스코틀랜드 개혁 신앙의 맥을 이어왔습니다. 오늘날 대중에게 알려지지 않은 것이 안타까울 만큼 신학적으로나 신앙적으로 너무나 탁월하고도 경건한 글들을 접함으로써 조국 교회 사역자들과 성도들이 천상의 잔치에 참여하게 되기를 소망합니다.

그리스도의 임재

휴 마틴 지음 | 황의무 옮김

지평서원

추천의 글 _ 윤종훈 교수 · 6

part 1. 임재의 원리

1. 임재와 전기(biography)의 결합 · 15
2. 성령의 임재 · 23
3. 역사적 임재 · 32
4. 말씀을 통한 임재 · 46
5. 복음의 영감 · 58
6. 복음서: 왕의 갤러리 · 62

part 2. 성경에 나타난 그리스도의 임재

7. 왕이 방문한 갤러리 · 73

part 3. 지금도 계속되는 그리스도의 임재

8. 성령을 통한 그리스도의 임재 · 175
9. 하나님의 영광을 아는 빛(계시) · 197
10. 백성들 안에 임재하신 그리스도 · 218
11. 동시대를 살아가는 모든 성도 · 271

| 추천의 글 |

그리스도의 현재적이고도
실제적 임재를 경험하라

윤종훈 교수

휴 마틴! 그는 누구인가?

휴 마틴(1821-1885)은 세간에 널리 알려진 인물은 아니지만 분명 위대한 하나님의 사람이었습니다. 그는 19세기 스코틀랜드 출신의 위대한 목회자이자 신학자로서, 독일의 합리주의 사상이 밀물처럼 스코틀랜드를 휩쓸 당시에 스코틀랜드 개혁주의와 정통주의 신학을 사수하였던 진정한 칼빈주의 신학자입니다.

휴 마틴은 23세부터 42세까지 목회 사역에 최선을 다하였으며 수많은 열매들을 거두었습니다. 그러나 후에 그는 병약한 육신으로 인하여 목회 사역을 그만두고 다양한 문서 사역을 통해 스코틀랜드의 개혁주의 신학을 고수하고 전파하는 대표적인 주자로 쓰임받았습니다.

특히 그는 '영국 및 해외 복음지(The British and Foreign Evangelical Review)'의 편집장이자 뉴 칼리지 총장인 윌리엄 커닝햄(William Cunningham)

과, '표어(Watchword)'의 편집장인 제임스 베그(James Begg)와 함께 개혁주의 신학, 특히 '은총의 교리(The Doctrines of Grace)'를 수호하는 데 남은 생애를 바쳤습니다. 훗날 제임스 베그는 휴 마틴의 지병을 선하게 사용하여 목회 사역 대신에 문서 사역을 감당하게 하신 하나님의 역사를 '신비로운 섭리(A Mysterious Providence)'라고 불렀습니다.

휴 마틴의 글은 매우 논리적이며 설득력이 넘칩니다. 그의 글에는 예리한 신학적 분석력과 목회 현장에서의 경험이 서려 있으며, 복음을 향한 식을 줄 모르는 뜨거운 열정과 통찰력이 담겨 있습니다.

그는 많은 저서들을 남겼습니다. 특히 심오한 영적 내면의 치유책을 제시해 주는 작품 중에서 『갈보리의 그림자』(The Shadow of Calvary)는 십자가를 감당하신 예수님의 행적을 주도면밀하게 추적하여 다룹니다. 또한 『속죄론』(The Atonement)은 예수님이 십자가에 달려 죽으심으로써 하나님의 자녀들에게 어떤 엄청난 결과를 가져왔는지를 교훈해 주는 십자가 해설서입니다. 그 외에도 『그리스도의 머리 되심과 교회의 부흥』(The Headship of Christ and Revival in the Church), 『요나의 인격과 소명』(Jonah, His Character and Mission), 『웨스트민스터 영감교리』(Westminster Doctrine of Inspiration) 등의 주옥같은 작품들이 있습니다.

그리스도의 전기와 임재

본서 『그리스도의 임재』(The Abiding Presence)는 복음서에 제시된 그리스도의 임재를 매우 구체적이고도 세밀하게 분석한 작품입니다.

휴 마틴은 먼저 마태복음의 맨 처음 구절과 마지막 구절을 들어 복음서에 나타난 그리스도의 임재를 두 가지 원리로 분석하고 있습니다. "아브라함과 다윗의 자손 예수 그리스도의 계보라"(마 1:1)라는 말씀에 나타난 그리스도의 계보, 즉 전기(Biography)의 측면과 "볼지어다. 내가 세상 끝 날까지 너희와 항상 함께 있으리라"(마 28:20)라는 말씀에 나타난 그리스도의 임재(Presence)의 측면을 결합하고자 시도하는 것입니다.

휴 마틴은 마태복음의 이 두 사상, 즉 그리스도의 전기와 임재가 불가분리적 관계임을 지적합니다. 즉, 그리스도에 관한 전기는 불분명한 임재에 구체적이고도 현시적인 행위와 언어를 공급해 주며, 그리스도의 임재는 전기에 현재적 실재와 생명을 부여해 준다는 상관관계를 가지는 것입니다. 전기는 임재를 통해 살아 숨 쉬며, 임재는 전기를 통해 구체적인 윤곽을 드러냅니다. 전기는 그리스도에 대한 생생한 표현이지만 임재가 없다면 한낱 위대한 인물에 대한 기록에 불과하며, 반면 전기가 없는 임재는 불투명한 오해를 부추기는 결과를 가져올 것입니다.

또한 휴 마틴은 그리스도의 전기로서의 영감된 복음이 점도 흠도 없는 정확 무오 한 하나님의 말씀임을 논증합니다. 그리고 이러한 말씀을 통해 그리스도의 임재를 체험하는 것, 즉 그분의 전기와 임재를 동시에 소유하는 것이 그리스도인에게 가장 복된 일이며 진정한 행복을 누리는 것임을 천명하고 있습니다.

그리스도의 세례, 시험, 회당설교, 십자가 속에 드러난 그분의 실제적 임재!

그리스도는 물세례와 성령의 기름 부으심(성령세례)을 통하여 성부 하나님으로부터 영원한 증거를 받으셨습니다. 이러한 그리스도의 전기는 멀리 떨어져 계시는 분이 아니라 우리 삶 속에 찾아오시는 그리스도의 임재를 함축하고 있습니다.

갈라디아서 3장 26-28절 말씀은 성령의 기름 부으심을 통하여 우리가 그리스도께 접붙인 바 되는 성령세례를 받아 하나님의 자녀가 되고 하나가 된다는 것을 선포하고 있습니다. 그리스도의 세례는 성도에게 그리스도와 연합되는 은혜의 기초를 제공하는 것입니다.

마태복음 4장에 기록된 바 그리스도께서 시험받으신 사건은 그리스도의 영원한 승리를 선포하고 있습니다. 그리스도의 영원한 승리는 오늘날에도 동일하게 공격하는 사탄의 시험에 맞서는 그리스도인들의 끊임없고도 연속적인 승리의 표본이 됩니다. 여기서 휴 마틴은 사탄이 주도면밀하고 교활하게 공격하는 목표물은 다름 아닌 '그리스도의 하나님의 아들 되심(Sonship)'임을 자세히 논증합니다. 사탄은 치밀하고도 조직적으로 '아들 됨'에 대하여 거침없는 공격을 가하였으나, 그리스도는 말씀의 능력으로 사탄의 시험을 침몰시켜 버렸습니다. 사탄은 오늘날의 그리스도인들에 대해서도 동일하게 주님의 자녀 됨을 계속 공격합니다. 그러나 그리스도의 성부의 아들 되심을 성령께서 인치시고 성부께서 증언하신 것처럼, 오늘날 우리들의 자녀 됨을 내적인 성령의 인치심과 외적인 성부의 말씀이 증거하고 있음을 기억해야 할 것입니다.

또한 그리스도께서는 회당설교를 통하여 영원한 설교를 선포하였습니다. 그리스도의 설교는 성령이 임한 설교였습니다. 말씀과 성령은 불가분리의 관계에 있습니다. 성령이 없는 말씀은 죽은 것이며, 말씀이 없는 성령은 말 못하는 벙어리와 같습니다. 이는 마치 웅장한 왕궁에 왕이 거하지 않아 그곳이 황폐한 사막과 같이 변해 버리는 것과 같습니다. 그리스도의 회당설교에 대한 전기에는 당시나 오늘날이나 동일하게 성령이 임재하십니다. 말씀을 묵상하면서도 성령의 임재를 의식하지 못하는 것은 물 없는 구름이 하늘 위에 둥둥 떠 있는 것과 같은 것입니다.

무엇보다도 그리스도의 십자가 사건은 그분의 영원한 희생을 보여 주는 희생제사이며, 영원하신 성령을 통해 드려진 영원한 희생이었습니다. 이 영원하신 성령으로 말미암아 자신을 하나님께 제물로 드리신 그리스도는 죽음에 관하여 기록된 말씀 가운데 실제로 임재하심으로써 그 말씀을 단순한 전기가 아니라 지금도 살아 역사하는 현재적 기록이 되게 하였으며, 그 말씀 속에서 자신을 죽었다가 다시 살아나신 분으로 계시하였습니다.

현대 그리스도인들이여, 그리스도의 실제적 임재를 날마다 경험하라!
휴 마틴은 그리스도의 전기가 오늘날 그리스도인들의 매일의 삶 속에서 성령을 통하여 주님의 실제적이고도 인격적인 임재로 역사하고 있다는 것을 논증합니다.
그리스도인들이여, 영혼 외부에서 일어나는 외적 계시와 영혼 내부에서 일어나는 내적 계시를 통해 지금 이 순간에도 자신의 백성 가운데 찾아오시는 그리스도의 임재를 삶의 현장에서 체험하십시오!
휴 마틴은 그리스도의 임재를 일으키는 동인들(Causes)을 '그리스도'와, '그리스도께서 찾아오시고 동행하심으로써 살아 있는 성전이 된 나'로 요약하고 있습니다. '그리스도'는 절대적 동인이며, '나'는 절대적 동인에 종속된 협력적 동인이라는 것입니다. 그리스도의 임재에는 이 두 가지 동인이 모두 반드시 필요합니다. 따라서 그리스도인들은 믿음이라는 통로를 통하여 그리스도의 임재를 풍요롭게 향유하며 살아가야 할 책임과 의무를 집니다.
마지막으로, 휴 마틴은 그리스도의 임재로 말미암아 성도에게 그리스도의 거룩함이 보장되며, 우리의 지체들을 그리스도의 심장으로 뜨겁게 사랑하고, 우리 가운데 닥친 핍박의 의미와 원인과 해결 방안을 얻게 되며, 앞으로 주어질 영광의 인침과 소망과 보증을 얻는 복되고도 놀라운 역사를 창출하게 될 것임을 강조하고 있습니다.

성도 여러분!

오늘 저는 여러분을 그리스도의 전기(Autography)와 임재(Presence)가 함께하는 그리스도의 잔치에 초대합니다! 오늘날 목회자들을 위시하여 수많은 성도들이 임마누엘 하나님 되신 그리스도의 임재를 경험하지 못한 채 날마다 세상의 방식과 허탄한 생각에 사로잡혀 무능력한 모습으로 살아가고 있는 현실을 목도하면서, 모든 한국 교회의 성도들이 진정한 은혜의 향연이 펼쳐지고 있는, 영원한 성령의 충만함 속에 펼쳐지고 있는 그리스도의 임재를 영혼 깊숙이 체험하고 그 은혜에 감격하면서 살아가는 역동적이고도 창조적인 하나님의 사람들이 되기를 주님의 이름으로 축복합니다.

윤종훈(尹鍾訓) 교수는 총신대학교(B.A)와 총신대 신학대학원(M.Div), 총신대 일반대학원(Th.M)을 졸업한 후, 250년의 역사를 자랑하는 영국 University of Wales, Lampeter에서 영국 부흥 운동의 최고 권위자인 Eifion Evans 교수의 지도 아래 청교도 신학을 전공하였으며, 특히 청교도 신학의 황태자로 불리는 존 오웬(John Owen)의 성화론(Sanctification)으로 박사 학위(M.Phil, Ph.D)를 취득하였습니다. 그리고 현재 총신대학교 신학과 역사신학 교수로 재직하고 있으며, 최근 논문인 「존 오웬의 죄죽임론(죄억제론)에 나타난 성화론의 은혜와 의무의 상관관계에 대한 개혁주의적 이해」를 위시하여 수많은 논문들을 학계에 발표하였습니다.

part 1

임재의 원리

1. 임재와 전기(biography)의 결합
2. 성령의 임재
3. 역사적 임재
4. 말씀을 통한 임재
5. 복음의 영감
6. 복음서: 왕의 갤러리

The Abiding Presence

chapter

1

임재와 전기biography의 결합

"아브라함과 다윗의 자손 예수 그리스도의 계보라"(마 1:1).
"볼지어다 내가 세상 끝 날까지 너희와 항상 함께 있으리라"(마 28:20).

"아브라함과 다윗의 자손 예수 그리스도의 계보라"(마 1:1)라고 시작되는 마태복음의 서두를 마태복음 1장만이 아니라 전체의 제목이라고 본다면, 우리는 이 말을 예수 그리스도에 관한 회고록이나 전기(biography)라는 현대적 표현과 동일한 의미로 해석할 수도 있을 것입니다. 그러나 이 책이 "볼지어다. 내가 세상 끝 날까지 너희와 항상 함께 있으리라"(마 28:20)라는 주인공의 말로 끝난다는 사실을 안다면, 이것을 단순한 회고록이나 전기로 보기는 어려울 것입니다.

"너희와 항상 함께 있으리라"라는 놀라운 말씀을 끝으로 이 땅에서의 생애를 마감하셨을 뿐만 아니라 "나는 처음이요 마지막이니 곧 살아 있는 자라. 내가 전에 죽었었노라. 볼지어다. 이제 세세토록 살아 있어"(계 1:17,18)라고 말씀하신 그분에게 이런 표현은 어울리지 않습니다. 복음서는 결코 고인에 대한 회고록이나 그에 관한 추억을 기록한 책이 아닙니다. 실로 그분은 지금도 우리와 함께 계십니다.

본 장에서는 임재에 관한 예수님의 마지막 약속이 그분에 관해 기록된 전기에 부여하는 정확한 가치와 구체적인 독특성에 대해 살펴볼 것입니다.

확실히 그분의 약속은 그분의 전기를 그 어떤 책보다도 가치 있고 귀중한 위치에 올려놓았습니다. 이 약속의 주체가 예수님이며 약속의 내용이 임재에 관한 것이라는 사실만으로도 충분히 그렇습니다. 또한 이 약속은 기록된 말씀에 독특하고도 통일성 있는 목적과 생명력을 부여합니다.

사람이 죽고 나면 비록 이 땅에서 더 이상 인격적 교제를 나눌 수는 없다 하더라도 그에 대한 전기를 통해서 큰 유익과 실제적 가치를 얻을 수는 있습니다. 특별히 우리와 영원히 함께하시겠다는 놀라운 말씀을 남기고 떠나신 예수님의 전기는 그분의 임재를 날마다 의식하면서 그분과 인격적이고도 살아 있는 교제를 나누게 하는 수단입니다.

"볼지어다. 내가 세상 끝 날까지 너희와 항상 함께 있으리라"(마 28:20).

나는 각별했던 친구의 전기를 읽을 때마다 우울한 기분을 떨쳐 버릴 수 없습니다. 슬프게도 그는 이미 우리의 곁을 떠났으며, 그가 남긴 것이라고는 그에 관한 기록이 전부이기 때문입니다. 그것을 바라보거나 한 줄씩 읽어 내려가노라면 그의 공백으로 인한 상실감과 허전한 마음이 물밀 듯이 엄습하는 것을 막을 길이 없습니다.

그러나 예수님에 관한 전기는 오히려 손에 들 때마다 그분의 심장 박동을 더욱 깊이 느끼게 합니다. 거기에는 결코 나를 떠나지 않으시겠다는 그분의 마지막 약속이 살아 숨 쉬기 때문입니다. 실로 무소부재하신 하나님의 편재성으로 인해, 특히 성령의 주권적이고도 은혜로우신 임재로 말미암아, 우리의 손에 들려 있는 전기의 주인공이신 그분이 지금도 우리와 함께 계시기 때문입니다.

그러므로 그분의 언행과 교훈과 삶과 죽음과 부활에 관한 기록은 결코 과거의 죽은 역사가 아니라 살아 숨 쉬는 전기이며, 그것이 증거하는 그분과 마찬가지로 앞으로도 '영원히 살아 있을' 것입니다. 예수님은 기록된 전기, 즉 '예수 그리스도의 계보(세계)' 안에서 '언제나 우리와 함께' 영원히 거하실 것입니다.

그렇다면 이제 이러한 임재와 기록된 말씀(전기)을 동시에 소유하는 놀라운 은총에 대해서 구체적으로 살펴보겠습니다. 먼저, 이 두 가지 중 어느 한 가지만을 소유하는 경우에 대해 살펴봅시다. 하나는 예수 그리스도의 임재는 없이 전기만을 소유한 경우이며, 또 하나는 전기는 없이 그리스도의 임재만을 소유한 경우입니다.

1. 전기만 소유한 경우

그리스도의 전기만 소유한 경우를 살펴봅시다. 그분의 전기는 놀라운 기적으로 가득합니다. 그 내용이 너무나도 흥미로워서 나는 그것을 읽고 또 읽습니다. 이것이 믿음의 산물이라면 나에게는 그것만으로도 충분하며, 이보다 더욱 완벽하게 소화하기란 어려울 것입니다.

그러나 그것이 전부라면, 나는 단지 오래전에 일어났던 매우 흥미로운 사건들에 관한 역사적 기록만을 알고 있는 것일 뿐입니다. 이러한 지식만으로는 직접적이고도 인격적이며 현재적인 것에 대한 그 어떤 확신이나 이해도 얻을 수 없습니다. 어쩌면 나는 기록된 말씀을 통해 실제로 은혜를 받고 영광스러운 능력과 자비의 역사를 발견한 사람들을 시기할지도 모릅니다. 특히 인격적인 사랑의 메시지나 증거를 받았거나 치유의 역사나 하나님의 거룩을 실제로 체험한 사람들을 부러운 눈으로 바라볼 것입니다.

내가 만일 저 자리에 있다면, 은혜의 주요 영광의 왕이신 주님께서 나도 깨끗하게 해 주신다면, 이 악한 영과 부패한 심령을 명하여 나에게서 나와 다시는 들어가지 못하게 해 주신다면, 실로 그렇게만 해 주신다면 나의 눈도 밝아질 것입니다. 주여, 나에게도 사랑스러운 눈빛과 부드러운 음성으로 "요한의 아들 시몬아, 네가 나를 사랑하느냐?"(요 21:16)라고 물으시고, 나로 하여금 "주님, 모든 것을 아시오매 내가 주님을 사랑하는 줄을 주님께서 아시나이다"(요 21:17)라고 대답하게 해 주지 않으시렵니까?

그러나 안타깝게도 이러한 생각은 모두 허황된 망상에 불과합니다. 그것은 단지 간절한 소원에서 나오는 헛된 몸부림에 지나지 않습니다. 기껏해야 기록된 사건에 관한 어설픈 개념만을 형성한 채, 내가 그 현장에 서 있다는 혼자만의 착각에 빠져 있는 것일 뿐입니다. 그리고 이러한 착각에서 깨어나는 순간 나는 여전히 혼자라는 사실에 말할 수 없는 고통을 느끼게 될 것입니다.

나의 손에는 오직 과거의 죽은 역사만이 남아 있습니다. 나에게 전기만 있을 경우, 그것을 통해 감동을 받으면 받을수록 예수님의 모든 말씀과 행위가 나와는 무관하다는 철저한 소외감으로 인하여 더욱더 큰 아픔과 회한이 밀려올 것입니다.

그러나 전기뿐만 아니라 "볼지어다. 내가 너희와 항상 함께 있으리라"라는 임재의 약속도 함께 가지고 있다면, 나는 이 모든 슬픈 탄식은 물론 그 원인들로부터도 벗어나게 될 것입니다. 예수님의 전기를 읽는 동안 나는 이 전기가 증거하는 분이 실제로 나와 함께 계신다는 사실을 믿음으로 깨닫게 될 것입니다. 그분의 전기 안에서, 그리고 그것을 통해 그리스도의 임재를 체험하게 되는 것입니다.

지금까지 그분의 전기는 기껏해야 나의 생각을 헛된 망상이나 모호하고도 비현실적인 현장으로 몰고 가는 수단에 불과했지만, 이제 그것은 죽은 역사적 문헌이 아닙니다. 그분의 전기는 본래의 역사적 실재로 가득하고 현재적 생명과 진리로 용솟음칠 것이며, 풍성한 은혜와 영광으로 빛날 것입니다. 이제 우리에게는 전기를 통해 말씀하실 뿐 아니라 지금도 선을 이루어 가시는 살아 계신 구주 예수 그리스도가 계시기 때문입니다.

2. 임재만 소유한 경우

이제 그리스도의 임재만 소유한 경우에 대해 살펴봅시다. 살아 계시지만 보이지 않는 인격체가 나와 함께하십니다. 그러나 이것이 그분을 알 수 있도록 나에게 주어진 유일한 수단이라고 가정해 봅시다. 나는 엄숙하고도 진지하며 경외심으로 가득합니다. 그러나 나와 함께 계신 그분을 이런 식으로 머릿속에서 어떻게 구체화할 수 있겠습니까? 그저 황당하여 어찌할 바를 모를 뿐입니다.

오직 그분의 임재만이 확실할 뿐 다른 것들은 모호하고 흐릿하다면, 비록 아무리 진지하고 엄숙하다 하더라도, 특히 그분의 따사로움을 확신하여 큰 힘과 위로를 얻을 수 있다 하더라도 모든 것이 불분명하고 구체적이지 않으며, 마치 무언가에 홀린 듯할 것입니다. 마음은 보이지 않는 임재로 인한 중압감에 짓눌릴 것이며, 생각은 무엇인가 뚜렷하지 않은 막연함으로 가득할 것입니다. 그래서 그분이 언제나 내 곁에 계시지만, 나는 오직 나 자신의 판단력에만 의존하여 그분을 상상하려고 애쓸 것입니다.

그러나 이처럼 진지하고도 중요한 문제 앞에서 우리의 주관적 판단은 절대로 피해야 합니다. 이 보이지 않는 존재를 그분의 생각이나 뜻과는 전혀 다르게 나의 생각이나 감정이나 상상력이나 개념으로 잘못 포장해서는 안 되기 때문입니다. 그렇게 된다면 나는 단지 그분의 임재에 대하여 종교적이고도 감상적인 개념만을 형성하게 될 것이며, 결국 그분이 나와 함께 계신다는 신념에서 비롯된 맹신적인 감정에 빠져들 수밖에 없을 것입니다.

따라서 그분에 대한 존경과 사랑이 크면 클수록 그분에 대한 지적인 이해와 신뢰가 더욱 필요합니다. 아울러 주관적 판단에 기초하여 상상해 낸 자신만의 틀로 옷 입히는 잘못을 저질러서는 안 됩니다. 이러한 상상력은 오직 자신의 본성적 요소에서 비롯되는 것으로서, 아름다운 것과 선한 것에 대해 생각할 수 있는 자기 능력의 한계를 결코 넘어설 수 없기 때문입니다.

그렇다고 해서 임재의 개념이나 의미를 찾는 일을 회피한다면, 그것이야말로 자신에게 주어진 영광스러운 특권을 가장 불분명하고도 모호하며 희미한 것으로 전락시키는 결과를 초래하게 될 것입니다.

그분에 대한 정확하고도 가치 있는 개념, 권위 있고도 진실한 정보를 얻을 수 있다면 얼마나 좋을까요? 구체적이고도 확실하게 정의된 그분의 영광을 들여다볼 수 있는 거울은 없을까요? 어디로 가야 그분의 성품의 정확한 특징을 찾아볼 수 있으며, 특히 그분이 무엇을 좋아하며 나에게서 무엇을 원하시는지 알 수 있을까요? 무엇을 통해 그분의 삶이 구체적으로 어떠했는지를 알 수 있을까요? 예수 그리스도의 얼굴에 있는 하나님의 영광을 아는 빛을 비추는 거울은 어디에 있으며, 나와 교통하시는 그분의 분명한 음성을 들을 수 있는 살아 있는 신탁은 어디에 있을까요?

3. 전기와 임재를 모두 소유한 경우

이제 우리는 확실하면서도 영적인 그리스도의 임재와 함께 그분에 관한 정확하고 명확한 전기를 소유하는 특권을 누려야 합니다. 불분명하고 희미하며 유령과 같은 존재나 침묵으로 숨 막힐 듯하며 두렵기만 한 임재가 아니라 기록된 모든 말씀과 은혜와 사랑의 역사가 동일하게 나타나며 성취되는 실제적 임재가 있어야 합니다.

예수님이 베드로와 야고보와 요한에게 전하신 바 "내가 너희에게 하는 이 말은 모든 사람에게 하는 말이니라"(막 13:37)라고 하신 말씀이 나와 함께 계신 그분께서 지금 나에게 하시는 말씀이 되어야 합니다. 지금도 여전히 영과 생명과 은혜와 영광이 충만하신 주님이 이 땅에 육체로 계실 때 했던 말씀과 일들을 나에게도 베푸셔서 자신의 임재를 더 확실하게, 그리고 더 이해하기 쉽게 나타내셔야 합니다.

이처럼 예수님께서 자신의 임재에 관한 약속을 기록된 말씀 안에서 지키신다면, 그분의 임재가 불확실하다거나 분별하기 어렵다거나 공허하다고 말하지 않을 것이며, 결코 이해할 수 없다거나 아무런 유익이나 쓸모가 없다고 불평하지 않을 것입니다. 그리고 더는 실제적인 변화를 기대할 수 없다거나 그것을 논리적으로 개념화하여 다른 사람을 설득하고 효과적으로 변증할 수 없다고 불평하지도 않을 것입니다.

이제 그분은 분명히 드러난 명확하고도 정확한 계시 안에서 나와 함께하십니다. 그분의 복된 음성이 성경을 통해 나에게 말씀하시며, 은혜와 영광으로 충만한 그분의 얼굴이 지금도 기록된 생명의 말씀 안에서 나를 바라보고 계십니다.

임재와 전기의 결합은 우리에게 상상할 거리를 전혀 남기지 않으므로 잘못 상상할 여지가 없습니다. 또한 그것은 감상주의에 빠질 아무런 여지도 남기지 않으므로 왜곡된 감상주의에 빠질 이유도 없습니다. 그것은 어떤 판단력도 요구하지 않고 오직 주어진 하늘의 계시만을 받아들이라고 명령합니다.

우리 주님은 나의 생각이나 종교적 감상이 아니라 바로 이러한 결합을 통해 진리 안에서 나와 함께 거하십니다. 그분은 가장 알아듣기 쉬운 언어로 나에게 말씀하시고, 가장 분명하고도 자비로운 행동으로 나를 치유해 주십니다. 그분은 나의 나병을 고치시고 눈먼 나를 보게 하시며 폭풍 가운데서 구원해 주십니다. 뿐만 아니라 때때로 그분은 나의 무기력을 꾸짖으시고 자신을 부인하는 나를 조용하게 바라보면서 깨우쳐 주십니다. 또한 내가 회개할 때 용서하고 다시 안아 주시며, 자신의 양 떼를 먹일 책임과 특권을 회복시켜 주십니다.

이처럼 임재는 전기에 현재적 실재와 생명을 부여하고, 전기는 불분명한 임재에 구체적이고도 현시적인 행위와 언어를 공급합니다. 전기는 임재를 통해 살아 숨 쉬며, 임재는 전기를 통해 구체적인 윤곽을 가지게 됩니다. 전기는 실물처럼 보이지만 임재가 없으면 살아 있는 것이 아닙니다. 반면에 임재는 살아 있지만 전기가 없으면 실물과 전혀 다른 모습을 띠게 됩니다.

그러므로 그리스도께서 자신의 약속에 따라 하나로 묶어 놓으신 것을 우리의 불신앙으로 갈라놓아서는 안 됩니다. 전기와 임재는 반드시 하나로 결합되어야만 합니다. 그렇게 될 때 전기는 죽은 것이 되지 않고 영원하신 그분이 그 안에 거하게 됩니다.

임재는 결코 신비적이거나 모호한 것이 아닙니다. 그분이 전기에 제시된 대로, 또한 그곳에 구체적으로 드러난 영광을 따라 우리와 함께하시기 때문입니다. 이러한 전기는 단순한 전기 이상입니다. 그것은 바로 예수님의 생명인 것입니다.

chapter

2

성령의 임재

　임재와 전기를 결합시키고 그것을 일치되게 하는 것은 성령의 일입니다. 임재와 전기가 결합할 수 있는 것은 성령을 선물로 주시겠다는 그분의 약속 때문입니다. 장차 예수님은 죄 문제와는 상관없이 우리를 구원하시기 위해 다시 오실 것입니다. 그때까지 그분께서 우리 안에 확실하고도 인격적으로 내주하실 수 있는 유일한 방법이 바로 성령에 의한 임재입니다.

　예수님은 자신의 '고별 강화'에서 이러한 사실을 매우 진지하고도 정교하게, 그리고 다양한 표현을 동원하여 제시하고 있습니다. 한편으로 그분은 자신이 곧 떠날 것이며 자신을 대신할 보혜사 성령을 보내 주실 것이라고 약속하십니다. 그러나 다른 한편으로는 비록 자신이 '다른 보혜사'(요 14:16)를 보내기 위해 떠나지만 그것은 육체적인 임재가 끝난 것일 뿐 자신의 임재가 완전히 끝난 것은 아니며, 자신의 육체가 그들의 눈앞에서 사라져 보이지 않을지라도 앞으로도 계속해서 그들과 함께 계실 것이라고 약속하십니다. 자신의 육체적 공백을 채워 줄 보혜사 성령을 보내 주시겠다고 약속하신 동시에 자신도 그들과 함께할 것이라고 약속하신 것입니다.

이 두 가지 약속 사이에는 일종의 모순이 있는 듯합니다. 그러나 이 약속들은 결국 일련의 이해상충 과정을 거쳐 하나로 결합하여 온전한 조화를 이루거나 완전히 연합하게 될 것입니다. 결과적으로 성령(다른 보혜사)에 대한 약속과 그분의 임재(비록 육신적으로는 떠나지만)에 관한 약속을 동일한 맥락으로 보아야 한다는 것입니다. 즉, 예수님께서 우리와 함께하시겠다는 자신의 약속을 성령을 보내시고 내주하게 하심으로써 성취하시는 것입니다. 이처럼 우리는 예수님의 고별 강화를 통해 두 가지 약속의 동질성을 확인할 수 있습니다.

그런데 고별 강화에서 발견할 수 있는 예수님의 사상은 본문의 독특한 배열과 전개 방식을 이해하지 못한다면 그 흐름을 따라가기가 어려울 만큼 참으로 독특합니다.

이러한 관점에서 첫 번째로 살펴볼 예문은 보혜사에 대한 약속을 언급하고 있는 고별 강화의 서두(요 14:16-26)입니다. 본문은 다음과 같은 약속으로 시작됩니다.

"내가 아버지께 구하겠으니 그가 또 다른 보혜사를 너희에게 주사 영원토록 너희와 함께 있게 하리니 그는 진리의 영이라. 세상은 능히 그를 받지 못하나니 이는 그를 보지도 못하고 알지도 못함이라. 그러나 너희는 그를 아나니 그는 너희와 함께 거하심이요 또 너희 속에 계시겠음이라"(16, 17절).

그리고 동일한 약속을 다시 한 번 언급하면서 말씀을 끝맺습니다.

"보혜사 곧 아버지께서 내 이름으로 보내실 성령, 그가 너희에게 모든 것을 가르치고 내가 너희에게 말한 모든 것을 생각나게 하리라"(26절).

지금 예수님은 잠시 여담을 하다가 다시 본론으로 돌아온 것처럼 앞에서 언급했던 약속을 반복하시는 것이 아닙니다. 중간에 삽입된 내용 때문에 잠시 흐트러진 주제를 환기시키고자 동일한 내용을 반복하시는 것이 아니라는 말입니다. 그분의 사상은 삽입구로 인해 조금도 흐트러지지 않았으며, 매우 자연스럽게 흘러갑니다. 그러나 이러한 점은 예수님께서 보혜사에 대한 약속을 자신의 임재와 전적으로 동일하게 여기신다는 사실을 온전히 이해해야만 비로소 받아들일 수 있습니다.

본문은 예수님께서 16,17절의 성령에 관한 약속에 이어 어떻게 자신의 임재에 관한 약속으로 화제를 바꾸시는지를 보여 줍니다.

"내가 너희를 고아와 같이 버려두지 아니하고 너희에게로 오리라"(18절).

얼른 이해하기 힘든, 다소 모순적인 내용이 아닙니까? 이것을 풀어서 설명하면 '내가 떠나더라도 아버지께서 나 대신 다른 보혜사를 보내 주실 것이니 너희는 내가 다시 올 때까지 걱정하지 말아라'라는 뜻입니다.

그러나 본문의 내용은 모순되지 않습니다. 오히려 더욱 깊은 조화를 이룹니다. 왜냐하면 성령이 바로 예수님의 영이시기 때문입니다. 예수님은 자신이 떠난 후에 오게 될 자신의 영을 통해 지금보다 더욱 강력하고도 절대적인 은혜로 그들에게 임재하실 것입니다. 지금까지 그들은 세상 사람들과 동일하게 눈앞에서 사라지면 끝이라고 생각하면서 두려워하는 세상적인 방식으로 그분의 임재를 경험하고 있었습니다. 불신자들과 마찬가지로 눈에 보이는 예수님만을 인정하는 세상의 방식으로 그분을 인식하고 있었던 것입니다. 그러나 이제 그들은 세상과는 전혀 다른 방식으로 그분을 인식하게 될 것입니다.

"조금 있으면 세상은 다시 나를 보지 못할 것이로되 너희는 나를 보리니, 이는 내가 살아 있고 너희도 살아 있겠음이라"(19절).

예수님은 죽으시고 승천하셨습니다. 저주의 십자가와 무덤을 통과하시고는 아버지께로 가신 것입니다. 그래서 세상은 이제 그분을 인식할 수 없게 되었습니다. 그러나 제자들에게는 그것으로 끝난 것이 아닙니다. 세상은 그분을 보지 못하지만 그들은 그분을 볼 것입니다.

"조금 있으면 세상은 다시 나를 보지 못할 것이로되 너희는 나를 보리니."

조금 있으면 그들은 그분을 다시 보게 될 것입니다. 이것은 재림이나 심판의 주로 오실 때에 그분을 보게 되는 것을 가리키는 말이 아닙니다. 그때에는 모든 사람이 그분을 볼 것입니다. 반면 여기에서는 세상이 그분을 보지 못할 때에 그들이 그분을 볼 것이라는 의미를 전하고 있습니다. 이것은 세상이 도무지 이해할 수 없는 생명과 능력의 세계입니다.

"너희는 나를 보리니, 이는 내가 살아 있고 너희도 살아 있겠음이라."

그것은 예수님이 가지신 것과 동일한 방식의 '영적 인식(spiritual perception)'이요, 참되고도 거룩한 지식입니다.

"그날에는 내가 아버지 안에, 너희가 내 안에, 내가 너희 안에 있는 것을 너희가 알리라"(20절).

당시에 제자들은 이러한 임재를 전혀 이해하지 못했습니다. 그래서 빌립은 "주여, 아버지를 우리에게 보여 주옵소서"(요 14:8)라고 요구했습니다. 그러자 예수님은 "빌립아, 내가 이렇게 오래 너희와 함께 있으되 네가 나를 알지 못하느냐? 나를 본 자는 아버지를 보았거늘 어찌하여 아버지를 보이라 하느냐? 내가 아버지 안에 거하고 아버지는 내 안에 계신 것을 네가 믿지 아니하느냐?"(요 14:9,10)라고 말씀하십니다.

20절 말씀은 '너는 앞으로 세상 사람들과는 다른 방식으로 나의 임재를 체험하며 나를 보게 될 것인데, 그때에야 비로소 이러한 사실을 분명히 믿고 알게 될 것이다'라는 뜻을 담고 있습니다. 그분은 자신을 분명하게 드러내실 것입니다.

"나의 계명을 지키는 자라야 나를 사랑하는 자니, 나를 사랑하는 자는 내 아버지께 사랑을 받을 것이요 나도 그를 사랑하여 그에게 나를 나타내리라"(21절).

그러나 유다는 이 말씀을 이해할 수 없었습니다.

"가룟인 아닌 유다가 이르되, 주여 어찌하여 자기를 우리에게는 나타내시고 세상에는 아니하려 하시나이까"(22절).

이러한 의문에 대해 주님은 자신의 임재는 육체적인 임재가 아니라 영적인 임재이기 때문에 세상이 알 수도 없고 이해할 수도 없음을 분명히 밝히십니다. 보이지 않는 하나님도 이와 동일하게 자신을 나타내셨으며, 예수님 자신도 이와 같은 방식으로 제자들에게 자신을 나타내실 것이라는 말씀입니다.

"예수께서 대답하여 이르시되, 사람이 나를 사랑하면 내 말을 지키리니 내 아버지께서 그를 사랑하실 것이요 우리가 그에게 가서 거처를 그와 함께하리라"(23절).

주님은 "내 말(Word)을 지키리니"라고 말씀하십니다. 우리는 여기서 '말씀(word)'이라는 단어에 주목해야 합니다. 왜냐하면 이 말씀, 곧 기록된 예수님의 말씀인 그분의 전기가 그리스도의 임재를 실제로 구현하는 역할을 하기 때문입니다. 이 주제는 이어지는 본문에서도 계속 나타납니다. 예수님의 말씀을 들어 보십시오.

"'나를 사랑하지 아니하는 자는 내 말을 지키지 아니하나니 너희가 듣는 말은 내 말이 아니요 나를 보내신 아버지의 말씀이니라'(24절). 아버지와 내가 너와 거처를 함께하며 너에게 우리를 나타내기 위해서는 내가 하는 말, 곧 성부의 말씀에 귀를 기울여야 한다. 지금까지 나의 모든 관심사는 이 말씀을 너희에게 전하는 것이었다. 나는 아버지께서 나에게 주신 말씀을 너희에게 모두 전하였다(요 17:8 참고). 나는 육체적 임재를 통하여 하나님의 말씀을 전하였다. '내가 아직 너희와 함께 있어서 이 말을 너희에게 하였거니와'(요 14:25). 내가 이 땅에서의 임재를 너희에게 말씀을 전하는 기회로 삼았듯이, 너희도 말씀을 통해 나의 현재적 임재와 나누는 교제를 다지라. 장차 성령께서 오시는 이유도 바로 이러한 목적을 이루기 위해서이다. 성령의 오심은 내가 너희와 함께한다는 사실을 분명하게 보여 줄 것이다. 내가 너희에게 임할 것이며, 너희는 나를 볼 것이다. 나는 너희에게 나타날 것이며, 너희와 거처를 함께할 것이다. '보혜사 곧 아버지께서 내 이름으로 보내실 성령 그가 너희에게 모든 것을 가르치고 내가 너희에게 말한 모든 것을 생각나게 하리라'(26절)."

본문은 처음부터 끝까지 하나의 일관된 주제로 흘러갑니다. 본문의 핵심은 예수님께서 성령을 통해 자신을 교회에 분명히 나타내신다는 것입니다. 즉, 성령께서 그리스도의 임재를 성취하시는 것입니다.

열한 제자를 향한 복된 말씀에 이어지는 두 번째 본문(요 16:13-22)의 맥락 역시 이와 매우 유사합니다. 본문에서 예수님은 다시 한 번 성령을 약속하시고는 그분의 역할과 사역의 본질에 대해서 말씀하십니다. 또한 그리스도의 사신이자 대리인이요 대표자로서 성령에게 주어진 특별한 기능을 통해 예수님의 임재가 명백하고도 영광스럽게 이루어질 것임을 보여 주십니다.

예수님은 성령께서 하실 일이 결코 자신의 사역과 다르지 않다는 것을 강조하십니다.

"'그러나 진리의 성령이 오시면 그가 너희를 모든 진리 가운데로 인도하시리니 그가 스스로 말하지 않고 오직 들은 것을 말하며 장래 일을 너희에게 알리시리라'(13절). 그는 나를 향한 너희의 시선을 다른 데로 돌리게 하지 않을 것이다. 그는 절대 나를 향한 너희의 관심을 흐리게 하거나 다른 것으로 대체하지 않을 것이다. 오히려 그는 '내 영광을 나타내며 내 것을 가지고 너희에게 알리실 것이다'(14절 참고). 이것이 눈에 보이는 육체적 임재보다 훨씬 더 영광스럽지 않겠느냐? 그래서 '무릇 (가까이 가지 못할 빛에 거하시며 영광으로 충만하신) 아버지께 있는 것은 다 내 것이라. 그러므로 내가 말하기를 그가 내 것을 가지고 너희에게 알리시리라'(15절)라고 말하는 것이다."

그렇다면 내가 너희와 항상 함께하며 너희에게 나를 나타낼 것이라고 말하는 것이 당연하지 않겠느냐? 그러므로 '조금 있으면 너희가 나를 보지 못하겠고 또 조금 있으면 나를 보리라……내가 아버지께로 감이라'(16,17절)라고 말하는 것이다. 내가 아버지께로 가기 때문에 너희는 잠시 나를 보지 못할 것이다. 그러나 오히려 그 잠깐의 시간이 지나고 나면 그로 인하여 너희가 한층 더 승화된 형태로 나를 다시 보게 될 것이다."

예수님은 치욕적인 죽음을 당하신 후에 아버지께로 가셨습니다. 그러나 예수님의 죽음은 당하신 형벌로는 치욕적인 죽음이었으나 바쳐진 제물로는 영광스러운 죽음이었습니다. 이러한 죽음을 통해 아버지께로 가신 주님은 세상에서 제자들과 함께 계실 때의 관점으로 볼 때 '잠시' 그들의 눈앞에서 사라지셨습니다(요 14:19 참고). 그러나 한편으로 부활 승천하사 아버지께로 가신 그분은 그로 말미암아 자기 백성에게 친히 자신을 나타내시고 그들로 하여금 성령을 통해 자신을 볼 수 있게 하셨습니다. 이는 마치 우리의 영혼이 성부의 계시이신 주님을 통해 성부 하나님을 보는 것과 같은 이치입니다.

그러나 앞에서 살펴본 유다의 경우와 마찬가지로(요 14:22 참고), 제자들은 이 말씀을 이해할 수 없었습니다.

"제자 중에서 서로 말하되 우리에게 말씀하신 바 조금 있으면 나를 보지 못하겠고 또 조금 있으면 나를 보리라 하시며 또 내가 아버지께로 감이라 하신 것이 무슨 말씀이냐"(요 16:17).

그들은 "조금 있으면"이라는 말과 "나를 보리라"는 것과 "아버지께로 감이라"는 말이 무슨 뜻인지 알 수 없었습니다. 그들은 아버지께로 가신다는 예수님이 도대체 어떤 식으로 임재하시며 어떻게 그분을 볼 수 있다는 것인지 도무지 이해할 수 없었습니다. 그래서 그들은 "조금 있으면이라 하신 말씀이 무슨 말씀이냐? 무엇을 말씀하시는지 알지 못하노라"(18절)라고 말했습니다.

그들이 무엇을 의아해하는지 아시는 주님은 다시 한 번 이 문제에 대해 언급하셨습니다.

"예수께서 그 묻고자 함을 아시고 이르시되 내 말이 조금 있으면 나를 보지 못하겠고 또 조금 있으면 나를 보리라 하므로 서로 문의하느냐"(19절).

예수님은 그들이 이로 인해 "애통하겠으나"(20절) 이러한 슬픔은 마치 해산을 앞둔 고통과 같아서 탄생의 기쁨으로 가득하게 될 것이라고 말씀하셨습니다(21절 참고). 그리고 "지금은 너희가 근심하나"(22절)라고 덧붙이셨습니다. 비록 지금은 슬퍼하지 않을 수 없으나 이것은 모두 생명을 향한 과정이요 잠시 후에 기쁨으로 바뀔 근심인 것입니다.

그리고 이어서 예수님은 그들을 기다리는 기쁨이 구체적으로 무엇을 의미하는지를 알려 주십니다. 그것은 바로 예수님 자신의 임재입니다.

"내가 다시 너희를 보리니 너희 마음이 기쁠 것이요 너희 기쁨을 빼앗을 자가 없으리라"(22절).

예수님은 부활하신 후 승천하기 전까지 얼마 동안 그들과 함께 계셨습니다. 그러나 그분이 약속하시는 바 '다시 그들을 볼 때'는 그때를 가리키는 것이 아닙니다. 물론 그때에도 제자들은 '그를 보고 기뻐할 것'입니다. 그러나 만일 이것이 '다시 그들을 볼 것'이라는 약속의 전부라면, 이러한 기쁨은 그분의 승천과 함께 '사라지고 말 것'입니다. 그러나 우리는 이어지는 말씀을 통해 예수님이 승천하신 이후에 그들이 감람산에서 얻은 큰 기쁨으로 예루살렘에 돌아가 늘 성전에서 하나님을 찬송하였다는 사실을 알 수 있습니다(눅 24:52,53 참고).

지금까지의 모든 내용들을 살펴볼 때 예수님께서 가장 확실하고도 구체적으로 강조하신 바는 성령이 오셔서 자신을 영화롭게 하시는 것이 곧 예수 그리스도, 자신의 임재라는 점입니다. 그러므로 우리는 예수께서 보혜사를 선물로 주겠다고 약속하실 때 사용하셨던 표현들을 모두 살펴보아야 합니다.

"내가……너희에게로 오리라"(요 14:18).

"너희는 나를 보리니"(요 14:19).

"(너희에게) 나를 나타내리라"(요 14:21).

"우리가 그에게 가서 거처를 그와 함께하리라"(요 14:23).

"조금 있으면 나를 보리라"(요 16:16).

"내가 다시 너희를 보리니 너희 마음이 기쁠 것이요"(요 16:22).

예수님께서 자기 백성과 함께하실 것이라는 약속을 이보다 더 명백히 드러낼 수 있는 표현이 있겠습니까? 감히 어느 누가 성령을 통한 예수님의 임재에 대하여 간접적이고도 종속적이며 모호하고 비유적이라고 말할 수 있겠습니까? 또 그분의 임재가 육체적인 것이 아니라 성령을 통한 내주하심이라는 사실에 어찌 실망할 수 있겠습니까?

그러므로 우리는 먼저 임재의 온전하고도 참된 의미에 대해 자세히 살펴봄으로써 우리의 무지 때문에 임재의 의미가 경시되거나 평가절하되지 않도록 주의해야 할 것입니다.

chapter

3

역사적 임재

이제 그리스도의 전기를 손에 드시기 바랍니다. 그리고 우리에게 선물로 주신 보혜사 성령으로 말미암아 "내가 너희와 항상 함께 있으리라"라는 주님의 마지막 약속이 성취되었음을 생각하시기 바랍니다. 우리가 그것을 읽는 동안 진리의 영과 빛이 우리의 마음을 밝혀 주십니다. '어두운 데에 빛이 비치라 말씀하셨던 그 하나님께서 예수 그리스도의 얼굴에 있는 하나님의 영광을 아는 (지혜의) 빛을 우리 마음에 비추십니다'(고후 4:6 참고). 그분은 우리의 영안을 깨끗이 씻어 주십니다. 그분은 우리의 마음을 거룩하고도 온유하게 만드십니다. 그리고 '주의 빛 안에서'(시 36:9) 예수님의 성품과 사역, 말씀과 감정, 생각과 마음을 보게 하십니다.

이처럼 안으로는 내주하시는 성령께서 우리의 마음을 감찰하며 빛을 비추십니다. 신격의 통전적 본체(undivided substance of Godhead) 안에서 성자 하나님이신 예수님과 하나요, 동류보다 승하신 메시야로서 한량없는 기름 부음을 받은 예수님과 함께하는 성령께서 우리 안에 거하시는 것입니다.

그리고 밖으로는 이 성령께서 증언하시는 그리스도에 대해 기록한 전기가 우리 앞에 펼쳐져 있습니다. 기록된 말씀을 통해 성령이 예수님을 증언하고 전능하신 능력으로 우리의 영을 살리며 거룩한 빛으로 우리를 비추십니다. 그분은 하늘의 빛과 '아버지의 독생자의 영광'과 '은혜와 진리가 충만한' 빛으로 그리스도의 생애와 성품에 대해 기록한 말씀을 가득히 두르고 계십니다(요 1:14 참고).

그분은 가릴 만한 어떤 수건도 남기지 않은 채 예수 그리스도의 얼굴에 있는 하나님의 영광을 온전히 드러내십니다. 그리하여 '우리가 다 수건을 벗은 얼굴로 말씀의 거울을 통해' 그분의 영광을 보게 됩니다(고후 3:18, 4:6 참고). 또한 그분은 우리의 얼굴이나 생각에도 그 어떤 수건 자락도 드리우지 않으십니다.

"주는 영이시니 주의 영이 계신 곳에는 자유가 있느니라"(고후 3:17).

우리는 안약을 바른 눈을 열어 놀라운 것을 보며(계 3:18, 시 119:18 참고), 성령께서 자신의 빛 안에서 우리에게 보여 주시는 것들을 아무런 두려움 없이 담대하게 바라봅니다.

우리는 지금까지 무엇을 찾았습니까? 우리는 성령의 조명을 통해 하나님의 아들의 전기 속에서 무엇을 발견했습니까? 예수님의 겉모습에 관한 것입니까? 사랑하는 자에 대한 추억거리입니까? 아니면 그분에 관한 미완의 유고나 그분이 남긴 유품입니까?

결코 그렇지 않습니다. 외모라니요? 우리는 그분의 영광을 보았습니다. 미완의 유고라니요? 그분은 "무릇 아버지께 있는 것은 다 내 것이라. 그러므로 내가 말하기를 그가 내 것을 가지고 너희에게 알리시리라"(요 16:15)라고 말씀하셨습니다. 유품이라니요? 전기에 담긴 것은 예수님 자신입니다. 그분은 "그가 '내 영광'을 나타내리니 '내 것'을 가지고, 너희에게 '(나를)' 알리시겠음이라"(요 16:14)라고 말씀하셨습니다. 우리가 전기를 통해 발견하는 분은 살아 계신 구세주입니다.

"볼지어다. 내가……너희와 항상 함께 있으리라"(마 28:20).

이 일의 정확한 가치와 그로 말미암는 놀랍고도 특별한 결과는 다음과 같은 간단한 질문에 의해 더욱 큰 충격과 확신으로 다가올 것입니다. '과연 그 어떤 전기가 이처럼 주인공의 살아 있는 영이 책 속에 살아 있어서 그것을 읽는 자의 마음과 생각을 송두리째 빼앗을 수 있겠는가' 하는 것입니다. 그런 책은 결코 있을 수 없습니다.

물론 어떤 면에서는 우리가 존경하는 저자나 화가나 시인의 작품에는 그들의 작가 정신이 고스란히 녹아 있어서 그들의 책이나 그림이나 시를 깊이 연구하고 감상할 때 우리의 마음이 사로잡힐 수도 있습니다. 때로는 우리의 정신 상태나 성격, 또는 표현이나 사고의 경향이 무의식중에 작가에게 동화될 수도 있고, 심지어 마치 그가 우리 마음속에서 다시 태어난 것처럼 느껴질 수도 있을 것입니다. 그러나 이 모든 것은 다만 우리의 생각에 지나지 않습니다.

좋아하는 작가의 혼이 아무리 우리의 마음속에 살아 숨 쉬고 큰 영향을 끼친다고 할지라도, 그것은 단지 우리의 생각이 이미 고인이 된 작가의 사상이나 정신이나 그에 대한 추억에 젖어 있는 것일 뿐이며, 사실상 우리는 이 모든 과정에서 철저히 소외되고 격리되어 있는 것입니다. 이렇게 이미 고인이 된 사람들과의 교제는 우리가 그토록 소중히 생각했던 그들을 다시 한 번 기억하게 해 주는 추억이자 그들이 주장했던 사상에 대한 정신적 교감에 지나지 않습니다. 한때 우리에게 큰 영향을 주었던 그들의 용기 있는 행동과 아낌없는 사랑은 이제 감동과 회상으로만 남아 있을 뿐입니다.

우리는 숭고한 지성과 온유한 마음을 지닌 그들의 말을 다시 한 번 듣고 있으며, 그들은 정신적으로 당시와 동일한 유익을 주고 있습니다. 한때 그들이 품었던 사상과 감정은 애정 어린 손길을 통해 그들이 고인이 된 후에 풍성한 지혜의 유산으로 교회나 세상에 전해짐으로써 생전에 그들을 몰랐던 사람들에게까지 전달됩니다. 그리하여 위대한 고인이 남긴 가장 자유롭고도 친숙하며 진지하고 심오한 사상과 감정이 우리의 사상과 감정과 하나가 되어 고동치기까지 우리의 마음을 관통하게 될 것입니다.

그러나 이들과의 교감은 여기까지가 끝입니다. 그들과는 현실적으로 온전한 교제를 나눌 수 없습니다. 그들이 남긴 글이나 유산은 그러한 교제의 대용물에 지나지 않습니다.

반면 전기와 함께 예수님의 영을 소유하는 것은 전혀 다른 차원의 일입니다. 다른 사람도 얼마든지 작가의 혼을 통해 우리에게 정신적인 영향력을 끼칠 수 있습니다. 그러나 그것은 그들이 가진 재능과 열정과 개인적 사고방식이나 감정을 추억하는 것일 뿐입니다.

예수님은 성령과 불로 세례를 주십니다. 그러므로 우리는 결코 그리스도를 추억하는 것이 아닙니다. 추억은 아무리 정확할지라도 그에 대한 회상이나 기념이 아니며, 아무리 진실할지라도 이론이나 개념이나 사상 같은 것이 아니며, 아무리 경건하고도 고귀하며 아무런 거짓이 없다 할지라도 결코 그에 관한 교리가 될 수 없습니다.

우리는 그리스도와 관계하며 그분을 직접 대합니다. 참으로 살아 계신 그리스도께서 성령을 통해 은밀하고도 개인적으로 우리와 함께하십니다. 우리는 이처럼 거룩한 역사와 말씀을 통해 명확하고도 객관적인 방식으로 우리와 함께하시는 살아 계신 그리스도를 성령으로 경험하고 있습니다. 여기에 진정한 교제가 있고, 이를 통해 인격적인 상호관계가 형성되는 것입니다.

우리는 이미 예수님을 발견하였습니다. 그분은 마치 친구와 대화하듯이 우리와 대면하여 말씀하십니다. 그분은 수건을 벗은 얼굴로 우리를 대하며, 우리는 아무런 흠과 티와 두려움 없이 오직 경외하는 마음으로 그분을 대합니다. 그분은 우리를 향해 그 얼굴빛을 비추시며 '내 얼굴을 도우시는 나의 하나님'이 되실 것입니다. 참으로 예수님은 지금도 우리와 함께 계시며 우리를 비추시고 우리에게 말씀하십니다. 그분은 우리가 전기를 읽을 때에 성령을 통해 아버지의 독생자의 영광을 비추시며 목자의 음성으로 속삭이십니다.

이와 같이 우리와 함께 계신 그분은 바로 예수님 자신이십니다. 그분은 말씀 안에서 자신을 계시하시듯이 성령으로 자신을 계시하십니다. 그분은 이 땅에 계실 때 수많은 사람들과 교제하면서 베푸셨던 모든 사역의 본질적이고도 영구한 의미와 보편적이고도 영원한 가치를 우리에게 차츰 드러내실 것입니다.

참으로 그분은 언제나 우리와 함께 계십니다. 그러므로 이제 우리에게는 한때 생각하고 말하고 행하셨던 그분이 아니라, 지금 현재 생각하고 말하고 행하시는 그분이 함께 계십니다. 전기에 기록된 바와 같이 '어제나 오늘이나 영원토록 동일'(히 13:8)하신 그분이 언제나 우리와 함께 계신 것입니다. 또한 우리에게는 다른 사람에 대해 생각하고 말하고 행하는 그분이 아니라 지금 우리 자신에 대해 생각하고 말하고 행하시는 그분이 함께 계십니다. 그리스도께서 지금도 이 땅의 모든 교회 안에서 진리의 영과 생명의 말씀을 통해 우리와 함께하시는 것입니다.

만일 우리가 오래전 예루살렘처럼 그분을 부인한다면, 그분은 우리를 향해 눈물을 흘리실 것입니다. 만일 우리가 베드로처럼 그분의 영광을 목도하고 그분을 "그리스도시요 살아 계신 하나님의 아들"(마 16:16)이라고 고백한다면, 그분은 기뻐하실 것입니다.

우리는 단순한 과거의 기록이 아니라 지금도 살아 계신 구주 예수님의 현재적 계시를 가지고 있습니다. 우리는 성경과 영원한 임재를 통하여 예수님과 살아 있는 교제를 나눌 수 있습니다. 예수님에 관해 기록된 계시와 성령의 계시적 조명을 통해 그분이 우리와 더불어 먹고 우리가 그분과 더불어 먹게 될 것입니다(계 3:20 참고).

성령이 없어도 그리스도에 관해 알 수는 있습니다. 그러나 그것은 비인격적인 지식일 뿐이며, 사실상 그리스도를 알지도, 보지도, 만나지도 못한 것입니다. 우리가 그분에 관한 자료를 아무리 많이 가지고 있다 하더라도 그것만으로는 아무 소용이 없습니다. 또한 우리가 그분에 관한 완벽한 전기를 소유하고 있다 하더라도 예수님의 영이 없다면 절대 그분의 삶을 온전히 이해할 수 없습니다. 왜냐하면 우리 스스로는 결코 그의 나라나 영적 세계를 경험할 수 없기 때문입니다.

머릿속에 가득한 그분에 관한 진리나 교리 그 자체는 신성한 것이 틀림없습니다. 그러나 우리의 힘만으로 그것과 씨름하고 있다면, 절대 거기에서 유익을 얻을 수 없으며, 그 탁월함과 아름다움도 결코 드러나지 않을 것입니다. 우리는 그러한 것들이 계시적 조명과 빛을 지니고 있을 것이라고 생각하지만, 사실 그것은 성령의 빛이 아니라 무지하고도 왜곡된 인간의 편견과 마음속에 내재된 악한 성향과 구조에서 나온 것이기 때문입니다.

우리의 마음과 지성은 한계가 있기 때문에 그것을 넘어서는 인격이나 도량이나 능력을 감당할 수는 없습니다. 또한 그것이 영적인 문제이기 때문에 자연인은 그것을 받아들일 수 없습니다. 결국 하나님의 영광을 아는 빛은 인간에게서 나오는 것이 아닙니다. 그러므로 성령이 없이는 우리가 살아 계신 인격적 구주와 함께할 수 없으며, 결국 여전히 슬픔과 고독 가운데 지낼 수밖에 없습니다.

진리의 영이신 보혜사가 우리의 마음을 비추고 우리 앞에 놓인 진리를 조명하실 때, 신적 진리의 불씨가 거룩한 불길로 타올라 우리의 마음을 환하게 밝힐 때, 특별히 그리스도의 영이 우리의 영안을 열어 말씀을 조명하실 때, 그제서야 비로소 우리는 주를 보게 됩니다.

이제 우리는 그분을 보고 그분의 말씀을 들을 수 있습니다. 우리가 아직도 도마처럼 "나의 주님이시요 나의 하나님이시니이다"(요 20:28)라고 고백하지 않았다면, 나다나엘과 같이 "랍비여, 당신은 하나님의 아들이시요 당신은 이스라엘의 임금이로소이다"(요 1:49)라고 고백하십시오. 베드로와 같이 "주님, 모든 것을 아시오매 내가 주님을 사랑하는 줄을 주님께서 아시나이다"(요 21:17)라고 고백하십시오.

우리는 이미 고인이 되어 우리 곁을 떠난 선생님을 추억하면서 그를 기리고 있는 것이 아닙니다. 우리는 너무나 매력적이지만 죽은 것에 불과한 도덕적 가치나 미덕을 이상적으로 인격화하여 숭배하고 있는 것이 아닙니다. 우리는 자신의 정신적 야망에 불을 지피고 그것을 본받도록 촉구하고 권면한 인물의 사상이 아무리 고무적이라 할지라도 그것을 체계적으로 정리하기 위해 수고할 필요가 없습니다.

우리는 죽었다가 다시 살아나신 바로 그분과 함께 있습니다. 참으로 그분은 영원히 살아 계십니다. 그분은 이 땅에 계실 때 전하셨던 말씀을 지금도 우리의 귀에 들려주고 계십니다. 그분은 우리의 불의를 용서하시고 잘못을 책망하시며 모든 병을 고쳐 주십니다. 그분은 우리를 잘 알고 계시기 때문에 매우 정확하고도 부드럽고 효과적인 방법으로 돌보십니다. 그분은 자신의 약속을 지키십니다. 그분은 우리를 고아와 같이 내버려 두지 않고 다시 찾아오십니다(요 14:18 참고).

이러한 사실은 '예수 그리스도의 계보'(마 1:1 참고)에 관한 책을 얼마나 유익하고도 특별한 위치로 올려놓는지 모릅니다. 그분의 전기는 참으로 구세주와의 만남의 장을 제공하며, 그분과의 인격적인 만남을 효과적으로 도와줍니다.

약 이천 년 전에 예수님께서 자신을 찾아와 호소하는 모든 죄인들에게 하셨던 그 말씀은 마찬가지로 지금 그 말씀이 필요한 나에게도 동일하게 적용됩니다. 나에게 유익을 주는 모든 충만한 빛과 은혜와 능력은 아무리 오랜 시간이 흐른다 해도 결코 사그라들지 않습니다. 또한 예수께서 '그의 영광을 나타내시기 위해'(요 2:11 참고) 행하셨던 그 모든 자비롭고도 기적적인 사역들이 지금 나에게 필요하고 나의 영혼에 유익하며 나의 구원과 위로에 도움이 된다면, 지금도 그분의 놀라운 전기 안에서 성령을 통해 우리와 함께 계시는 구주로 말미암아, 또 어제나 오늘이나 영원토록 동일하신 구주로 말미암아 여전히 나의 영혼에 효력을 발휘할 것입니다.

이와 같이 시간의 변화는 아무런 문제가 되지 않습니다. 예수님이 우리와 함께 계시며 우리가 예수님과 함께 있습니다. 그분이 이 땅에 계실 때 하신 말씀과 행하신 사역과 기록으로 남기신 것들의 영적이고도 영원한 효력으로 말미암아 그분이 우리와 함께 계십니다. 우리는 성령 안에서, 그리고 믿음 안에서 그분과 함께 있습니다. 그리하여 그분이 이 땅에 계실 때 베푸셨던 교훈과 은혜와 영광, 그분의 모든 부르심과 복 안에서 그분과 관계하며 인격적인 교제를 누립니다.

'시간을 초월하였다'라는 놀라운 설명은 예수님에 관해 묘사한 바 '창세전에 죽임 당한 어린양'[1](계 13:8 참고)이라는 표현에서 도출할 수 있습니다. 이러한 표현의 진실성과 정확성을 입증할 수 있는 근거가 있습니까? 예수 그리스도는 인간이 창조되고 나서 사천 년이 지난 후에 '때가 이르러' 어린양으로서 하나님께 바쳐지지 않았습니까? 그렇다면 어떻게 그가 창세전에 죽임을 당했다고 할 수 있습니까?

이것은 흔히 말하는 바 확실히 예정된 사건이라는 말로 간단히 설명할 수 있는 것이 아닙니다. 즉, 그리스도의 죽음이 창세전 또는 영원 전부터 하나님의 섭리와 계획에 따라 정해져 있었다는 설명만으로는 부족하다는 말입니다. 하나님의 기쁘고도 선하신 뜻에서 비롯되는 확실하고도 포괄적인 목적(이러한 목적은 사실상 하나이며 이루어지는 모든 것들을 포괄합니다)으로 볼 때, 순교자 스데반의 죽음 역시 그가 증거한 예수님의 죽음과 마찬가지로 창세전에 이미 정해져 있었다고 할 수 있습니다.

또한 예수님의 피가 언약, 즉 모든 일에 구비하고 견고하게 하시는 영원한 언약에 의해 흘려졌다는 설명 역시 충분하지 않습니다. 레위 지파의 제사장에 의해 도살된 제물(황소나 염소)의 피도 언약에 따라 뿌려졌지만 그 효력은 일시적이었고 피를 뿌리기 전에는 아무런 효력이 없었습니다. 이 피가 비록 언약에 따라 뿌려졌을지라도 거기에는 확실히 일시적인 가치와 효력만 있을 뿐이었으므로 언약을 영속화할 수는 없었던 것입니다.

그리스도의 죽음으로 성취된 언약은 결코 없어지지 않는 영원한 언약입니다. 이 언약은 목자의 보혈로 말미암아 영원한 효력을 가집니다. 즉, 갈보리의 희생으로 말미암아 언약의 효력이 발생된 것이지 언약 그 자체로 효력을 가지는 것이 아닙니다. 따라서 언약에 의한 설명 역시 문제의 해결책이 될 수

---

1) 이것은 캔들리쉬(Candlish) 박사의 속죄에 관한 소책자 끝부분에 등장하는 매우 특이하고도 흥미로운 표현입니다. 그는 그리스도의 죽음이 영원히 연기되었다고 주장하면서 그러한 가설을 적절히 이용하여 '제한 속죄와 보편적 복음 사이에 모순이 있다'는 개념을 하나의 망상으로 이끌어 갑니다. "성경은 특정 목적과 의도 아래 그리스도의 죽음을 소급 적용하여 그를 '창세전에 죽임 당하신 어린양'(계 13:8 참고)이라고 부릅니다. 이처럼 십자가 사건이 역사 이전으로 거슬러 올라간 것은 결코 무모하게 지어낸 이야기나 단순한 비유적 표현이 아닙니다. 사실 그 사건 자체는 그 일에 연루된 삼위 하나님(영원하신 성부 하나님의 섭리와 성자 예수님의 성취와 성령님의 인치시고 적용하심)과 마찬가지로 '어제나 오늘이나 영원토록 동일'한 것입니다. 그러므로 이 사건에 시간 개념은 있을 수 없으며, 우리가 만일 이러한 원리에 따라 십자가 사건이 '창세전에' 일어났다고 말한다 해도 실제 역사를 침해하는 것은 아니며, 영원히 연기되었다고 생각한다 해도 사건의 신성함을 임의로 해석한 것이라고 볼 수는 없습니다."

는 없습니다.

우리의 유월절이신 그리스도의 죽음에는 하나님의 영원하신 작정과 십자가로 말미암는 영원한 언약이라는 측면뿐만 아니라 그분의 죽음으로 하여금 모든 시간적 제약을 초월하게 하는 구체적이고도 탁월한 요소가 있습니다. 즉, 불행한 인류 역사의 모든 시대, 구속사의 전시대, 인류가 타락한 순간부터 만물이 회복될 시점에 이르기까지 변함없는 힘으로 관통하는 요소가 있습니다. 그것은 바로 '그가 영원하신 성령으로 말미암아 흠 없는 자기를 하나님께 드리셨다'(히 9:14 참고)는 점입니다.

성령은 성자 예수님 안에 온전히 내주하시며 그리스도의 도덕적 탁월성과 영적 영광과 율법적 효력을 온전히 영화롭게 하십니다. 그리고 바로 이 영원한 성령의 인도하시는 능력을 통하여 단번에 드려진 십자가 희생의 화목하게 하심과 열납되심이 과거와 현재와 미래를 포괄하는 시간의 세계에 영원히 충만해지는 것입니다. 죄를 사하기 위해 죽임 당하신 그리스도의 구원의 능력은 영원한 성령의 날개를 타고서 십자가로부터 거슬러 올라가 에덴동산에서 타락한 한 쌍의 양심과 그 구원에까지 이를 것이며, 미래적으로는 그 효력 그대로 앞으로 올 모든 사람의 죄를 눈보다 더 희게 씻어 주실 것입니다.

이처럼 시간이라는 요소는 구원의 능력에 아무런 영향도 줄 수 없습니다. 그러므로 그분은 과거를 향하여는 '창세전에 죽으신 어린양'이며, 마지막 때를 향하여는 '죽임 당하신 어린양'이 되시는 것입니다.

우리가 죄책감과 양심의 가책을 가진 죄인으로서 영원하신 성령을 통해 십자가로 나아갈 때, 예수님께서 자신을 아름다운 향기를 지닌 흠 없고도 향기로운 제물로 드리신 그 십자가로 나아갈 때, 언제 그곳이 비어 있었던 적이 있습니까? 십자가 사건이 시간이 흘러 한 쪽으로 치워진 지나간 사건일 뿐입니까? 이미 그 능력과 효력이 다했습니까?

물론 십자가 사건은 완결되었습니다. 어떤 면에서 그것은 과거에 속한 일입니다. 그러나 대제사장으로서 자신을 대속의 제물로 바치신 주님을 영원히 찬양합니다. 그분은 "다 이루었다"(요 19:30)라고 외치셨습니다. 이 외침 속에는 결코 과거의 사건으로 끝나 버릴 수 없는 승리와 임재가 함축되어 있습니다. 거기에는 영원한 완성, 곧 어제나 오늘이나 영원토록 모든 역사를 관통하는 완전한 구원의 능력이 모든 시대를 향하여 유일하고도 참된 영광의 빛을 비추고 있습니다. 순간순간 이루어지고 있는 십자가의 사역은 영원하신 성령의 영원불변하는 능력 안에서 이루어지기 때문에 영원하며 항구적입니다. 그것은 그리스도께서 '영원하신 성령'으로 말미암아 이루신 '영원한 속죄'인 것입니다(히 9:12,14 참고).

그러하기에 바울은 '내가 그리스도와 함께 못 박혔었다(was crucified)'라고 말하지 않습니다. 물론 그는 그렇게 말할 수도 있었습니다. 그리고 그것 역시 위대한 진리에 대한 언급이 되었을 것입니다. 왜냐하면 언약 안에서 그리스도가 모든 택자의 머리(federal Head)가 되시므로 우리 모두는 사실상 법적으로 그분과 함께 십자가에 못 박혔었다고 할 수 있기 때문입니다. 그러나 이러한 과거적 표현은 어디까지나 이론적이고도 객관적인 진리일 뿐, 결코 바울 자신의 주관적 경험에서 나온 것이 될 수는 없습니다. 그것은 아직 태어나지 않은 택자들에게는 확실한 사실이지만, 바울 자신의 자의식에 속한 경험과는 거리가 먼 것입니다.

그러하기에 바울은 자신의 개인적 경험과 자의식에 대해 말합니다. 크리스도께서 율법의 대표자로서 바울 자신을 대신하여 죽으셨다는 이론적이고도 교리적인 사실이 그리스도와 생명적으로 연합하고 그분을 믿음으로써 자신의 주관적 경험의 영역 속에 현재적 형태로 들어오게 되었다는 것입니다. 십자가 사건의 법적 진리가 현재 그의 내적 자아 안에서 실제로 효력을 발휘하고 있는 것입니다. 그래서 그는 십자가 사건을 현재화하여 '나는 그리스도와 함께 못 박혀 있다(am crucified)'라고 말합니다.

이것은 시간적 요소를 초월합니다. 즉, "그리스도와 내가 함께 못 박혔으며 지금도 못 박혀 있다"라는 말입니다. 그리스도는 나와 함께, 나는 그리스도와 함께 못 박혀 있습니다. 그리스도의 십자가와 나의 십자가는 사실상 동시적인 것으로 둘 다 현재적이며 계속적입니다.

십자가의 효력은 계속적입니다. 그것은 세월이 지나도 변하지 않으며 시간이나 연대나 시대에 관계없이 지속적으로 나타납니다. 죄를 사하는 제물의 효력은 같은 성령으로 말미암아 지금도 계속 유효하며 언제나 그러합니다.

그리스도께서 영원하신 성령을 통해 자신을 하나님께 드렸고 하나님이 동일한 성령을 통해 그분의 희생을 우리에게 적용시키신다는 사실을 생각할 때, 그리고 그리스도의 피와 관련된 성령이 바로 오늘날 피뿌림과 관련된 영원하신 성령이라는 사실을 생각할 때, 이것은 결코 불가사의한 일이 아닙니다. 시간적 요소는 영원하신 성령에게 아무런 영향도 끼칠 수 없습니다. 그러므로 그리스도는 영원하신 성령을 통하여 지금도 타오르고 있는 번제이며, 창세전에 죽임 당하신 어린양이요 세상 끝 날까지 계속해서 죽임을 당하는 어린양이십니다.

그리스도의 죽음이 시간적 요소를 초월한다는 진리는 그분의 전기, 곧 기록된 말씀 전체에도 동일하게 적용됩니다. 그러하기에 기록된 모든 말씀 역시 영원합니다.

나사렛 예수님은 이 땅에 계실 때 외적인 사역을 행하셨습니다. 그분은 이 땅에서 머리 둘 곳도 없는 순례자요 나그네로 지내시면서 또한 특정 시간, 특정 장소, 즉 그분이 자라신 나사렛이나 그 부근에서 외적으로 사역하셨습니다(눅 4:16-21 참고). 그리고 이제 그때로부터 약 이천 년의 세월이 지나 눈에 보이는 그분의 외적인 행동은 사라졌습니다. 그러나 그분의 행위에 담긴 효력은 지금도 내적으로, 그리고 은밀하게 계속되고 있습니다. 그리고 이러한 효력은 "내가 세상 끝 날까지 너희와 항상 함께 있으리라"라는 말씀을 받은 자들에게 영원히 적용될 것입니다.

예수님은 일시적으로 육신을 입고 이 땅에 잠시 머무셨습니다. 그리고 그 속에서 신격의 영원한 영광, 그분의 직무의 존귀함과 영원한 효력, 우리의 구원을 위한 그분의 영원한 능력과 지혜, 인류를 향한 변함없는 사랑의 징후가 나타났습니다. 만약 그분의 육체적 임재가 없었다면 '세상의 빛'은 영원히 '가까이 갈 수 없는 빛'으로 남아 있었을 것입니다.

그런데 그분의 육체적 임재가 끝나자 이 '세상의 빛'이 인류의 어두운 마음속에서 가물거리기 시작했습니다. 영적인 사람들조차 아직 온전한 의미도 파악하지 못한 그 빛이 기억에서 급속히 사라져 가며 끊임없이 변화하는 기적과 영광으로 대체되는 것을 보면서 슬퍼하였습니다.

바로 그때 예수님이 "슬퍼하지 말라. 성령께서 모든 것을 기억나게 하실 것이다. 그가 내 것을 가지고 너희에게 알릴 것이다. 그는 나에 대해 증언할 것이며 나를 영화롭게 할 것이다"(요 16:13,14 참고)라고 말씀하셨습니다. 예수님이 영광 중에 계신 아버지께로 올라가시고, 그분이 잠시 동안 육신으로 계시면서 우리에게 전했던 하늘의 일들이 기억에서 사라져 가고 있을 그때, 그 모든 것들이 그리스도의 전기 속에 기록되어 온전히 보존된 것입니다.

이제 약속하신 성령만 오신다면 성령의 빛이 비췰 것이며, 임재하신 구세주의 살아 있는 계시로 풍성히 채워질 것입니다. 그리고 그분에 관해 기록된 말씀은 그리스도의 현재적 뜻과 사랑과 능력, 그분의 현재적 은혜와 진리를 한 치의 오차도 없이 드러낼 것입니다. 오, 주의 빛과 주의 진리를 보내 주소서!

그분의 현재적 영광은 사실상 그분이 이 땅에 계실 때 드러내신 아버지의 독생자의 영광입니다. 그분은 인생이 가히 이를 수 없는 바를 말씀하시고 선을 베푸셨습니다. 말씀이 육신이 되어 우리 가운데 거하실 때 제자들은 그분의 영광을 보았습니다. 그리고 바로 그와 같은 방식으로 그리스도가 언제나 우리와 함께 계십니다.

그분의 전기는 그분의 임재로 말미암아 생명을 얻고, 그분의 임재는 그분의 전기를 통해 표현될 것입니다.

chapter

4

말씀을 통한 임재

예수님이 전기를 통해 우리와 함께 계시며 그분의 전기가 그분이 이 땅에 계실 때의 삶을 영원히 이어간다는 사실을 왜 믿지 못합니까?

어떤 시인은 "재 속에서도 여전히 생전의 불길이 타오른다"라고 노래했습니다. 그러나 시인이 아무리 아름답고 무한한 상상의 나래를 펼친다 해도 그것은 어디까지나 상상에 불과합니다. 사람이 아무리 선하고 아름답고 참된 것을 추구하려는 열망으로 가득하다 할지라도 결국 그것을 이룰 수는 없습니다. 오직 하늘로부터 오신 둘째 아담의 인성 안에서만 이러한 상상이 꿈이 아닌 현실이 되며 그들의 열망이 비로소 진정한 근거를 얻게 됩니다.

시에서 가장 아름다운 구절은 대체로 우울한 색조를 띠며, 마음에서 우러나오는 가장 순수한 열망 속에는 한숨과 탄식이 가득합니다. 왜냐하면 우리에게 드리운 '허무(vanity)'라는 슬프고도 어두운 그림자가 모든 육체를 시들게 하고 사람의 영광을 슬프고도 덧없는 것으로 만들어 버리기 때문입니다.

"주께서 나의 날을 한 뼘 길이만큼 되게 하시매 나의 일생이 주 앞에는 없는 것 같 사오니 사람은 그가 든든히 서 있는 때에도 진실로 모두가 허사뿐이니이다. 진실로 각 사람은 그림자같이 다니고 헛된 일로 소란하며 재물을 쌓으나 누가 거둘는지 알지 못하나이다"(시 39:5,6).

피조물은 이러한 상태에서 구원받기를 간절히 바랍니다. 모든 피조물이 영원한 영광을 바라보면서 함께 탄식하며 고통당하고 있습니다.

그렇다면 구원자이신 그분이 이 땅에서 사신 삶에는 이러한 영원한 속성이 없는 것일까요? 과연 그분의 삶은 허무한 것이었습니까? 그분은 잠시 피었다가 시들어 버린 꽃이었습니까? 그분의 일생이 과연 그림자와 같이 헛되게 지나갔으며 그분의 생애가 순식간에 끝났습니까?

결코 그렇지 않습니다. 베드로는 "모든 육체는 풀과 같고 그 모든 영광은 풀의 꽃과 같으니 풀은 마르고 꽃은 떨어지되 오직 주의 말씀은 세세토록 있도다 하였으니 너희에게 전한 복음이 곧 이 말씀이니라"(벧전 1:24,25)라고 말합니다. 물론 우리는 이 유명한 대조적 표현에서 어느 부분이 육신이 되신 말씀 곧 부활이요 생명이신 그분의 삶을 언급하고 있는지 잘 알고 있습니다.

인간의 연약함을 깨달은 모세는 "주께서 사람을 티끌로 돌아가게 하시고 말씀하시기를 너희 인생들은 돌아가라 하셨사오니……주께서 그들을 홍수처럼 쓸어 가시나이다. 그들은 잠깐 자는 것 같으며 아침에 돋는 풀 같으니이다. 풀은 아침에 꽃이 피어 자라다가 저녁에는 시들어 마르나이다……우리의 평생이 순식간에 다하였나이다"(시 90:3-9)라고 탄식합니다.

그렇다면 이러한 표현을 주님의 삶에도 적용할 수 있겠습니까? 결코 그럴 수 없습니다. 실로 모세는 그분을 향하여 "주여, 주는 대대에 우리의 거처가 되셨나이다……주의 목전에는 천 년이 지나간 어제 같으며"(시 90:1,4)라고 고백합니다. 그러므로 이 말씀을 그분에게 적용하는 것은 이 땅에 머무셨던 영원하신 성자의 말씀과 행동을 경시하는 것이며, 그분의 말씀과 행동이 지닌 의미와 능력을 마치 사람의 말이나 행동처럼 소멸되어 버리는 것으로 착각하는 것입니다.

예수님의 전기와 같은 책은 없습니다. 예수님이 아니면 과연 어느 누가 "볼지어다. 내가 세상 끝 날까지 너희와 항상 함께 있으리라"(마 28:20)라고 말할 수 있겠습니까?

이제 나는 이 놀라운 전기를 손에 들고서, 자신의 어린 딸을 위해 그분에게 간구하였던 가나안 여인(마 15:22 참고)이나 믿음으로 그분의 옷에 손을 대었던 한 여인(막 5:25 참고)에 관한 기사를 읽습니다. 그리고 이렇게 자문해 봅니다. '나에게도 그들과 같은 열망이나 소원이 있는가? 나의 삶에도 그러한 경험이 있는가? 나에게도 그들처럼 간절한 마음이 있는가? 그들을 은혜로 구원하신 주님의 말씀과 뜻과 사역이 나와 무슨 상관이 있는가? 나도 그들처럼 구원받을 수 있는가?'

만일 그렇다면, 나도 그들과 함께 주님께로 나아가 그분의 발 앞에 무릎을 꿇겠습니다. 내가 그렇게 한다면, 그것은 결코 상상 속의 환영이 아닙니다. 그것은 주문을 외거나 가상으로 만들어 낸 장면이 아니며, 시험 삼아 배역을 맡아 해 보는 역할대역이 아니며, 단순히 본문에 대해 종교적 깨달음을 얻는 것도 아닙니다. 나는 지금 예수님의 전기를 손에 들고 있습니다. 나에게는 그분의 뜻과 말씀과 그분이 행하신 일이 있습니다. 나에게는 "볼지어다. 내가 세상 끝 날까지 너희와 항상 함께 있으리라"라는 약속이 있습니다. 이 약속은 모든 것을 영원한 생명과 능력으로 밝게 비춰 줄 것입니다.

따라서 지금의 나는 비록 예수님이 사역하시던 당시와 약 이천 년이라는 오랜 세월의 간격을 두고 떨어져 있지만, 그들에게 생명과 구원, 소망과 치유를 베푸셨던 그리스도의 말씀은 영원하신 성령의 역사를 통해 한 치의 오차나 훼손도 없이 오늘의 나에게까지 이르렀습니다. 그리고 변함없는 이 빛은 시대를 따라 내려오면서 본문의 상황과 비슷한 경우를 만날 때마다 반사되거나 굴절되거나 특유의 색채를 드러냈으며, 때로는 처음과 동일한 효력을 나타냈습니다.

그러므로 상한 마음을 안고 그분에게 호소하였던 여인이나 "원하시면 저를 깨끗하게 하실 수 있나이다"(마 8:2)라고 외쳤던 나병환자와 동일한 마음을 가지기만 한다면, 이천 년이라는 엄청난 시차가 있음에도 나도 그들이 들었던 바로 그 말씀, 결코 변하거나 상하지 않는 새롭고도 은혜로우며 전능하고 신실한 긍휼의 말씀을 듣게 될 것입니다.

"내가 원하노니 깨끗함을 받으라"(마 8:3).

실로 나병환자의 치유에 관한 기사는 내가 가진 마음의 나병을 깊이 깨닫게 합니다. 그가 당한 불행과 그의 감정과 태도와 기도가 곧 나의 것이며, 그의 주님 역시 나의 주님이십니다. 나는 전기를 통해 말씀이 증거하는 그분만을 바라보면서, "볼지어다. 내가 너희와 항상 함께 있으리라"라는 말씀을 듣기만 하면 됩니다. 그런데도 왜 나는 그분의 말씀을 믿음으로 받아들이지 못합니까? 왜 "내가 원하노니 깨끗함을 받으라"라는 말씀을 지금 나에게 주시는 말씀으로 믿지 못합니까?

죄로 인한 상처를 안고 살아갑니까? 차마 주님과 눈을 마주칠 수 없어서 살며시 뒤로 다가가 눈물로 그분의 발을 씻겨 드리고 싶습니까? 그렇다면 바리새인 시몬의 집으로 가십시오. 그곳에 예수님이 계십니다. 그리고 그때 그곳에 계셨던 그 예수님께서 바로 지금 여기에 계십니다. 예수님은 여전히 자비와 사랑으로 용서해 주는 분이십니다. 그분은 여전히 온유하며 우리의 수치를 덮어 주십니다. 그분은 여전히 우리를 품고 격려하며 용서하십니다.

"여자에게 이르시되 네 죄 사함을 받았느니라……네 믿음이 너를 구원하였으니 평안히 가라 하시니라"(눅 7:48,50).

그렇습니다. 평안히 가야 합니다. 그리고 그분이 우리에게 "그의 많은 죄가 사하여졌도다. 이는 그의 사랑함이 많음이라"(눅 7:47)라고 말씀하실 때 그분이 옳다는 것을 입증해야 합니다.

죄로 인해 완악한 마음을 안고 살아갑니까? 아직도 그리스도가 없는 삶을 살고 있습니까? 아직도 하나님의 진노 아래 있습니까? 아직도 이생의 정욕과 쾌락을 따라 살고 있습니까? 예수님이 계신 곳, 감람산으로 나오십시오. 그분은 그때와 동일하게 지금 이곳에 계십니다. 예수님은 어제나 오늘이나 영원토록 동일하십니다.

그분은 여전히 우리를 위해 탄식하고 계십니다. 와서 우리를 위해 흘리시는 그분의 눈물을 보십시오. 우리의 멸망을 안타까운 마음으로 바라보시면서 애절하게 부르짖는 그분의 음성을 들으십시오. 그리고 예루살렘이라는 이름 대신 우리의 절망적인 이름을 발견하십시오.

"예루살렘아 예루살렘아, 선지자들을 죽이고 네게 파송된 자들을 돌로 치는 자여! 암탉이 그 새끼를 날개 아래에 모음같이 내가 네 자녀를 모으려 한 일이 몇 번이더냐? 그러나 너희가 원하지 아니하였도다. 보라, 너희 집이 황폐하여 버려진 바 되리라"(마 23:37,38).

아직도 무화과나무 아래에서 말씀을 연구하며 주께 기도하고 있습니까? 나다나엘과 같은 자여! 우리를 부르는 빌립의 음성을 듣고 주님께로 나아와 그분을 만나시기 바랍니다. 보십시오. 그분은 이미 주변에 있는 자신의 백성들에게 우리에 대해 이야기하셨습니다. 그분은 제자들에게 우리를 "참으로 이스라엘 사람이라. 그 속에 간사한 것이 없도다"(요 1:47)라고 소개하십니다.

우리는 "어떻게 나를 아시나이까?"(요 1:48)라고 물을지도 모릅니다. 그분은 우리가 상한 마음으로 기도하였기 때문에 우리를 아셨으며 또한 자기 백성으로 삼으셨습니다. 그러나 사실 그분은 "빌립이 너를 부르기 전에 네가 무화과나무 아래에 있을 때에 보았노라"(요 1:48)라고 말씀하십니다.

그분은 우리의 영혼이 근심에 쌓여 있는 것을 아십니다. 그분은 우리가 처한 어려운 형편을 다 아시고는 우리가 대적의 수중에 넘어가지 않도록 도우십니다. 그분의 눈은 의인을 향하며 그분의 귀는 그들이 부르짖는 소리를 향해 열려 있습니다. 그분에게 "랍비여, 당신은 하나님의 아들이시요 당신은 이스라엘의 임금이로소이다"(요 1:49)라고 고백하십시오. 그리고 마침내 하늘이 열리고 하나님의 사자들이 인자 위에 오르락내리락 하는 것을 보십시오 (요 1:45-51 참고). 그분을 통하여 하늘과 땅이 그분의 선하신 뜻과 영광 가운데 평화롭게 교통하는 것을 보십시오.

아직도 우리를 파멸로 몰고 가는 사탄의 강력한 힘에 붙들려 있습니까? 그렇다면 예수님과 열두 제자 주변에 모여 놀라워하는 무리 곁으로 오십시오. 딱히 할 말이 없다면 "무엇을 하실 수 있거든 우리를 불쌍히 여기사 도와주옵소서"(막 9:22)라고 고백하십시오. 그리고 "믿는 자에게는 능히 하지 못할 일이 없느니라"(막 9:23)라는 예수님의 음성을 들으십시오.

온 몸이 결박당해 있습니까? 주께서 권고하시는 날에 오직 믿음으로 가장 풍성하고도 확실한 구원과 승리의 영광을 경험하였으나 또다시 타락하여 고통과 번민에 싸여 있거나 그로 인해 결국 구원받을 수 없을 것이라는 공포감에 사로잡혀 있다면 이렇게 부르짖으십시오.

"내가 믿나이다. 나의 믿음 없는 것을 도와주소서"(막 9:24).

그렇게 할 때에 우리는 대적의 먹잇감이 되지 않을 것입니다. "내가 네게 명하노니 그 아이에게서 나오고"(막 9:25)라는 주님의 음성, 아무도 거역할 수 없는 주님의 전능하신 음성이 대적에게 선포될 것입니다. 비록 악한 마귀가 우리를 찢어 우리가 마치 죽은 것처럼 보인다 할지라도, 우리의 영혼은 주의 날에 구원을 얻을 것입니다. 비록 불 가운데서 얻는 구원이라 할지라도 우리는 하늘나라에 들어갈 것입니다.

두려움과 근심에 싸여 있습니까? 걱정과 시련의 거친 바다를 항해하고 있습니까? 주께서 우리만 배에 태워 벳새다 건너편으로 가게 하셨습니까? 배가 바다 한가운데 이르렀으며 날이 어둡고 바람이 거세지는데도 주님은 홀로 육지에 계십니까? 그분이 혼자 평안하게 육지에 계시다고 불평하고 있지는 않습니까? 마치 그분이 우리를 폭풍 가운데 항해하게 하시고는 잊어버리기라도 한 것처럼 말입니다.

그러나 결코 그렇지 않습니다. 그분은 우리를 보고 계십니다. 그분은 우리가 힘들게 노 젓는 모습을 지켜보고 계십니다. 그리고 이제 우리의 두려움이 극에 달하고 위험이 최고조에 이른 밤 사경쯤 풍랑이 이는 바다 위를 걸어서 우리를 찾아오실 것입니다. 그분의 음성을 들으시기 바랍니다. 그분은 참으로 갈릴리에서와 같이 우리와 함께 계실 것입니다.

"안심하라. 나니 두려워하지 말라"(마 14:27).

주님을 부인한 자신의 비참한 처지에 대해 눈물로 탄식하고 있습니까? 혹은 낙심하여 다시 생업으로 돌아갔습니까?(요 21:3 참고) 첫 사랑이 식고 믿음의 견고함마저 무너져 버려 감히 다시 한 번 "내가 주를 사랑하나이다"(시 18:1)라고 진심으로 말할 수도 없는 형편에 놓여 있습니까? 세상 걱정과 근심에 얽매여 마음이 온통 그곳에 가 있지는 않습니까? 힘쓰고 애쓰지만 만족을 얻지 못하고 헛되게 돈을 쓰고 있지는 않습니까?

진정한 기쁨을 맛보았다면, 어찌 주님과 그에 대한 사랑을 잊은 채 자신의 만족을 위해 갈릴리 해변으로 떠날 수 있겠습니까? 비참한 난파선 안에서 예수님을 향한 사랑의 그 어떤 증거도 찾아볼 수 없었던 과거와 자신의 죄악을 돌아본다면, 차마 자신에게조차 "내가 주를 사랑하나이다"라고 속삭일 수 없을 것입니다. 사실 그처럼 비참한 상태에서는 '내가 주를 사랑하는가?'라고 묻기도 어려울 것입니다.

자신에게 아무리 물어본다 한들 은혜로운 반응을 이끌어 낼 수는 없습니다. 주님이 오셔서 물으셔야 합니다. 참으로 주님이 우리를 뒤따라오십니다. 그리고는 힘이 다하여 지쳐 버린 우리를 바라보십니다. 그분은 근심과 괴로움으로 탄식하는 우리를 찾아오십니다. 그분은 지금의 모습 그대로 우리를 받으시고 다시 한 번 품어 주십니다. 그분은 한결같이 우리를 찾아오십니다. 변함이 없으시고 어제나 오늘이나 영원토록 동일하신 그분은 언제나 은혜로운 모습으로 우리를 찾아오십니다. 보십시오! 그분이 우리의 이름을 부르고 있습니다.

"요한의 아들 시몬아"(요 21:15).

주님의 얼굴을 쳐다보십시오. 그분의 표정이 어떠합니까? 우리를 향해 눈물을 흘리고 계시지는 않습니까? 그분의 눈물은 나와 같이 죄인의 괴수된 자를 위한 눈물이며, '예루살렘의 죄인들'을 위한 눈물입니다. 그것은 그분을 미워하고 그분에게 침 뱉으며 그분을 모욕하고 멸시한 자들을 위한 눈물이며, 그분이 눈앞에서 사라져 다시는 자신들을 성가시게 하지 못하도록 무덤을 봉인하고 지키던 자들을 위한 눈물입니다. 그분은 자신이 사랑한 저들의 배신을 참으시고 그들을 위해 탄식하고 부르짖어 기도하시며 눈물 흘리셨을 뿐만 아니라 그들을 위해 마지막 한 방울의 피까지도 모두 흘리셨습니다. 참으로 슬픔과 꾸지람과 놀라움과 억제할 수 없는 사랑으로 가득한 그분의 모습은 그분을 부인한 자들의 마음을 녹아내리게 합니다.

어제나 오늘이나 영원토록 동일하신 예수님의 얼굴을 바라보십시오. 갈릴리 호숫가에서 시몬 베드로를 바라보시던 그 모습 그대로이십니다. 그분은 저주의 십자가로부터 돌아오셨습니다. 그분은 차가운 무덤으로부터 돌아오셨습니다. 그분은 만유의 후사이며 영광의 주님이십니다. 그분은 누우셨던 무덤에서, 그리고 영광의 자리에서 우리를 찾아오셔서는 "요한의 아들 시몬아, 네가 나를 사랑하느냐?"(요 21:17)라고 물으십니다.

베드로에게 말씀하신 그 음성은 결코 사라지지 않았습니다. 그분의 음성은 지금도 성령의 능력으로 말미암아 복된 말씀 속에 영원히 살아 있으며, 세상 끝 날까지 우리와 함께할 것입니다. 그분은 지금도 동일한 능력과 사랑으로 부드럽게 다가와 우리의 사랑을 구하고 계시며, 우리의 신실한 대답을 우리 자신보다 더 기다리고 계시며, 그로 인하여 기뻐할 준비를 하고 계십니다. 그분은 실로 지금도 우리를 향하여 "요한의 아들 시몬아, 네가 나를 사랑하느냐?"라고 물으십니다.

그분의 입으로부터 나오는 은혜로운 말씀에 귀를 기울이십시오. 사랑 그 자체이신 그분이 묻고 있습니다. 무한하신 사랑으로 오신 그분이, 신적 영광으로 빛나는 소멸하는 불이신 그분이 부드러운 광채로 우리를 비추시며 우리의 사랑을 간절히 원하고 갈구하고 계십니다. 이러한 그분의 사랑에 응답하는 것이 마땅하지 않겠습니까?

결국 그분은 그러한 질문을 통해 우리를 향한 그분의 사랑을 확인하려 하십니다. 우리의 사랑을 미리 아시고 그 질문을 통해 그것에 대답할 준비를 하고 있는 것입니다.

"너희가 나를 택한 것이 아니요 내가 너희를 택하여 세웠나니"(요 15:16).

바울 역시 이러한 사랑에 대해 언급합니다.

"그리스도의 사랑이 우리를 강권하시는도다"(고후 5:14).

그리고 요한은 이렇게 말합니다.

"우리가 하나님을 사랑한 것이 아니요 하나님이 우리를 사랑하사"(요일 4:10).

이처럼 우리를 향한 그분의 사랑이 전능하신 구주와 우리의 녹아지고 감동

된 마음 사이에서 역사하여 우리로 하여금 "주님, 모든 것을 아시오매 내가 주님을 사랑하는 줄을 주님께서 아시나이다"(요 21:17)라고 대답하도록 강권하며 결단하게 하십니다.

부모들이여, 하나님께서 은혜로 주신 자녀들에게 관심을 가지십시오! 그들을 누구에게로 인도해야 합니까? 그분이 어디에 계십니까? 오, 참으로 예수님은 육신으로 거하실 때와 마찬가지로 지금도 우리와 함께 계십니다! 그분이 복된 말씀에 기록된 모습 그대로 지금도 우리와 함께 계시다는 것을 믿음으로 깨닫기 바랍니다. 어린 자녀들을 그분에게로 인도하십시오. 그들을 데려갈 때 설사 제자들이 꾸짖을지라도 예수님은 그들을 반기실 것입니다. 그리고는 우리의 자녀를 그 팔로 안고 안수하시며 축복하실 것입니다(막 10:13-16 참고).

죽은 오라비를 위해 울고 있는 자매들이여! 나사로의 무덤으로 가십시오! 그곳에 예수님이 계십니다. 그때 그곳에 계셨던 주님이 지금 이곳, 죽은 자의 무덤 곁에 계십니다. 어제나 오늘이나 영원토록 동일하신 예수님께서 "네 오라비가 다시 살아나리라"(요 11:23)라고 말씀하십니다.

예수님의 말씀을 배우고자 하는 온유한 자여! 그분의 음성에 귀를 기울여 온유하고도 겸손하신 그분에 대해 배우고 싶다면, 베다니로 가서 마리아와 함께 그분의 발 앞에 앉으십시오. 그분은 그때와 마찬가지로 세상 끝 날까지 이곳에 계실 것입니다(눅 10:38-42 참고).

아무것도 보이지 않아 어디로 가야 할지를 몰라서 그저 길가에 앉아 있는 눈먼 자여! 그분은 "내가 너희와 항상 함께 있으리라"라고 말씀하십니다. 보십시오. 나사렛 예수님께서 지나가십니다. 형제여, 그것은 결코 비유적 말씀이 아니며, 헛된 상상이나 신성한 꿈도 아닙니다. 그것은 현실입니다. 예수님께서 지나가십니다. 기회를 놓치지 마십시오. 그분이 부르실 때에 일어나십시오. 자비하신 그분의 음성을 들으십시오. 그분이 "네게 무엇을 하여 주기를 원하느냐?"(눅 18:41)라고 물으시면 "주여, 보기를 원하나이다. 내 눈을 열어 주의 법의 기이한 것을 보게 하옵소서"(눅 18:41, 시 119:18 참고)라고 대답하십시오. 그러면 주께서 우리의 눈을 열어 보게 하시고 우리를 일으켜 세우실 것입니다.

진정 주님의 식탁으로 나아와 영광의 왕과 함께 앉기를 원합니까? 비유가 아닌 실제로, 예수님이 배반당하신 그날 밤에 함께했던 열한 제자처럼 그분과 함께 식사하기를 원합니까? 참으로 그들처럼 '예수와 함께 있었던 자'가 되기를 원합니까? "그들은 하나님을 뵙고 먹고 마셨더라"(출 24:11)라는 말씀을 직접 경험하기를 원합니까? 그것이 진정 평생소원입니까? 그렇다면 그분의 전기와 그분의 임재를 모두 경험해야 합니다.

"떡을 가져 감사기도 하시고 떼어 그들에게 주시며 이르시되 이것은 너희를 위하여 주는 내 몸이라. 너희가 이를 행하여 나를 기념하라 하시고 저녁 먹은 후에 잔도 그와 같이 하여 이르시되 이 잔은 내 피로 세우는 새 언약이니 곧 너희를 위하여 붓는 것이라"(눅 22:19,20).

이처럼 복된 말씀이 우리 마음 가운데 있어야 합니다. 그리고 이 말씀과 함께 "내가 너희와 항상 함께 있으리라"라는 약속을 가지고 있어야 합니다.

이제 진실한 마음으로, 그리고 믿음으로, 이 말씀과 그분의 임재를 하나로 받아들이십시오. 말씀이 그분의 임재로 충만하며 그분의 임재가 그분의 전기를 통해 표현되어야 합니다. 나와 함께 식탁에 앉으신 모습과 나를 향한 그분의 행동이 그분의 전기를 통해 표현되도록 해야 합니다. 만일 그분이 다시 오시기 전까지 그분의 손으로 직접 주시는 살과 피를 받지 못한다면 지금 주님의 모습을 과연 언제 볼 수 있겠습니까?

이 슬픔 많은 세상에서 고단할 때가 있습니까? 죄와 사망의 몸, 육신의 연약함, 계속되는 실패로 지칠 때가 있습니까? 그리하여 이제 남은 만족이라고는 하늘에서 누릴 안식밖에 없습니까? 이 땅에서 그리스도의 임재와 그분의 전기를 동시에 소유하는 것은 얼마나 복된 일인지 모릅니다. 예수님께서 오신 후로 우리는 믿음 안에서 시간이라는 요소를 초월하였습니다. 마찬가지로 이제 그리스도 안에서 그분이 다시 오실 때까지의 시간적 개념도 초월해야 합니다.

"너희는 마음에 근심하지 말라. 하나님을 믿으니 또 나를 믿으라. 내 아버지 집에 거할 곳이 많도다. 그렇지 않으면 너희에게 일렀으리라. 내가 너희를 위하여 거처를 예비하러 가노니 가서 너희를 위하여 거처를 예비하면 내가 다시 와서 너희를 내게로 영접하여 나 있는 곳에 너희도 있게 하리라"(요 14:1-3).

우리는 믿음으로 그분의 임재를 앞당겨야 합니다. 시간은 간격을 두어 분리하려 하지만 믿음은 이러한 간격을 인정하지 않습니다. 그것은 시공을 초월합니다. 믿음은 보이지 않는 것을 보며 미래와 영원을 포괄하는 놀라운 특권을 지니고 있습니다. 우리는 "내가 진실로 속히 오리라"(계 22:20)라고 하시는 예수님의 말씀을 믿음으로 들어야 합니다. 그리고 믿음과 소망 안에서 "아멘 주 예수여 오시옵소서"(계 22:20)라고 대답해야 합니다.

chapter

5

복음의 영감

    앞에서 제시한 원리들은 어쩔 수 없이 임마누엘의 전기에 해당하는 사복음서의 영감에 관한 논쟁을 야기합니다. 만일 그리스도께서 성령을 통해 복음의 비밀을 기록하려 하신 것이라면, 불완전한 인간과 성경의 결합이라는 구조는 쉽게 용납할 수 없습니다.

    나는 태양 표면에 흑점이 있다는 사실을 부인하지 않습니다. 구세주의 삶에 관한 기록일지라도 만일 그것이 성경의 전체적 계획과는 무관한 일상적 전기이거나 다른 종교 서적에서도 쉽게 찾아볼 수 있는 단순한 교훈에 불과한 것이라면, 굳이 그것의 절대적 무오성을 주장할 필요가 없을 것입니다. 그분의 전기가 단지 하나의 문학작품으로 평가받기를 원했다면, 예수님의 성품에 대한 묘사는 (그 깊이나 질적인 면에서 비교할 수도 없지만) 다른 훌륭한 문학 작품과 비교해서 절대적으로 완전하거나 무오하지 않아도 될 것입니다.

    그러나 그분의 전기가 '구세주는 모든 시대마다 동일하게 계시되어야 한다'라는 독특하고도 특이한 목적을 이루어야 한다면, 즉 모든 인류에게 대대로 나타나실 예수님이 원래 성경에 선포된 바와 동일한 모습과 인격으로 제시되어야 한다면, 성경은 반드시 절대적으로 무오해야만 합니다. 그리하여 주님이 잘못 계시되는 일이 결코 없어야 합니다. 그분의 전기는 반드시 불완전한 인간의 입김으로 얼룩지지 않은 거울이어야 합니다. 그것은 결코 점도 흠도 없어야 합니다. 이러한 전기의 무오성에 관한 문제는 주님의 온전하심과 연결되어 있습니다. 성경의 무오성이 도전을 받는다면, 그것은 곧 주님의 '흠 없으심'에 대한 도전입니다.

그렇습니다. 우리는 태양에 흑점이 있다는 사실을 인정합니다. 하나님께서 "어두운 데를 비추라"라고 명하신 '빛' 속에 그런 것이 있다면, 태양이 불완전하다고 말할 수도 있습니다. 그러나 '예수 그리스도의 얼굴에 있는 하나님의 영광을 아는 빛'(고후 4:6)에 점이나 흠이나 불완전함이 있다는 것을 상상할 수 있겠습니까? 그럴 수 없을 것입니다. 우리는 그분의 영광이 '은혜와 진리가 충만한 아버지의 독생자의 영광'인 것을 압니다(요 1:14 참고). 그분은 '하나님의 영광의 광채시요 그 본체의 형상'(히 1:3)이십니다.

그러나 만일 기록된 말씀을 통해 계시된 '영원한 말씀(Eternal Word)'에 흠이나 티가 있다면, 이 땅에서 '육신이 되신 말씀(Word made flesh)'의 인격 속에 이 모든 영광과 온전함이 흠이나 티 없이 담겨 있다 한들 우리에게 무슨 의미가 있겠습니까? 아들이 성부의 본체의 형상을 온전히 드러낸다 할지라도 기록된 말씀이 그 아들의 형상을 온전히 드러내지 못한다면 무슨 소용이 있겠습니까? 만일 예수 그리스도의 얼굴이 기록된 말씀 속에서 우리에게 잘못 제시된다면, 어떻게 그 얼굴에 있는 하나님의 영광이 온전히 전달될 수 있겠습니까? 만일 하나님의 형상이신 '그리스도의 영광의 복음의 광채'(고후 4:4)가 그분의 거룩한 형상을 정확 무오 하고도 온전하게 드러내지 못한다면 어떻게 되겠습니까?

나는 예수님께서 빌립에게 "나를 본 자는 아버지를 보았거늘"(요 14:9)이라고 말씀하실 때 빌립이 본 것이 바로 성부 하나님의 본체의 형상이라고 믿습니다. 또한 이 복된 계시가 빌립만을 위한 것이 아니라 당시에 그분의 말씀을 들었던 사람들을 위한 것이기도 하며, 이어지는 중보기도에서 알 수 있는 것처럼 그분을 믿는 모든 사람들을 위한 것이기도 하다고 믿습니다.

"내가 비옵는 것은 이 사람들만 위함이 아니요 또 그들의 말로 말미암아 나를 믿는 사람들도 위함이니"(요 17:20).

그렇다면 만일 예수님이 기록된 말씀을 조명하시는 바로 그 성령을 통해 '그들의 말'로 말미암아, 기록된 말씀에 나타난 그대로 정확히 '나를' 비추고 계신다면, 성경은 오직 하나님의 거룩한 자들이 영감으로 기록한 온전한 그리스도의 말씀이 되어야만 합니다. 그래야만 '나의 사랑하는 자가 전적으로 나에게 속한 자가 될 것'이며, 하나님의 본체의 형상이 되실 수 있을 것입니다.

물론 그리스도의 전기나 그분에 대한 묘사가 불완전하다고 해서 우리에게 전혀 유익을 주지 못한다는 말은 아닙니다. 여기서 말하고자 하는 바는 결코 그것이 아닙니다. 그것은 불행히도 절대적 영감을 믿지 못하고 복음서 저자들의 불완전성만을 생각하는 자들이 사복음서가 자신들에게 아무런 영적 유익을 주지 못한다고 생각하는 것과는 전혀 다릅니다. 사실 그들에게는 여기서 말하는 복음서의 영광스럽고도 특별한 역사가 필연적으로 감추어져 있습니다. 이처럼 중요한 주제와 관련하여 그들도 우리처럼 복음서를 하나님의 영감으로 기록된 말씀으로 온전히 받아들일 수 있기를 간절히 원합니다.

그러나 이처럼 독특한 영감을 인정하지 않는다고 해서 성경을 통해 어떤 유익도 얻을 수 없다고 생각하지는 않습니다. 가장 먼저 생각해 볼 수 있는 점은 주께서 복음서가 불완전하다고 믿는 사람들에게도 그것을 통해 은혜를 베푸신다는 것입니다. 그러나 사실은 그 이상입니다. 생각해 보면 주님은 (매우 조심스런 표현이긴 하지만) 설사 오류가 있고 불완전한 묘사라 할지라도 그것을 인정하거나 사용하는 것을 꾸짖지 않으실 것입니다.

주께서 자기 백성을 다루시는 데에 자신에 대한 묘사가 불완전한 전기를 어떻게 활용하시든지, 그것에 대한 주의를 환기시키거나 읽기를 권하심으로써 대략적인 윤곽만을 제시하실지라도, 적어도 주님에 대해 완전히 침묵하거나 그분의 놀라운 사역에 대한 일체의 증거나 전승도 제시하지 않는 것보다는 훨씬 낫습니다. 그러나 한 가지 분명한 사실은 그것을 통해 어떤 것을 설명하거나 주의를 환기시키거나 어떠한 용도로 활용하든지, 또 어디까지 허락하든지, 주님은 그러한 묘사나 기록과는 거리가 멀 것이라는 점입니다.

실로 주님은 말씀 속에 거하시며 그 말씀과 하나가 되어 살아 있는 능력과 음성으로 생명의 말씀이 되게 하시고, 그것으로 자신의 영원한 거처를 삼아 자신의 임재를 나타내셔서 모든 시대마다 자신을 발견하게 하셨습니다. 그런데 만일 그러한 전기가 그분이 마땅하다고 생각하시는 전기로서의 모습을 갖추지 못한다면, 이러한 사실을 어떻게 믿을 수 있겠습니까?

그러므로 그분의 전기는 완전해야 합니다. 그것은 그리스도로부터 흘러오는 모든 완전함을 갖추어야 합니다. 그리고 사실상 그것은 온전히 그리스도의 것이어야 합니다. 그것은 온전한 형상이어야 합니다. 인간의 몸을 입으신 예수님이 영원한 성부의 형상을 입으신 것같이 기록된 예수님의 말씀 역시 그와 동일한 온전한 형상이어야 합니다. 이것이 바로 임재와 전기의 결합이 요구하는 바입니다. 아니, 그 이상이어야 합니다. 그것은 자서전이 되어야 합니다.

결국 복음서의 저자는 예수님이십니다. 실로 그분이 성령을 통하여 그것을 직접 기록하신 것입니다.

chapter

6

복음서:
왕의 갤러리

앞 장에서 제시한 원리들이 옳다면, 우리의 영성과 담대히 행동하는 신앙에 따라 판단하건데, 복음서 기자의 서술은 우리 주님의 살아 있고도 현존하는 계시로 찬란히 빛나는 '왕의 갤러리(galleries)'입니다. 그러므로 복음서를 읽는 마음의 자세나 우리만의 특권은 정도뿐만 아니라 본질적인 면에서도 다른 책을 대할 때와는 전혀 달라야 합니다.

우리는 단순히 상상력을 동원하여 기록된 사건을 마음속에 그려 보거나 주님을 떠올리는 것이 아닙니다. 이것은 오직 주님 스스로 우리에게 자신을 제시하시는, 매우 특별하고도 독특한 현상이라 할 수 있습니다. 우리는 스스로의 노력으로 만들어 낸 생각이나 개념을 통해서가 아니라 그분을 통해 성취되는 하나의 분명한 실재로서 그분과 함께 있습니다. 그분은 성령과 말씀을 통해 우리와 함께하시며, 우리는 이 말씀과 성령에 대해, 곧 말씀이 조명하고 성령께서 구세주의 임재로 채우시는 모든 장면에 대해 믿음으로 반응함으로써 그리스도와 함께합니다.

참으로 하나님은 지금도 이 땅의 백성들과 함께 거하고 계시지 않습니까? 그분이 바로 우리와 함께하시는 하나님, 임마누엘이 아니십니까? 그분은 곧 '말씀이 육신이 되어 우리 가운데 거하시는' 분이시며 '아버지의 독생자의 영광이요 은혜와 진리가 충만한'(요 1:14 참고) 분이십니다. '만물을 충만하게'(엡 4:10) 하시는 그분이 복음서를 자신의 임재로 채우시지 않겠습니까? 왕의 갤러리를 영광으로 가득 채우시지 않겠습니까? 그렇다면 그분의 영광으로 가득한 이곳이 특별한 대접을 받는 것은 마땅한 일일 것입니다.

'즐거움의 기름 부음'을 받고 '왕의 동료보다 뛰어나신' 그분이 그들과 함께 성령도 나누실 것입니다. 그분은 이 성령을 통해 "볼지어다. 내가 너희와 항상 함께 있으리라"라고 하신 약속을 이루실 것입니다. 이 왕은 모든 시대마다 '몰약과 침향과 육계의 향기'가 나는 옷을 입고 '상아궁'에 거하실 것입니다. 우리는 그곳에서 '오빌의 금으로 꾸미고' 그분과 함께 있는 특권을 누릴 것입니다. '금으로 수놓은 옷을 입고……왕께로 인도함을 받으며……왕궁에 들어갈' 것입니다(시 45:7-15 참고).

왕의 갤러리, 그분의 상아궁으로 들어갈 수 있는 믿음의 열쇠가 있다면, 은혜와 영광의 장면을 얼마나 생생하게 볼 수 있겠습니까? 얼마나 장엄하고도 권위 있는 사랑의 음성을 들을 수 있겠습니까? 그분의 아름다움을 볼 수 있는 기회를 얼마나 많이 얻으며 그분의 전에 거하는 즐거움을 얼마나 자주 누릴 수 있겠습니까?

우리는 베들레헴의 어느 마굿간에서 유대 목자들과 동방박사들과 함께 그분을 경배합니다. 눈으로 볼 수 없다는 것만이 유일한 장애입니다. 믿음의 눈은 표적 곧 '강보에 싸여 구유에 뉘어 있는 아기'를 통해 '지극히 높은 곳에 있는 영광'과 '온 백성에게 미칠 큰 기쁨의 좋은 소식'의 징조를 봅니다(눅

2:10,12,14 참고). 그리하여 결국 우리는 믿음으로 베들레헴에 있는 모든 성도와 함께 그분의 탄생을 기뻐하는 영광의 노래를 부르게 됩니다.

"이는 한 아기가 우리에게 났고 한 아들을 우리에게 주신 바 되었는데"(사 9:6).

또한 우리는 믿음의 귀로 그곳에 임한 천사들의 노래를 듣습니다.

"또 그가 맏아들을 이끌어 세상에 다시 들어오게 하실 때에 하나님의 모든 천사들은 그에게 경배할지어다"(히 1:6).

또한 우리는 "하나님이 제사와 예물을 원하지 아니하시고 오직 나를 위하여 한 몸을 예비하셨도다……하나님의 뜻을 행하러 왔나이다"(히 10:5-7)라는 아들의 음성도 듣습니다. 성령께서는 "베들레헴 에브라다야, 너는 유다 족속 중에 작을지라도 이스라엘을 다스릴 자가 네게서 내게로 나올 것이라. 그의 근본은 상고에, 영원에 있느니라"(미 5:2)라고 말씀하십니다. 이에 대해 칼빈도 "이와 같이 그가 태어나신 베들레헴은 우리가 영원하신 하나님 앞으로 나아가는 관문이 될 것입니다"라는 아름다운 말을 남겼습니다.

한 번 열면 닫을 자가 없는 동일한 믿음의 열쇠를 통해 우리는 '의롭고 경건하여 이스라엘의 위로를 기다리는 자'(눅 2:25)인 시므온과 동일하게 고백하게 됩니다. 우리는 시므온을 성전으로 인도하신 동일한 성령을 통해 주께서 성령으로 임재해 계신 또 하나의 갤러리 속으로 들어갈 수 있습니다. 그리고는 값없이 주신 하나님의 거룩한 아들 예수를 안습니다. 물론 육신의 팔이 아니라 믿음의 팔로 말입니다(이천 년이라는 시간은 육신에게만 장벽이 될 뿐입니다). 그리고 평안을 주신 하나님을 감격한 마음으로 찬양하며, '이제 내가 사는 것은 그리스도 때문이며 죽는 것도 유익하다'라고 고백합니다.

"주재여, 이제는 말씀하신 대로 종을 평안히 놓아 주시는도다. 내 눈이 주의 구원을 보았사오니 이는 만민 앞에 예비하신 것이요"(눅 2:29-31).

우리는 성전에서 요셉과 마리아, 그리고 예수님과 함께 있습니다(눅 2:46-

49 참고). 요셉과 마리아가 근심하여 아들을 찾아다닐 때, 결국 선생들과 함께 있는 그분을 찾았을 때, 그들에게 듣기도 하고 묻기도 하는 것을 볼 때, 우리는 그들과 함께 있으며 또한 예수님과 함께 있습니다(눅 2:41-50 참고). 우리는 사역을 앞둔 예수님의 충성스러운 고백을 듣습니다.

"어찌하여 나를 찾으셨나이까? 내가 내 아버지 집에 있어야 될 줄을 알지 못하셨나이까?"(눅 2:49)

첫 번째로 기록된 이 음성을 우리는 (듣지 못하는) 육신의 귀가 아니라 하나님의 말씀이 열어 주신 마음의 귀를 통해 믿음으로 듣고 있습니다.

우리는 '요한에게 나아와 세례를 받으시는' 예수님과 함께 요단강에 있습니다(마 3:13-17 참고). 우리는 "모든 의를 이루는 것이 합당하니라"(마 3:15)라는 그분의 사명적 선언을 들으며, 자기 교회와의 연합을 보여 주는 상징으로서 물로 세례 받으시는 예수님의 모습을 봅니다. 또한 우리는 성부께서 성령으로 그분의 영을 시험하시는 것을 보고, 범죄한 백성 가운데 들을 귀 있는 모든 자를 시험하시는 음성을 듣습니다. 교회의 머리 되신 그분은 지금도 '내 사랑하는 아들이요 내 기뻐하는 자'(마 3:17)이며, 우리를 용납하시고 하나님의 자녀로 삼으시는 구원의 근원이십니다.

이제 우리는 믿음으로 예수님과 함께 광야에 있습니다(마 4:1 참고). 이것은 육신의 감각으로는 결코 감지할 수 없는 특권입니다. 우리는 관객의 입장에 서뿐만 아니라 믿음의 특별하고도 심오한 내적 이해(appreciation)라는 자기화(appropriation)와 내적 교감(fellowship)을 통해서 그분의 위대하신 걸음에 직접 동참하게 됩니다. 요단강에서 그분이 나와 함께 세례를 받으시고 내가 그분과 함께 세례를 받아 하나가 되었으므로, 이제 그분과 함께 시험을 받고 그분의 모든 경험을 나의 것으로 체험하며 그분과 동행하게 되었습니다.

또한 기록된 말씀과 성령을 통해, 즉 전기와 임재를 통해 우리는 예수님이 자라신 나사렛 회당에서 그분을 발견합니다(눅 4:16 참고). 성령은 지금도 예수님과 함께 계십니다. 그분은 지금도 성경을 읽으십니다. 그분의 입에는 지금도 말씀이 있으며, 그 말씀은 여전히 진리입니다.

그분은 확실히 지금도 나에게 "이 글이 오늘 너희 귀에 응하였느니라"(눅 4:21)라고 말씀하십니다. 그리고 "주의 성령이 내게 임하셨으니 이는 가난한 자에게 복음을 전하게 하시려고 내게 기름을 부으시고 나를 보내사 포로 된 자에게 자유를, 눈먼 자에게 다시 보게 함을 전파하며 눌린 자를 자유롭게 하고 주의 은혜의 해를 전파하게 하려 하심이라"(눅 4:18,19)라고 말씀하십니다. 그분이 나에게 설교하실 때 나는 '그 입으로 나오는 바 은혜로운 말'(눅 4:22)에 놀라고 그 말씀이 권위가 있으므로 그 가르치심에 놀랍니다(눅 4:32 참고).

예수님에 대한 성부 하나님의 언약은 진실합니다. 위에 있는 아버지의 영과 그 입에 둔 아버지의 말이 오늘까지 그분의 입에서 떠나지 않았으며, 이제부터 영원토록 떠나지 않을 것입니다(사 59:21 참고). 그러므로 그분은 '오늘' 나사렛 회당에서 말씀과 성령으로 나에게 복음을 선포하시는 것입니다.

또한 우리는 그분을 따르던 무리와 함께 '산'에서 예수님의 가르침을 듣습니다(마 5-7장 참고). 우리는 팔복과 권위 있는 가르침을 듣습니다. 그분의 가르침은 '서기관들과 같지 않고' 지금까지도 전혀 변함없는 권위를 가지고 있습니다.

또한 우리는 변화산의 영광에도 동참하지 못할 이유가 없습니다(마 17:1-8 참고). 우리는 영광스러운 주님의 임재에 취해 초막을 지을 필요가 없습니다. 성령의 조명을 받은 말씀이야말로 그분의 영광으로 가득한 성막이기 때문입니다. 그러므로 "여기 있는 것이 좋사오니"라고 말할 필요도 없습니다.

우리는 '큰 다락방'도 경험해야 합니다. 예수님과 함께 유월절을 보내면서 그분의 입으로부터 나오는 요한복음 14장의 말씀과 주님의 자녀와 성부 하나님과의 교제에 대한 모든 위로의 말씀을 듣지 못할 이유가 없습니다.

또한 갈보리의 십자가! 나는 그곳에서 주님과 함께 못 박힙니다. 그리고 마치 그분의 영혼이 지금 아버지께로 떠나시는 것처럼 나의 영혼을 그분께 맡깁니다. 그분은 나의 모든 죄를 짊어지십니다. 그리하여 나는 그분의 기뻐하시는 자가 되고 하나님 앞에서 향기로운 제물이 됩니다. 확실히 나는 그리스도와 함께 십자가에 못 박혔습니다(갈 2:20 참고).

이제 십자가에서 내려져 세마포로 싼 예수님을 보십니까?(눅 23:53 참고) 그렇다면, 우리가 그곳에 있는 것이 분명하다면, 얼마든지 "그리스도의 몸으로 말미암아 율법에 대하여 죽임을 당하였다"(롬 7:4 참고)라고 고백할 수 있지 않겠습니까? 마찬가지로 우리가 '아직 사람을 장사한 일이 없는 바위에 판 무덤에'(눅 23:53) 그분의 육신을 넣는 것을 본다면, 그 무덤을 곧 나를 대신하는 무덤으로 여기며 이렇게 고백하지 않겠습니까?

"그러므로 우리가 그의 죽으심과 합하여 세례를 받음으로 그와 함께 장사되었나니 이는 아버지의 영광으로 말미암아 그리스도를 죽은 자 가운데서 살리심과 같이 우리로 또한 새 생명 가운데서 행하게 하려 함이라"(롬 6:4).

이제 우리는 부활하신 주님을 만납니다. '그리스도의 몸으로 말미암아 율법에 대하여 죽임을 당한' 우리는 나의 주와 하나님이시요 '죽은 자 가운데서 살아나신 이에게 갈 수 있는' 자격을 갖추게 되었습니다(롬 7:4 참고). 그러나 실로 우리의 육신이나 감각으로는 그분을 인식할 수 없습니다. 우리는 주님이 마리아에게 하신 말씀을 듣습니다.

"나를 붙들지 말라. 내가 아직 아버지께로 올라가지 아니하였노라"(요 20:17).

그러므로 '비록 우리가 그리스도도 육신을 따라 알았으나 이제부터는 그같이 알지 아니해야 할 것입니다'(고후 5:16 참고).

우리는 그분과 함께 베다니로 가서 그분의 축복을 받고 돌아와 성령을 기다립니다. 이제 후로는 그분께서 우리와 항상 함께하실 것입니다. 이제 '왕의 마음은 이 갤러리에 매일 것입니다'(아 7:5 참고). 이것은 복음서에 영원히 살아 숨 쉬고 있는 영광스러운 장면 가운데 하나입니다.

결론적으로 이 땅에서 예수님의 자기 계시는 영원히 살아 있는 복음서를 통해 계시의 본질적인 특성뿐만 아니라 구체적인 내용까지 모든 시대에 전달되었습니다. 그리고 그리스도에 관한 것을 우리에게 보여 주시기 위해 성령이 임하실 때, 우리는 믿음의 눈으로 모든 계시를 입체적이고도 완전하며 실제적인 모습으로 보게 됩니다. 무엇보다도 예수님 자신이 성령으로 그 전기 속에 거하시며 여전히 동일한 모습으로, 위엄과 사랑이 가득한 얼굴로 우리를 보시고 영원한 말씀을 들려주심으로써 실제로 우리와 함께 계시는 것입니다.

이런 면에서 "내가 떠나가는 것이 너희에게 유익이라"(요 16:7)라는 말씀의 뜻이 더욱 분명해집니다. 예수님이 성령으로 임재하시는 것이 육신으로 우리와 함께 거하시는 것보다 여러 면에서 훨씬 낫다는 것입니다. 육신을 입으셨다면 갈릴리에서처럼 일일이 자신을 나타내셔야 합니다. 육신으로는 한 곳에 계시면서 동시에 다른 곳에도 계실 수는 없기 때문입니다. 그러나 성령으로 임재하시면 동시에 모두에게 자신을 나타내실 수 있습니다.

따라서 이제 죄 문제로 인해 괴로울 때 우리는 십자가에서 그분을 발견하게 될 것이며, 시험당할 때 광야에서 그분을 만날 것입니다. 그분과의 연합과 거듭남에 대한 증거를 찾고자 할 때 우리는 요단강에서 그분을 만날 것이며, 그분의 은혜로운 말씀이 필요할 때 나사렛 회당에서 그분을 만날 것입니다. 세상에서 슬픈 일을 만날 때 나사로의 무덤에서 눈물 흘리시는 그분을 만날 것입니다. 그 눈물은 우리를 위한 것이기도 합니다. 그리고 공동체가 모이는 복된 안식일에는 '큰 다락방'에 계신 그분을 발견할 것입니다. 그곳에서 그분이 사랑의 식탁을 베풀어 주실 것입니다.

왕의 자녀들에게는 '상아궁'의 문이 언제나 열려 있습니다. 그곳에서 우리는 '왕의 행차'를 보게 될 것입니다(시 45:8, 68:24 참고).

part 2

성경에 나타난 그리스도의 임재

7. 왕이 방문한 갤러리

The Abiding Presence

chapter
7
왕이 방문한 갤러리

    이제 앞에서 살펴본 갤러리 가운데 몇 곳을 방문하여 실제로 왕이 그곳에 계시는지를 자세히 살펴보고자 합니다. 앞에서 제시한 바 '임재와 전기의 살아 있는 결합'이라는 원리의 진정성을 몇 가지 특수한 사례를 통해 확인하려는 것입니다.

> Ⅰ. 세례와 영원한 증언
> Ⅱ. 시험과 영원한 승리
> Ⅲ. 회당과 영원한 설교
> Ⅳ. 십자가와 영원한 희생

    여기서는 관심을 불러 일으키는 복음서간의 서로 다른 본문에 대해 설명(글자 그대로 설명)하려는 것이 아닙니다. 이 작업의 목적은 영속성(perpetuity)이라는 한 가지 요소(속성)에 초점을 맞추어 이들 본문을 살펴보고, 본문이 모든 시대마다 주님의 임재와 영광으로 가득 채워질 수 있을 것인지를 관찰해 보는 것입니다. 이것이야말로 모든 복음서를 바르게 적용할 수 있는 가장 합당한 해석의 원리가 될 것이라고 생각합니다.

I. 세례와 영원한 증언

"이때에 예수께서 갈릴리로부터 요단강에 이르러 요한에게 세례를 받으려 하시니 요한이 말려 이르되 내가 당신에게서 세례를 받아야 할 터인데 당신이 내게로 오시나이까? 예수께서 대답하여 이르시되 이제 허락하라 우리가 이와 같이 하여 모든 의를 이루는 것이 합당하니라 하시니 이에 요한이 허락하는지라. 예수께서 세례를 받으시고 곧 물에서 올라오실새 하늘이 열리고 하나님의 성령이 비둘기같이 내려 자기 위에 임하심을 보시더니 하늘로부터 소리가 있어 말씀하시되, 이는 내 사랑하는 아들이요 내 기뻐하는 자라 하시니라"(마 3:13-17).

"우리가 유대인이나 헬라인이나 종이나 자유인이나 다 한 성령으로 세례를 받아 한 몸이 되었고 또 다 한 성령을 마시게 하셨느니라"(고전 12:13).

예수님은 "그러므로 너희는 가서 모든 민족을 제자로 삼아 아버지와 아들과 성령의 이름으로 세례를 베풀고, 내가 너희에게 분부한 모든 것을 가르쳐 지키게 하라"(마 28:19,20)라고 명령하신 후에 이 명령과 연계하여 "볼지어다. 내가 세상 끝 날까지 너희와 항상 함께 있으리라"(마 28:20)라고 약속하셨습니다.

따라서 예수님께서 기록된 복음을 믿는 사람들에게 약속하신 대로 자신의 임재를 나타내셨던 몇몇 사례를 엄정하고도 세밀하게 검증하면서 먼저 주님의 세례에 관한 본문을 살펴보는 것이 올바른 순서일 것입니다. 만일 그리스도께서 지금도 우리와 함께 계시며 이 본문을 통해 우리를 지켜보고 계신다면, 그분은 아마도 우리가 예수님을 우리와 함께 세례를 받으신 분이요 살아 계신 머리로 인정하고 받아들임으로써 지금 여기서 하나님의 증언을 듣기를 원하실 것입니다.

그렇다면 이제 그리스도의 세례, 곧 그가 받으신 물세례와 성령세례의 의미에 대해 살펴보고, 이어서 "이는 내 사랑하는 아들이요 내 기뻐하는 자라"(마 3:17)라고 말씀하신 성부 하나님의 증언에 대해 살펴보겠습니다. 그리하여 그분의 영원하신 임재가 지금도 그대로 시행되고 있다는 사실을 보여 주고자 합니다.

1. 그리스도의 세례

"이때에 예수께서 갈릴리로부터 요단강에 이르러 요한에게 세례를 받으려 하시니"(마 3:13).

"예수께서 세례를 받으시고 곧 물에서 올라오실새 하늘이 열리고 하나님의 성령이 비둘기같이 내려 자기 위에 임하심을 보시더니"(마 3:16).

본문에서 우리가 살펴볼 내용은 물세례와 성령세례입니다.

1) 물세례

그리스도는 자원해서 물세례를 받으셨습니다. 그렇다면 그분에게 시행된

이 의식은 어떠한 의미를 가지고 있을까요?

'세례에 관한 교훈(doctrine)'(히 6:2 참고)의 바닥에 깔려 있는 근본적인 사상은 접붙임, 쉽게 말해서 '연합'입니다. 바울은 이것을 더욱 분명하게 표현합니다.

"몸은 하나인데 많은 지체가 있고 몸의 지체가 많으나 한 몸임과 같이 그리스도도 그러하니라. 우리가 유대인이나 헬라인이나 종이나 자유인이나 다 한 성령으로 세례를 받아 한 몸이 되었고 또 다 한 성령을 마시게 하셨느니라"(고전 12:12,13).[1]

이 말씀은 세례에 관한 교훈을 이해하는 열쇠입니다. 몸의 지체는 많으나 한 몸이라고 했습니다. 이렇게 많은 지체를 하나로 만드는 것이 바로 세례입니다. 이 세례는 상징적인 것이 아닙니다. 그것은 성령께서 주시는 실제적인 것입니다. 따라서 이처럼 심오한 성례의 본래적 사상을 통찰한 웨스트민스터 신앙고백은 다음과 같이 선언합니다.

"세례는 성부와 성자와 성령의 이름으로 물로 씻는 거룩한 예식으로서 그리스도와의 연합에 대한 표시이자 인침이며, 이로써 은혜 언약에 동참하게 되는 바 자신이 주님의 것임을 서약하는 것입니다."

이것이 우리에게 시행되는 물세례의 의미입니다. 그리고 이러한 물세례가 표시하고 인친 것을 실제로 성취하는 것이 바로 성령세례입니다.

"우리가 유대인이나 헬라인이나 종이나 자유인이나 다 한 성령으로 세례를 받아 한 몸이 되었고"(고전 12:13).

그렇다면 몸된 교회의 머리 되신 예수 그리스도께서 자원하여 받으신 물세

---

1) 바울은 로마서 6장 3절, 골로새서 2장 12절과 고린도전서 10장 2절에서도 동일하게 주장합니다. 특히 마지막 본문은 이러한 의미를 더욱 분명하게 드러냅니다. "모세에게 속하여 다 구름과 바다에서 세례를 받고." 이 말씀은 그들이 어떠한 경험을 하느냐가 전적으로 모세의 리더십에 달려 있다는 것을 보여 줍니다. 즉, 그들이 모세를 중심으로 하나의 온전한 결합체가 되었다는 것입니다. 그들은 전적으로 모세 안에 있습니다. 이제 그들은 모세와 그의 계획으로부터 도저히 벗어날 수 없습니다. 그들에게는 대안이 없습니다. 이제 그들은 그와 하나가 되었습니다. 그들은 그와 함께 세례를 받았으며, 그에게 접붙임된 것입니다.

례는 어떤 의미를 지닙니까? 그분의 경우에는 어떠한 표시와 인침을 의미합니까? 세례에 관한 교훈을 그분에게 적용할 경우 그에게 시행된 세례가 주는 교훈과 목적은 무엇입니까?

세례에 관한 교훈(교리)이 변할 수 없고 성례의 특별한 의미도 절대 상실될 수 없다면, 더욱이 머리와 지체가 동일한 의식(세례)을 시행함으로써 가질 수밖에 없는 상호 관심사가 정확하고도 온전하게 유지되어야만 한다면, 그리스도께서 받으신 세례야말로 그분과 교회의 연합에 대한 표시이자 인침이며, 그들에게 새 언약의 유익을 베풀고 그들의 주와 언약의 머리가 되시겠다는 약속이 아니고 무엇이겠습니까? 예수님은 스스로 물세례를 받으심으로써 실제로 자신을 몸된 교회의 머리로 주셨습니다. 이는 곧 모든 택한 백성을 자신의 지체로 받아들였다는 사실을 공식적으로 명백하게 선언(표시와 인침)하신 것입니다.

그분은 마치 육신을 입으시듯이 우리의 육신과 본성을 자신의 것으로 삼으셨을 뿐 아니라 언약적 연합을 통해 우리의 인격을 자신의 지체로 삼으셨습니다. 결국 우리는 하나님 앞에서 그리스도 안에 있는 자로 드러날 것이며, 그분이 크고도 존귀하게 하려고 했던 율법 앞에서 그리스도와 하나 된 자로 나타나게 될 것입니다.

교회와 그리스도가 한 몸으로 연합한 것은, 그리스도께서 자신에게 주어진 사역을 받아들이신 이유를 설명해 주며 그것을 정당화합니다. 이것 말고는 다른 어떤 이유로도 그분이 자기 백성을 대신하여 그들의 죄를 떠안고서 희생 제물이 되고 그들의 영원한 의가 되신 것을 정당화할 수 없습니다.

그분은 그들의 대리인이자 대표자로서 그들을 위한 제물이 되셨습니다. 그분이 그들의 머리이기 때문에 그들의 대표자가 되신 것입니다. 그분이 그들과 온전히 하나가 되었기 때문에 그들을 누구보다도 잘 대표하십니다. 또한 이러한 연합으로 말미암아 그들은 오직 그분에게만 의무를 지며, 율법에 대하여 그들을 대신한 그분의 사역이 받아들여졌고, 그분의 의가 그들에게 가장 직접적이고도 합법적인 효력을 발휘하게 되었습니다.

만일 예수님이 교회를 자신의 몸으로 받아들이셨다는 사실이 자신에게 주어진 사역을 받아들인 이유와 정당성을 보여 준다면, 공적인 사역을 시작하기 전에 먼저 자원하여 세례를 받으셨다는 사실 역시 동일한 이유와 정당성을 보여 줄 것입니다.

예수님은 교회와 한 몸으로 연합하는 것이 영원한 언약임을 아셨습니다. 그래서 그들에게 영원한 의를 이루시기 위해 이러한 연합의 표적과 확증, 곧 제도적인 표시와 인침이 있기를 원하셨습니다. 이러한 연합으로 말미암아 '한 사람이 순종하심으로 많은 사람이 의인이'(롬 5:19) 됩니다. 그러므로 세례를 반대하는 것은 자기 백성과 하나가 되시고자 하는 그분의 거룩한 뜻을 부인하는 것과 같습니다. 이에 대한 그리스도의 대답은 너무나도 분명합니다.

"이제 허락하라. 우리가 이와 같이 하여 모든 의를 이루는 것이 합당하니라"(마 3:15).

성경은 "이에 요한이 허락하는지라"(마 3:15)라고 말합니다. 임마누엘이 몸의 머리로 세례를 받으심으로써 하나님과 사람 사이의 중보자가 되신다는 것을 공식적으로 선언하고 확증한 것입니다.

'하늘이 열리고'라는 말은 참으로 놀라운 표현이 아닐까? 그분은 지금 야곱이 보았던 사닥다리(창 28:10-22 참고)와 나다나엘에게 전했던 말씀을 입증하고 계신 것입니다.

"진실로 진실로 너희에게 이르노니 하늘이 열리고 하나님의 사자들이 인자 위에 오르락내리락 하는 것을 보리라"(요 1:51).

세례를 통해 교회와 연합하여 한 몸이 되신 예수님께서 이제 하늘과 땅을 연결하는 매개체가 되신 것입니다.

오, 어쩌면 나는 그동안 주께서 세례 받으시는 이 본문을 그분의 임재와는 전혀 상관 없는 것처럼 읽어 왔는지도 모릅니다! 그러나 만일 내가 본문을 읽는 가운데 "내가 너희와 항상 함께 있으리라"라는 주님의 약속이 성취된다면, 야곱이 보고 나다나엘이 들었던 대로 우리에게도 하늘이 열릴 것입니다. 그리고 나는 이 왕의 갤러리에서 나다나엘과 같이 왕을 찬양할 것입니다.

"랍비여, 당신은 하나님의 아들이시요 당신은 이스라엘의 임금이로소이다"(요 1:49). 또한 야곱과 같이 외칠 것입니다.

"여호와께서 과연 여기 계시거늘 내가 알지 못하였도다. 이에 두려워하여 이르되 두렵도다 이 곳이여, 이것은 다름 아닌 하나님의 집이요 이는 하늘의 문이로다"(창 28:16,17).

2) 성령세례

본문은 하나님의 사자들이 인자 위에 오르락내리락 할 뿐만 아니라 '하나님의 성령이 비둘기같이 내려'(마 3:16) 그리스도를 비추셨다고 말합니다. 물세례와 동시에 성령세례가 임하였다는 이 사실에서 우리는 어떠한 의미를 찾을 수 있습니까? 사실 그분은 처음부터 성령의 기름 부음을 받으셨습니다. 그분은 처음부터 성령을 한량없이 받으셨습니다. 그렇다면 왜 지금 특별히 성령이 그분에게 내려와야 했을까요? 성령이 내려왔다는 말은 무슨 의미이며, 무엇을 이루기 위해서라는 말일까요?

먼저 우리는 나사렛 예수님이 요한의 물세례를 통해 적어도 지금까지는 공개적으로 드러나지 않았던 새로운 지위를 얻으셨다는 사실을 기억해야 합니다. 영원 전부터 성부의 언약을 통해 주어진 지위를 그분이 사람들 앞에서 공식적이고도 분명하게 받아들이고 공표하신 것입니다. 그분은 객관적이고도 대외적인 의식을 통하여 성부께서 주신 모든 사람들과의 연합을 선포하고 인치셨습니다. 그분은 만물과 하나님의 율법 앞에서, 그들의 머리이자 대표자로서의 지위를 기꺼이 받아들이셨습니다.

그분은 비록 이미 성령을 한량없이 받았지만 그분의 행위는 인성(human nature)에 바탕을 둔 자신의 절대적 의지와 하나님의 약속에 따라, 그리고 본성과 변화하는 환경의 제약을 받으면서 이루어지고 있었습니다. 그런데 성령이 내려오신 것은 이제부터 그분이 인간 예수로서의 삶에 더하여, 몸의 머리로서 영원한 언약 안에서 행하고 누려야 할 모든 것들을 직접 행하실 것이며 그러한 자격과 권한을 부여받았음을 상징하는 표시이자 보증인 것입니다.

뿐만 아니라 그것을 위해 선택된 상징 또한 얼마나 아름다운지 모릅니다. 비둘기는, 교회의 머리요 중보자 되시는 성자가 죄인들로 하여금 자신과 한 몸을 이루게 하시려고 우리의 죄와 우리가 받을 진노를 대신 지셨지만 결국 평화를 상징하는 감람나무 가지를 물고 옴으로써 평화를 이루실 것임을 선포합니다.

그렇다면 인간으로 살아오신 예수님께 임한 성령의 특별한 은혜와 역할이 직전에 시행된 성례의 특별한 목적과 정확히 일치할 것이라는 사실은 의심할 여지가 없지 않겠습니까? 결국 세례는 예수님께서 택하신 백성들을 모두 받아들이신다는 사실을 공식적으로 선언하심으로써 연합에 대해 외적이고도 객관적으로 인치는 것이며, 성령은 이러한 연합에 대해 내적이고도 주관적으로 인치는 것입니다.

참으로 좋으신 성령께서는 그리스도와 그분의 백성과의 연합을 내적으로 인친다는 이 영광스러운 역할을 수행하시면서 그리스도가 자기 백성 모두를 개인적으로 알고 사랑하시도록 그분의 생각과 마음을 한량없이 열어 주셨습니다. 이제 그분은 지금부터 그들과 하나가 되어 율법에 관한 모든 이해관계를 사랑으로 떠맡으실 것입니다.

물세례를 통한 외적 인침은 객관적인 율법으로는 결코 돌이킬 수 없는 연합을 이루었으며, 성령을 통한 내적 인침은 주관적인 사랑, 즉 많은 물도 끄지 못하고 홍수라도 삼키지 못하는 자기희생적 사랑 안에서 결코 돌이킬 수 없는 연합을 이루었습니다. 머리이신 그리스도께서 한 성령으로 세례를 받아 교회와 한 몸이 되신 것입니다(고전 12:13 참고).

그러므로 이제 성령께서는 마지막 아담이요 구속받은 백성들의 머리이며 많은 형제들 가운데 맏아들로서 그들 앞에 서 계신 분에게 필요한 모든 것을 공급하실 것입니다. 그리고 여호와의 짝, 인류의 구속자이신 인자 안에서 그 은혜로 말미암아 모든 일을 영광스럽게 이루어 가실 것입니다. 영원하신 성자 위에 강림하신 '지혜와 총명의 영이요 모략과 재능의 영이요 지식과 여호와를 경외하는 영'(사 11:2)이 이제 그의 인성과 함께하실 것입니다.

하나님의 선택에 나타난 사랑에 대한 깊은 감화가 그분의 인성을 부드럽게 두드릴 것입니다. 멸망해 가는 사람들을 향한 자비와 그들을 구원하시려는 성부의 영광에 대한 갈망이 그분으로 하여금 가난한 자에게 복음을 전하며 마음이 상한 자를 고치게 하실 것입니다(사 61:1, 눅 4:18 참고). 그분에게는 사탄의 온갖 대항과 사람들의 배척, 그리고 '세례가 온전히 이루어지기까지의 답답함'(눅 12:50 참고)이 기다리고 있습니다. 그러나 그분은 불평 한마디 없이 참고 인내하며 그들에게 자비를 베푸실 것입니다.

이 모든 은혜와 그분의 사역들이 이제 공식적으로 시작되었습니다. 세례를 통해 그분에게 임하신 성령께서는 교회의 머리이요 중보자이신 예수님 안에서 이 모든 일들을 끝까지 이루어 가실 것입니다. 다시 말해서 예수님께서 세례를 받으심으로써 우리의 머리이자 중보자로서 우리와 법적으로 하나가 되셨을 때, 그 일을 능히 감당할 수 있도록 성령께서 그에게 내려와 머무시며, 그분이 성부의 독생자로서 모든 것들을 이루시도록 그분 안에서 그 인성을 붙들고 능력을 주시는 것입니다. 그분은 이와 같이 성령으로 세례를 받으셨습니다.

지금까지 살펴본 것처럼 예수님은 물과 성령으로 세례를 받으셨습니다.

2. 성부 하나님의 증언

예수님이 세례 받으실 때 하늘로부터 "이는 내 사랑하는 아들이요 내 기뻐하는 자라"(마 3:17)라고 하는 성부의 증언이 임했습니다. 이 세례를 통하여 예수님의 머리 되심이 공표되고 인침을 받았습니다. 그렇다면 이제 그분의 아들 되심의 특권이 연기되거나 불확실해진 것은 아닐까요? 하나님께서 우리의 머리로서 세례를 받으사 성령으로 인침 받은 그분을 자신의 아들로 삼는 것을 주저하시지는 않을까요?

이것은 결코 쓸데없거나 필요 없는 질문이 아닙니다. 물론 그분의 아들 되심은 그분이 메시야이기 때문에 이루어진 결과가 아니라 원래부터 신격 안에서 맺어진 필연적인 관계입니다. 그러나 여기서는 메시야 되심과 아들 되심의 상호관계라는 측면에 대해서 생각해 볼 필요가 있습니다. 예수님이 요단강에서 받으신 세례가 이 문제를 살펴보는 데 도움을 줄 것입니다.

분명한 것은 그리스도의 메시야 되심이 반드시, 또는 주권적 언약과는 별도로 그분의 아들 되심을 내포하는 것이 아니라는 사실입니다. 그분은 분명히 신격을 가진 분이십니다. 이러한 신성은 그분의 메시야 되심에 반드시 필요한 요소입니다. 조심스러운 표현이긴 하지만, 신성의 원천적 자원이 없었다면 그분은 결코 몸의 머리와 구주가 되실 수 없었을 것입니다.

그러나 과연 그분의 아들 되심도 그렇게 순탄한 과정을 거칠 수 있을까요?

삼위 가운데 2위에 해당하는 성자 하나님께서 아들로서의 특권이나 원천적 자원이나 성부와의 관계에 대한 어떤 인식이나 구체적인 언질도 없이 이러한 언약적 관계를 받아들일 수 있었을까요?

예를 들어, 영국의 왕위 계승자라면 설령 그에게 웨일즈의 왕자로서 갖추어야 할 능력이나 자질이나 관심이 없다 하더라도, 또 직위에 맞는 식견을 갖추고 있지 않다 하더라도 왕의 직무를 맡아 모든 의무를 정당히 수행할 수 있을 것입니다. 비록 이것이 적절한 비유가 아닐 수 있겠지만 말입니다.

그렇다면 그분은 과연 아들이 되실 것이라는 확실한 증거나 구체적인 계시나 아무 입증도 없이, 그리고 주어진 사역을 감당할 수 있을 만한 은혜와 사랑과 영광도 없이 말씀이 육신이 되셨겠습니까? 그러나 우리가 잘 아는 대로, 그분은 말씀이 육신이 되어 우리 가운데 거하십니다. 그리고 사람들은 그분의 얼굴을 통해 아버지의 독생자의 영광을 보았습니다. 이것은 특별한 주권적 은혜입니다.

성경은 하나님의 무한하고도 풍성하신 은혜 가운데 영원한 말씀이 자원하여 아들이 되셔서 모든 능력으로 메시야의 직무와 사역을 감당하셨음을 보여 줍니다. 따라서 메시야로서의 다양한 사역은 그분의 아들 되심을 특별히, 어떤 면에서는 긴급하게 입증합니다. 중보자가 영원한 아들이 되셨다는 사실을 거듭 확인하고 그 정당성을 입증합니다. 그것이 모든 베일과 무거운 짐을 벗어 버리고 전면에 등장한 것입니다.

우리는 그분의 탄생에서 이러한 예를 볼 수 있습니다. 그분이 죄 있는 육신의 모습, 종의 형체를 입고 이름 없이 한 여인에게서 태어나실 때, 하늘에서는 이 비천한 상태로 오신 분이 하나님이실 뿐만 아니라 하나님의 신적 아들이 되실 것이라는 특별한 영광이 선포되었습니다. 하나님의 아들 되심은 그분의 성육신으로 말미암아 간과되거나 인정을 받지 못하거나 계류되거나 사라지지 않았습니다.

천사가 마리아에게 전한 말 중에 다음과 같이 감동적인 구절이 있습니다.

"천사가 대답하여 이르되 성령이 네게 임하시고 지극히 높으신 이의 능력이 너를 덮으시리니 이러므로 나실 바 거룩한 이는 하나님의 아들이라 일컬어지리라"(눅 1:35).

그분은 하나님의 아들이라는 속성을 침해하지 않은 채로 사람의 아들이 되셨습니다. 그분은 사람의 아들이요 메시야로서 충만한 은혜와 진리, 측량할 수 없는 사랑과 관심, 아버지의 용납하심과 능력 주심, 아버지의 독생자로서의 모든 영광으로 가득히 채워졌습니다.

그분은 육신을 입고 나셨으며 우리와 동일한 본성을 입으심으로 우리와 하나가 되었을 뿐만 아니라 세례(접붙임)를 통해 우리와 한 몸을 이루셨습니다. 그런데 이 세례를 통한 연합이 얼마나 강력하고도 밀접한지, 어쩌면 그분이 하나님의 아들이시라는 증거도 흐리게 하고 아들의 영광을 가리거나 아들의 권리나 능력을 당분간 중지시킬 수도 있을 정도입니다. 하나님께서 어떻게 인류의 모든 죄를 떠안은 그분을 여전히 아들로 삼으실 수 있겠습니까? 이러한 상태에 있는 그분을 아들로 인정하신다는 것은 그와 함께 세례를 받고 한 몸으로 연합한 모든 사람들까지도 아들로 인정하신다는 의미로 확대되어 적용되기 때문입니다.

세례를 받으신 그리스도는 성육신하신 그리스도 한 분만으로 볼 수 없습니다. 세례를 받으신 그분을 우리는 우리의 머리이신 예수님 한 개인이 아니라 모든 백성을 담은 신비의 몸으로 이해하고 인정해야 합니다. 이러한 그분에 대해 성경은 "몸은 하나인데 많은 지체가 있고 몸의 지체가 많으나 한 몸임과 같이 그리스도도 그러하니라"(고전 12:12)라고 말합니다.

이 말씀은 살아 있는 교회의 머리이신 그분의 세례로 말미암아 지금도 동일하게 적용됩니다. 모든 지체가 그분과 한 몸을 이루어 성령으로 세례를 받

앉으며, 머리이신 그분이 받은 세례를 통해 한 몸으로 연합하게 된 것입니다. 그러므로 우리는 성령을 통해 우리가 그 몸의 지체임을 알 수 있으며, 세례를 통해 그리스도 안에서 하나라는 인침을 받습니다.

성부의 무한하고도 은혜로운 섭리는 이러한 자녀 됨의 은혜를 당연히 몸 전체로 확대합니다. 그분의 기쁘신 뜻은 '우리를 예정하사 예수 그리스도로 말미암아 자기의 아들들이 되게 하셨으니 이는 그가 사랑하시는 자 안에서 우리에게 거저 주시는 바 그의 은혜의 영광을 찬송하게 하려는 것'(엡 1:5,6)입니다. 그분이 강조하는 것은 '영접하는 자 곧 그 이름을 믿는 자들에게는 하나님의 자녀가 되는 권세를 주셨다'(요 1:12 참고)라는 사실입니다. 비록 그분의 영원한 아들 됨이 지금은 우리 안에서 그가 대신 지고 계신 죄의 짐으로 인해 눌리고 어떤 면에서는 방해도 받지만, 그 모든 죄와 저주에도 불구하고 그분으로 인한 기쁨과 사랑과 무한한 즐거움이 그분에게 드리워진 모든 죄의 영향력을 이기고도 남는다는 분명한 확신을 주시는 것입니다.

이미 물세례와 성령세례를 받으신 그분이 장차 임할 세례를 받으실 때(지금부터 그 세례를 받으시기까지는 갇혀 지내시겠지만), 즉 그분이 대속의 피를 흘리심으로써 죄인을 위한 향기로운 제물이 되실 때, 성부께서는 그리스도를 사랑하셨던 것처럼 그들을 사랑하실 것입니다(요 17:26 참고). 그리스도께서 세례를 통해 그들과 연합하셨으므로 하나님 역시 성령으로 그들의 연합을 인치시고 연합한 그 몸을 향해 "이는 내 사랑하는 아들이요 내 기뻐하는 자라"라고 증언하시는 것입니다.

만일 이 증언이 영원하신 아들과 함께 세례를 받는 모든 사람들을 자녀로 받아 주시겠다는 선언이라면, 그리스도의 세례는 우리에게도 동일한 영향력과 가치를 줄 것입니다. 더구나 이 증언은 영원히 살아 있습니다. 이러한 영원하신 신탁이라는 하늘의 원리가 모든 시대의 하나님의 모든 자녀들에게 적용될 것입니다.

그러므로 이제 이 갤러리로 와서 왕을 만나십시오. 요단강에서 교회의 머리로서 세례를 받으셨을 뿐만 아니라 지금도 살아 계신 그분을 만나 성부 하나님의 증언을 들으십시오.

보십시오! 예수님께서 우리와 함께 물과 성령으로 세례를 받고 계십니다. 그분을 만나 본문에 묘사되어 있는 대로 그분을 품으시기 바랍니다. 그분이 세례를 받고 우리와 한 몸이 되시는 것을 보면서 세례를 통해 그분과 연합하시기 바랍니다. 그분이 우리와 함께 계십니다. 그리고 이 영광스러운 변화를 모두 지켜보고 계십니다. 그분의 이러한 임재는 이 일을 수행하는 우리에게 큰 힘이 될 것입니다.

살아 계신 머리가 지금도 우리 앞에서 죄인들을 자신에게로 접붙이고 계시며, 그들의 죄를 향한 하나님의 진노를 홀로 담당하고 계십니다. 그분은 십자가에서 흘리신 보혈의 세례와 어둡고도 캄캄한 무덤을 통과하여 그들의 모든 의를 이루고 계십니다. 그분과 함께 성령으로 세례 받지 않겠습니까? 그리하여 독생자 안에서 아버지의 사랑하는 자녀요 그분의 즐거움이 되지 않겠습니까?

보십시오! 우리를 받아 주시기 위해 하늘이 열리는 것을 보지 않겠습니까? 세례를 통해 우리에게 들어오셔서 그 누구도 대신할 수 없는 우리의 엄청난 죄와 저주를 대신 지신 그분을 본다면, 우리도 세례를 통해 그분에게로 들어가 거하면서 그 누구도 빼앗을 수 없는 영원한 자녀 됨의 의와 복을 누리고 싶어지지 않겠습니까?

우리가 받은 세례를 기억해 보십시오. 그리고 그분이 받으신 세례를 생각해 보십시오. 그분의 세례는 얼마나 진실하고도 참됩니까? 우리의 세례도 마땅히 그러해야 할 것입니다. 그분의 세례는 우리와의 연합을 의미합니다. 그러므로 우리의 세례도 진정 그분과의 연합을 의미해야 합니다. 그분의 세례가 우리의 세례의 기초가 되어야 합니다.

우리의 세례는 전적으로 그분의 세례에 바탕을 두고 그분의 세례에 접붙여져야 합니다. 그리하여 그분의 세례로 우리의 세례가 되게 해야 합니다. 말하자면, 세례의 근거와 모델과 동기가 모두 동일해야 한다는 것입니다. 그분이 세례를 받으셨기 때문에 세례를 받는 것입니다. 그러므로 그분이 세례 받으신 대로 받아야 합니다. 그분과 한 몸이 되어 함께 세례를 받아야 합니다.

보십시오! 그분이 우리와 함께 계시며 우리와 함께 세례를 받았습니다. 우리는 그렇게 그분을 받아들이고, 그분을 통해 성령세례를 받을 것입니다. 그리고 그분과 함께 세례를 받아 그분에게 감춰진 바 되었다면, 이제 어떻게 지금도 살아 계신 음성을 들을 수 있는지, 또 어떻게 우리의 머리로서 세례 받으신 그분이 우리와 함께하시는지에 주목하십시오. 우리의 세례는 우리에게 아버지의 증언을 받을 수 있는 자격을 줍니다. 성령께서 그 일을 수행하실 것입니다.

"성령이 친히 우리의 영과 더불어 우리가 하나님의 자녀인 것을 증언하시나니 자녀이면 또한 상속자 곧 하나님의 상속자요 그리스도와 함께한 상속자니 우리가 그와 함께 영광을 받기 위하여 고난도 함께 받아야 할 것이니라"(롬 8:16,17).

갈라디아서 3장 26-28절 말씀은 바울이 이 세 가지를 어떤 순서로 연결하는지를 보여 줍니다. 즉, 자녀 됨, 세례, 하나 됨의 순서입니다.

먼저 자녀 됨에 관한 내용입니다.

"너희가 다 믿음으로 말미암아 그리스도 예수 안에서 하나님의 아들이 되었으니"(26절).

그러나 이러한 자녀 됨은 진정한 세례, 즉 성령세례 또는 접붙임에 바탕을 두고 있습니다.

"누구든지 그리스도와 합하기 위하여 세례를 받은 자는 그리스도로 옷 입었느니라"(27절).

그리고 이 세례는 그리스도와 지체, 그리고 지체 상호간의 확고한 하나 됨을 낳습니다.

"너희는 유대인이나 헬라인이나 종이나 자유인이나 남자나 여자나 다 그리스도 예수 안에서 하나이니라"(28절).

이러한 하나 됨은 그리스도와 함께 세례를 받고 그 안에 거할 때 누릴 수 있습니다. 자녀 됨도 마찬가지입니다. 우리가 그리스도 안에 거하기만 한다면, 참으로 그분이 우리와 함께, 우리가 그분과 함께 세례를 받았다면, 자녀 됨에 대한 영원한 증거를 별도로 받을 필요가 없습니다.

우리가 그리스도 안에 거하고 있는 한 성부께서는 결코 우리에 대한 인침과 증언 없이 그리스도에 대해서만 인치고 증언하실 수 없습니다. 성부께서는 우리와 그분을 갈라놓으실 수 없습니다. 만약 그렇게 하신다면, 그것은 아들의 세례를 부인하는 것과 같습니다. 대신에 그분은 성령의 임재를 통하여 그를 인치시고 그의 아들 되심을 시험할 수 있는 가장 적절한 기회로 받아들이십니다.

우리는 살아 계신 머리이신 그리스도께서 받은 세례 안에서 기쁨을 누립니다. 우리는 세례를 통해 자기 백성들과 연합하신 그분을 받아들입니다. 우리는 세례라는 방식을 통해 자신을 내주신 그분을 받아들임으로써 참으로 풍성한 삶을 누리게 됩니다.

보십시오! 그분이 우리와 함께 요단강에 계십니다. 우리는 그분을 영접하고 그에게로 들어가 그와 함께 세례를 받으며 그 안에서 살아야 합니다. 우리는 그분을 벗어나서는 아무것도 할 수 없습니다. 우리 자신이나 성부께서도 살아 계신 머리이신 그리스도를 벗어난 우리를 인정할 수 없을 것입니다.

그러나 잘 들으십시오! 하나님은 아들을 시험하십니다. 하나님은 살아 계신 머리로서 세례를 통해 우리와 확실하게 연합하여 한 몸을 이루신 그분에 대해 말씀하십니다. 세례를 통해 우리와 연합하여 온전히 하나가 되신 그분에 대해 이야기하십니다. 우리는 그분과 하나가 되었으며, 따라서 동일한 관심사, 한 성령, 한 마음, 한 기관, 하나의 눈과 귀를 가졌습니다.

그렇다면 그분에 대한 시험이 바로 우리에 대한 시험이 아니겠습니까? 예수님께 하신 말씀이 곧 우리에게 하신 말씀이며, 그분에게 하신 모든 시험이 곧 우리에게 하신 시험이 아니겠습니까? 우리가 그 안에 있기 때문에 아들을 향한 하나님의 행위와 말씀이 모두 우리를 향한 것이 됩니다. 그러므로 하나님께서 지금 우리를 향해 진실하게 "이는 내 사랑하는 아들이요 내 기뻐하는 자라"라고 말씀하고 계시는 것입니다. 확실히 이것은 그분에 대한 증언이자 바로 우리의 자녀 됨에 대한 영원한 증언입니다.

그렇다면 이 왕의 갤러리, 화려하고도 영광스러운 상아궁은 우리를 양자로 삼으시는 위대한 장소입니다. 또한 이곳은 우리가 성령을 통해 우리의 머리이자 영원하신 아들의 신부가 되어 하나로 연합되는 장소이기도 합니다. 그러므로 왕후들이여, 바로 이곳이 "왕의 딸"이라는 귀한 이름으로 우리를 처음 맞이하는 곳입니다. 이제 이 말씀을 들으십시오.

"딸이여, 듣고 보고 귀를 기울일지어다. 네 백성과 네 아버지의 집을 잊어버릴지어다. 그리하면 왕이 네 아름다움을 사모하실지라. 그는 네 주인이시니 너는 그를 경배할지어다"(시 45:10,11).

살아 계신 하나님의 교회여! 우리를 양자로 삼으시는 왕의 전당인 이 세례의 방에서 우리의 왕이 어떻게 수많은 자녀들을 시험하시는지 보십시오. 그리고 "내가 북쪽에게 이르기를 내놓으라. 남쪽에게 이르기를 가두어 두지 말라. 내 아들들을 먼 곳에서 이끌며 내 딸들을 땅 끝에서 오게 하며"(사 43:6)

라고 말씀하시는 것을 지켜보십시오. 그분은 그들을 재빨리, 그리고 안전하게 모으실 것입니다.

"네 자녀들은 빨리 걸으며 너를 헐며 너를 황폐하게 하던 자들은 너를 떠나가리라"(사 49:17).

수많은 무리가 하나님께로 급히 돌아오는 영광스러운 광경을 생각해 보십시오. 아무도 그들을 방해하거나 두렵게 하지 못할 것입니다. 하나님의 딸들이여, 믿음과 소망으로 그 장면을 한 번 묵상해 보십시오.

"네 눈을 들어 사방을 보라. 그들이 다 모여 네게로 오느니라. 나 여호와가 이르노라. 내가 나의 삶으로 맹세하노니 네가 반드시 그 모든 무리를 장식처럼 몸에 차며 그것을 띠기를 신부처럼 할 것이라"(사 49:18).

왕후들이여, 하나님의 자녀가 된 수많은 무리가 이곳에서 우리와 합류할 것입니다.

"그들은 기쁨과 즐거움으로 인도함을 받고 왕궁에 들어가리로다. 왕의 아들들은 왕의 조상들을 계승할 것이라. 왕이 그들로 온 세계의 군왕을 삼으리로다"(시 45:15,16).

이들이야말로 하나님께로 향하는 왕 같은 제사장들입니다. 참으로 하나님은 이와 같이 그들을 영접하십니다. 대제사장이자 영원하신 아들 안에서 제사장이자 아들로서 그들을 받아들이십니다. 그리스도 안에 있는 자는 그 누구도, 그리스도조차도 스스로 영광을 취하여 제사장이 될 수 없습니다. 그 일은 오직 "너는 내 아들이니 내가 오늘 너를 낳았다"(히 5:5)라고 말씀하시는 분으로 말미암아 이루어질 수 있습니다.

아무리 악한 죄인이라 할지라도 성령의 감동을 받고 아들을 통해 일어나 아버지께로 나아온다면 하나님께서 그에게 그리스도 안에서 이렇게 말씀하시지 않겠습니까? 누가 아들이 없이 아버지께로 나아올 수 있겠습니까? 하나님께서 타락한 자를 자신의 독생자와 하나 되게 하시는 성령세례를 인정하시지 않습니까? 그 하나님께서 독생자를 맞이하는 따뜻한 마음과 사랑으로 그를 영접하시지 않겠습니까? 성령을 통해, 그리고 기록된 말씀 속에 지금도 살아 계신 아버지의 부드러운 음성이 이제 영적 귀를 가지게 된 그들에게 참으로 깊은 사랑의 음성으로 다가오지 않겠습니까? 이제 그들은 자녀 됨의 증거로 "이는 내 사랑하는 아들이요 내 기뻐하는 자라"라는 복된 말씀을 듣게 될 것입니다. 이곳에서 사랑하는 분과 함께 거하는 자는 복됩니다.

그런데 시험이 우리를 기다리고 있습니다.

"네가 만일 하나님의 아들이어든"(마 4:3).

그렇다면 이제 아들과 자녀 됨과 아들 된 모든 자들이 공격을 받는 성으로 가 봅시다.

Ⅱ. 시험과 영원한 승리

"그때에 예수께서 성령에게 이끌리어 마귀에게 시험을 받으러 광야로 가사 사십 일을 밤낮으로 금식하신 후에 주리신지라. 시험하는 자가 예수께 나아와서 이르되 네가 만일 하나님의 아들이어든 명하여 이 돌들로 떡덩이가 되게 하라. 예수께서 대답하여 이르시되 기록되었으되 사람이 떡으로만 살 것이 아니요 하나님의 입으로부터 나오는 모든 말씀으로 살 것이라 하였느니라 하시니, 이에 마귀가 예수를 거룩한 성으로 데려다가 성전 꼭대기에 세우고 이르되 네가 만일 하나님의 아들이어든 뛰어내리라 기록되었으되 그가 너를 위하여 그의 사자들을 명하시리니 그들이 손으로 너를 받들어 발이 돌에 부딪치지 않게 하리로다 하였느니라. 예수께서 이르시되 또 기록되었으되 주 너의 하나님을 시험하지 말라 하였느니라 하시니, 마귀가 또 그를 데리고 지극히 높은 산으로 가서 천하만국과 그 영광을 보여 이르되 만일 내게 엎드려 경배하면 이 모든 것을 네게 주리라. 이에 예수께서 말씀하시되 사탄아 물러가라 기록되었으되 주 너의 하나님께 경배하고 다만 그를 섬기라 하였느니라. 이에 마귀는 예수를 떠나고 천사들이 나아와서 수종드니라"(마 4:1-11).

"너희는 나의 모든 시험 중에 항상 나와 함께한 자들인즉 내 아버지께서 나라를 내게 맡기신 것같이 나도 너희에게 맡겨"(눅 22:28,29).

여기 성이 있습니다. 성은 왕이 거하는 난공불락의 요새입니다. 성 주변은 언제나 중보자의 나라의 법과 명령으로 가득합니다. 큰 능력과 힘을 지닌 이 법령은 끊임없이 활동하며, 이미 큰 상처를 입은 대적을 향해 치명적인 불을 뿜어냅니다. 보십시오! 왕은 이곳에서 우리의 피난처가 되십니다. 그분은 세상 끝 날까지 언제나 이곳에 계십니다. 그분의 입에서 예리한 검이 나와 대적의 목전에서 언제나 빛나고 있습니다. 그분은 이곳에서 화살과 방패와 칼과 전쟁을 없이 하셨으며, 약탈한 산에서 영화로우시며 존귀하십니다(시 76:3,4 참고).

세례를 통해 영원한 아들과 연합한 하나님의 자녀들은 이곳에서 머리 되신 그리스도와 함께 그분의 보호 아래 자녀 된 권리를 지키기 위해 싸워야 합니다. 그러나 이곳에서 실제로 벌어지고 있는 전쟁의 결말은 분명합니다. 믿음으로 이곳에 거주하는 모든 군인은 반드시 궁극적인 승리자가 될 것입니다.

"이기는 자는 이것들을 상속으로 받으리라. 나는 그의 하나님이 되고 그는 내 아들이 되리라"(계 21:7).

공격을 받는 자녀가 이곳에서 온전히 보호받을 것이며 결국 승리자로 인정받게 될 것이라고 하나님은 말씀하십니다.

"너희는 나의 모든 시험 중에 항상 나와 함께한 자들인즉 내 아버지께서 나라를 내게 맡기신 것같이 나도 너희에게 맡겨."

보십시오! 그분은 지금 이곳에서 우리로 계속 그 안에 거하게 하기 위하여 시험을 받고 계십니다. 그렇습니다. 우리는 본문이 그리스도의 임재를 분명히 드러내고 있음을 알 수 있습니다. 사방으로 포위된 참호에 구원의 주님이 함께하시므로 우리의 모든 생명과 자녀 됨이 이 광야의 전쟁에서 안전하게 보호될 것입니다.

본문에 기록된 내용은 전적으로 과거에 일어났던 사건이 아닙니다. 그것은 지금도 '계속되고 있는' 전쟁입니다. 이 전쟁은 교회의 역사 속에서 지속되고 있습니다. 이 전쟁은 다음과 같은 선전포고로 시작되어 모든 인류 역사에 걸쳐 지금까지도 계속되고 있습니다.

"내가 너로 여자와 원수가 되게 하고 네 후손도 여자의 후손과 원수가 되게 하리니 여자의 후손은 네 머리를 상하게 할 것이요 너는 그의 발꿈치를 상하게 할 것이니라"(창 3:15).

만일 이 전쟁이 지금도 계속되고 있다면 지금 이곳에도 왕이 계시지 않겠습니까? 그분이 이곳에 계신다면 바로 본문에 기록된 그 모습이 아니겠습니까? 진실로 그분은 지금도 전투 중인 요새에서 우리를 바라보고 계십니다.

"내 사랑하는 자는 노루와도 같고 어린 사슴과도 같아서 우리 벽 뒤에 서서 창으로 들여다보며 창살 틈으로 엿보는구나"(아 2:9).

대적의 공격을 받고 시험을 통과한 믿음은 지금 이곳에서 함께하시는 살아 계신 머리를 발견합니다. 우리가 "보라, 그는 지금도 그때처럼 이곳에 계시며 우리를 보호하시고 대적을 무찌르시는도다"라고 담대히 외칠 때, 믿음은 모든 복잡한 상상이나 광신적 태도로부터 우리를 지켜 낼 것입니다.

대적은 그리스도께서 여기에 계신다는 사실을 알고 있기 때문에 공격을 시작합니다. 그리고 지금도 계속 공격하고 있습니다. 또한, 교회는 그리스도께서 여기에 계신다는 사실을 알고 있기 때문에 대적의 공격을 방어할 수 있습니다. 이러한 방어는 지금도 지속되고 있습니다. 이 모든 전쟁의 결과는 동일합니다. 왜냐하면 그리스도께서 광야에서와 마찬가지로 지금도 우리와 함께 계시기 때문입니다. 그분의 승리는 영원히 계속될 것입니다.

1. 동일한 공격

공격은 그리스도께서 이곳에 계신다는 사실을 알고 있는 대적을 통해 수행됩니다. 그리고 지금도 동일한 공격이 계속되고 있습니다. 대적이 이와 같이 끈질기고도 교활하게 공격하는 대상은 과연 무엇일까요? 그것은 바로 주님의 아들 되심(Sonship)입니다.

"네가 만일 하나님의 아들이어든 명하여 이 돌들로 떡덩이가 되게 하라"(마 4:3).

"네가 만일 하나님의 아들이어든 뛰어내리라"(마 4:6).

8,9절은 마치 이렇게 유혹하는 듯합니다.

"만일 하나님께서 너에게 정말로 '너는 내 아들이라. 오늘 내가 너를 낳았도다. 나에게 구하라. 내가 너에게 하늘을 유업으로 주리니 네 소유가 땅 끝까지 이르리라'(시 2:7,8 참고)라고 하셨는가? 그러나 지금 너에게는 '일용할 양식'조차 없다. 그러니 그 약속은 잘못된 것이다. 그런데 어떻게 '너의 나라가 도래'하겠느냐. 차라리 나에게서 '천하만국과 그 영광'을 얻는 것이 어떠하냐?"

여기서 보는 바와 같이 사탄의 화살통에 있는 세 개의 화살은 모두 그리스도의 아들 되심에 초점을 맞추고 있습니다. 그러나 이때 사탄이 공격하는 것은 그분의 절대적 지위가 아닙니다. 그가 공격하는 것은 바로 요단강에서 증언을 받은 그분의 아들 되심입니다. 즉, 그리스도의 본래적 신격(성자)이 아니라 양자로 입양된 모든 자녀들의 맏형이자 머리이며 대표자로서의 공적인 신분을 공격하는 것입니다.

사탄이 공격하는 것은 이미 성부의 증언을 받은, 세례 받으신 그리스도의 아들 되심입니다. 그분은 세례를 통해 우리와 연합하심으로써 자신의 아들 되심을 우리의 자녀 됨을 위한 원천으로 만드셨습니다. 그리고 하나님은 이미 이 시험을 허락하셨습니다.

"성령이 곧 예수를 광야로 몰아내신지라. 광야에서 사십 일을 계시면서 사탄에게 시험을 받으시며"(막 1:12,13).

시험이 세례와 한 쌍을 이루어 그리스도의 아들 되심(정확히 말해 이제 막 세례를 통해 얻은 영광과 성부와의 관계)을 공격한다는 것이 있을 수 있는 일입니까? 그런데 사실 그리스도의 아들 되심이 공격을 받는 것은 우리 때문입니다. 그분이 우리와 함께 세례를 받으셨기 때문에 공격받는 것입니다. 우리와 연합하신 그분이 성령의 인치심을 받고, 성부로부터 '사랑하는 아들이며 기뻐하는 자'라는 증언을 받으셨습니다. 그리하여 우리 역시 하나님의 사랑하는 아들이요 기뻐하는 자가 되었습니다. 이것이 바로 아들 되심이 공격을 받는 이유입니다. 아들이 그의 아들 되심을 우리와 나누었기 때문에 공격을 받는 것입니다. 즉, 사탄이 공격하는 것은 그분과 우리 모두의 아들 됨입니다.

사탄은 워낙 교활하고 영악해서 영원하신 말씀이 삼위 안에서 누리는 절대적 관계로서의 신격을 결코 건드릴 수 없음을 잘 알고 있습니다. 우리와 무관한 그리스도의 아들 되심은 결코 공격의 대상이 될 수 없습니다. 또한 사탄은 우리의 자녀 됨의 본질에 대해서도 잘 알고 있습니다. 피조물로서 창조주의 아들이 된 우리의 본질은 사탄이 얼마든지 경멸할 수 있는 대상입니다. 그리스도와 분리해서 생각한다면, 이러한 우리의 자녀 됨은 사탄의 공격 앞에 속수무책으로 당할 수밖에 없습니다.

그런데 지금 사탄이 공격하고 있는 대상은 그리스도 안에서 우리가 누리고 있는 자녀 됨입니다. 그러므로 한편으로는 이제 영원하신 아들의 아들 되심에 접붙여진 죄인들의 자녀 됨은 확실히 사탄이 조롱할 만한 대상이 아닙니다. 그리고 또 한편으로는 죄인들과 함께하시는 영원한 아들의 아들 되심은 사탄이 전혀 근접할 수 없는 공격 대상이 아닙니다. 아들이 죄인들과 함께 세례를 받고 죄인들이 그분과 함께 세례를 받았다면, 이제 죄가 이렇게 연합한 자녀 됨 자체를 불가능하게 하거나 효력을 상실하게 할 만큼 큰 위협을 가할 수도 있지 않겠습니까?

이와 같이 사탄으로 하여금 그리스도의 아들 되심을 공격할 수 있도록 만든 것이 바로 세례 곧 하나 됨입니다. 그렇기 때문에 이 전쟁은 그리스도에 대한 공격이든 우리에 대한 공격이든 동일한 것입니다.

사탄은 그리스도께서 우리와 연합하여 세례를 받고 한 몸이 되셨지만 그분이 하나님으로부터 기뻐하는 아들로 인정받기 전까지는 그분의 아들 되심을 감히 얕잡아 볼 엄두도 내지 못하였습니다. 또한 사탄은 우리가 그리스도와 함께 세례를 받고 하나님의 기뻐하는 아들로 인정받기 전까지는 우리의 자녀 됨을 경멸할 생각도 해 본 적이 없었습니다. 결국 이 전쟁을 일으킨 원인은 바로 연합(하나 됨)입니다. 그리고 이 전쟁은 확실히 동일한 하나의 전쟁입니다.

그렇다면 이제 아들 됨이 세례, 즉 그리스도와의 연합이라는 제약 때문에 그분과 우리 안에서 대적에게 공격의 빌미를 제공할 수밖에 없게 되어 버린 상황에 대해 살펴봅시다. 이러한 상황은 비록 위험하지는 않더라도 전세가 가장 불리한 취약지구에 잘 나타납니다.

만일 아들 됨이 어떤 식으로든지 죄와 연루된다면, 아들 됨이 비록 전적으로 취소되지는 않는다 하더라도 아들 됨의 온전한 은혜와 진리, 결코 침범할 수 없는 난공불락의 요새, 확신을 주는 수많은 증거들, 헤아릴 수 없는 풍성한 특권, 썩지 않고 더럽혀지지 않으며 쇠하지 않는 유업 모두가 즉시 사라지고 말 것입니다.

물론 이러한 것들은 시간과 감각의 세계를 초월하는 영적 나라에 온전하고도 확실하게 살아 있습니다. 그러나 세속적 이익과 육신적인 것들에 매달려 아들 됨의 증거는 사라지고 맙니다. 또한 이러한 상황에서는 아들 됨에 관한 모든 의문이 불리한 증거에 직면하게 됩니다. 아들이 버림받은 자로 여겨지는 것입니다. 확실히 그가 버림받은 것입니다.

이것이 바로 시험입니다. 이것이 대부분의 시험의 본질입니다. 하나님의 아들이라는 사실에는 분명히 의문의 여지가 없지만, 우리의 감각이나 이성의 영역 안에서 그 증거가 없는 것입니다. 이것이 이 땅에 거하는 우리를 향한 하나님의 시험입니다. 악한 사탄은 이러한 시험으로 우리를 조종합니다.

그런데 영원하신 아들이 지금 이러한 상황 속으로 기꺼이 들어오셨습니다. 신성과 영원하신 아들 됨을 지니신 그분이 우리를 위해 오셨습니다. 그리고 세례를 통해 죄 많은 우리와 하나가 되셨습니다. 물론 그분의 아들 됨은 여전합니다. 성령께서는 그것을 인치시고, 성부께서는 그가 하나님의 아들이심을 증언하셨습니다. 그리고 나서 그분은 성령께 이끌려 광야로 나가 시험을 받게 되었습니다.

"무릇 하나님의 영으로 인도함을 받는 사람은 곧 하나님의 아들이라"(롬 8:14)라고 하신 말씀은 지금도 효력이 있습니다. 원래부터 영원한 아들이신 그분은 수많은 형제들 가운데 맏아들이십니다. 아버지께서 그분을 아들이라 증언하셨습니다.

"이는 내 사랑하는 아들이요 내 기뻐하는 자라"(마 3:17).

그분의 아들 되심은 언제나 변함없습니다. 성령께서 그것을 인치셨으며, 성부께서 그것을 증언하셨습니다. 그러나 눈에 보이는 세상의 영역에서 그 모든 증거가 사라지고 말았습니다.

그렇다면 사탄이 바라는 바는 무엇입니까? 이제 사탄의 공격 유형을 살펴봅시다.

(1) 네가 하나님의 아들이라고? 그런데도 배를 채워 줄 떡이 없다는 말인가? 하나님은 자신의 아들 아담으로 모든 것이 풍성한 낙원에 거하게 하셨는데, 떡이 필요한 너에게는 돌만 주신다는 말인가? 그러나 하나님은 이 돌들로도 아들 곧 아브라함의 자녀가 되게 하실 수 있다. 네가 아들이 된 것도 이런 식이 아닌가? 당시 아담은 죄가 없었으나 지금 너는 타락한 아담의 후손들과 같은 처지에 놓여 있다. 그들 때문에 너의 아들 됨이 사라졌다. 그 결과가 어떠한지 보라. 이제 하나님은 너를 버림받은 자로 여기실 것이다. 그가 말씀보다 엄격한 고의적인 행위로 너의 아들 됨을 포기한 것이다.

(2) 네가 하나님의 아들이라고? 그런데도 사람들에게 멸시와 버림을 받는다는 말인가? 무엇보다도 거룩한 백성들로부터 버림받을 수 있는가? 하나님의 아들이 왜 그들의 경탄과 존경과 영접을 받지 못하는가? 차라리 이 성전 꼭대기에서 거룩한 성으로 뛰어내려라. 하나님의 천사들이 책임지고 너를 안전하게 구원하여 영광을 보게 할 것이다. 그들이 생명의 수호자가 되어 만왕의 왕의 아들을 보호하지 않겠는가? 그렇게 되면 모든 사람들이 너를 왕으로 삼을 것이다.

(3) 네가 하나님의 아들이라고? 그런데도 아무런 기업이 없다는 말인가? 이 땅에 너의 나라도 없고 아무런 영광도 없는데 어떻게 "너는 내 아들이라. 오늘 내가 너를 낳았도다"(시 2:7)라고 할 수 있는가? 그가 기업을 약속하면서

"내게 구하라. 내가 이방 나라를 네 유업으로 주리니 네 소유가 땅 끝까지 이르리로다"(시 2:8)라고 하지 않았는가? 보라! 너는 이 땅에 머리 둘 곳도 없고 나라도 없다. 그러나 내가 이 모든 것을 줄 수 있다. 타락한 죄인들과 함께 세례를 받은 것이 너의 아들 됨을 여기까지 이르게 하였으며 아들의 기업을 파탄 나게 한 것이다!

그러나 예수님은 이러한 유혹에 대해 단호하게 말씀합니다.

(1) 나의 아들 됨은 시간과 감각의 세계를 훨씬 초월하는 세계와 관련된다. 이 세계의 진리들은 결코 떡이나 돌로 입증되는 것이 아니다. 나는 그 나라 안에서 나의 아들 됨의 증거를 찾을 것이다. 그곳에는 충분한 증거가 있다. 그것은 곧 아버지의 말씀이다. "기록되었으되 사람이 떡으로만 살 것이 아니요 하나님의 입으로부터 나오는 모든 말씀으로 살 것이라"(마 4:4).

(2) 나는 이 세상과 인간의 이성을 초월하는 영역에서 하나님의 아들로 산다고 해서 이 땅에 사는 자들에게 적용되는 모든 법과 결박과 환경적 제약을 깨지는 않을 것이다. 오히려 하나님의 아들이 하늘을 떠나 이 낮은 땅에 내려와 사람들과 함께 살기 때문에 나는 성부와의 약속은 물론 이 땅의 모든 법을 충실하게 이행할 것이다. 나는 결코 나 자신을 버리지 않을 것이다. 나는 나의 주 하나님을 시험하지 않을 것이다. "주 너의 하나님을 시험하지 말라"(마 4:7).

(3) 나는 감각과 시간의 세계에서 나라를 찾지만, 그것은 이 세상의 신이 줄 수 있는 것이 아니다. 그것은 감각적인 세계를 영적이고도 거룩한 세계로 변화시키고 이 땅을 거룩하게 하는 능력, 곧 보이지 않는 영적이고도 영원한 영역인 하늘나라의 능력을 통해 나에게 주어지는 것이다. "사탄아 물러

> 가라"(마 4:10).
> 나는 하늘에서 제공하는 아들 됨의 증거에 만족한다. 나는 이 낮은 땅에서 요구하는 모든 법과 제약들을 기꺼이 지킬 것이다. 나는 하늘의 영역이 거룩한 능력으로 이 땅을 변화시키고 나를 위해 한 나라를 거룩하게 세워 나갈 때까지 기다릴 것이다. 그동안 아들 됨과 나의 기업은 안전하다. "사탄아 물러가라."

이제 우리의 자녀 됨도 동일하게 공격받고 있습니다. 공격 대상만이 아니라 공격을 당하는 상황이나 공격 유형도 언제나 동일합니다.

믿음으로 그리스도와 함께 세례를 받고 그분과 연합한 우리는 영원하신 아들 안에서 하나님의 자녀가 되었습니다. 우리의 자녀 됨의 모든 증거는 영적입니다. 그것은 주관적으로는 성령의 인침과 증거로, 객관적으로는 하나님의 말씀과 부르심으로 나타납니다. 그리스도와 함께 세례를 받을 때에 우리는 그분이 세례 받을 때와 동일한 자녀 됨의 증거를 받습니다.

한편으로는 "너희가 아들이므로 하나님이 그 아들의 영을 우리 마음 가운데 보내사 아빠 아버지라 부르게 하셨느니라"(갈 4:6), "성령이 친히 우리의 영과 더불어 우리가 하나님의 자녀인 것을 증언하시나니"(롬 8:16)라고 하시며, 또 한편으로는 "보라, 아버지께서 어떠한 사랑을 우리에게 베푸사 하나님의 자녀라 일컬음을 받게 하셨는가"(요일 3:1)라고 하십니다.

우리에게는 내적으로 성령의 인침이 있고, 외적으로 아버지의 말씀이 있습니다. 이러한 인침과 증언은 그리스도께서 우리와 연합할 때 그분의 것이 되는 것처럼, 우리가 그분과 연합할 때에 우리의 것이 됩니다. 이것들은 그분에게 그러했듯이 우리에게도 영적입니다. 그것은 물질적이거나 세속적인 영역에 속한 것이 아닙니다. 그것은 영적인 것이기 때문에 숨겨져 있으며, 때로는 우리 자신에게도 감춰져 있습니다. 그것은 오직 믿음으로만 볼 수 있습니다. 그런데 우리의 믿음이 언제나 확실하고 강한 것은 아닙니다. 그러나 불신앙으로 감춰져 있든지 그렇지 않든지, 우리의 감각으로는 결코 그것을 인식할 수 없습니다.

우리는 우리의 자녀 됨을 유지하기 위해 자격을 부여받았습니다. 그러므로 그리스도 안에 있는 현재적이고도 확실한 자녀 됨의 특권을 담대하게 지켜 나가야 합니다. 성경은 "우리가 지금은 하나님의 자녀라"(요일 3:2)라고 말합니다. 우리는 '지금' '현재' 하나님의 아들입니다. 그러나 '장래에 어떻게 될지가 아직 나타나지 않았'(요일 3:2 참고)습니다. 확실하고도 현재적인 특권이 아직 분명하지 않다는 것입니다. 그것은 결코 '겉으로 분명히 드러날 수' 없습니다. 눈에 보이는 세속적 영역은 어떠한 증거도 줄 수 없습니다. 오히려 자신에게 일어나는 모든 일들 속에서 그러한 진리에 역행하는 것들만 보게 될 것입니다.

그렇습니다. 내가 아들과 연합하였으며, 그래서 성령의 인침을 받고 성부의 인정을 받았다 해도 나의 자녀 됨이 결코 겉으로 드러나지는 않는다는 사실을 인정해야만 합니다. 또한 우리의 감각으로 인식할 수 있을 만한 확실한 증표나 표식을 보여 줄 수도 없습니다. 내가 하나님의 아들이라고 주장하더라도 모든 상황을 감안할 때 적어도 육신적으로는 그렇게 보이지 않는다는 사실을 인정해야만 합니다. 나는 세상 사람들이 하나님의 선물이라고 인정할 만한 분명하고도 선명한 옷을 입고 있지 않습니다. 나는 눈으로 볼 수 있는 아름다운 옷을 걸치지도 않았으며, 머리에 영광의 면류관을 쓰지도 않았고, 손에 승리의 종려나무를 들고 있지도 않습니다.

만왕의 왕이요 만유의 주이신 그분의 아들이 된다는 것은 얼마나 높은 반열과 큰 명성을 얻는 것인지 모릅니다. 세상이 우리의 주장에 대한 증거를 원한다면 상당한 믿음의 삶이 요구될 것입니다. 그러나 그것은 아직 나타나지 않습니다.

솔직히 우리가 제사장임을 증명하기 위해 시내산에서 보여 주신 양식을 따라 만든 거룩한 관이나 눈보다 흰 제사장 의복을 입어야 하는 것은 아닙니다. 우리는 그리스도께서 우리를 사랑하고 왕으로 삼으셨다는 사실을 증명하기 위해 어떤 보좌나 홀이나 의복을 갖출 필요가 없습니다. 그런 것이 없어도 우리가 궁전 뜰로 오는 것을 막지 않을 것이며, 산이나 언덕이 영광의 왕의 자녀들을 맞이하면서 노래하는 것을 금할 수 없을 것입니다.

그런데 모든 피조물이 감춰져 있는 우리의 자녀 됨이 장차 나타나기를 고대하며 탄식하고 있습니다(롬 8:19 참고). 우리의 머리에는 은혜로운 왕관이 빛나고 있지 않으며 오히려 부끄러운 십자가만이 우리의 어깨에 놓여 있습니다. 승리의 종려나무가 분명히 우리의 것이지만, 실상 우리에게는 전쟁의 두려움과 고통만이 있을 뿐입니다. 우리의 자녀 됨과 상관없이 질병이 우리를 괴롭힙니다. 다른 사람보다 더 많은 고통이 우리를 누르고(시 73편 참고), 우리가 하늘나라의 자녀라는 주장은 깊은 한숨과 함께 공허하게 메아리칠 뿐입니다.

그러다가 죽음에 직면해서도 우리가 하나님의 아들이요 영원한 존재라기보다는 꺼림칙한 무덤의 희생양이라는 사실만을 확인하게 될 뿐입니다. 마치 우리가 하나님이 아니라 부패해 가는 시신을 '나의 아버지'로 고백해야 할 것 같습니다. 하나님의 자녀들보다는 벌레를 '나의 자매'로 불러야 할 것 같습니다.

진실로 우리의 자녀 됨이 감춰져 있습니다. 우리의 생명이 감춰져 있습니다. 우리의 생명이 그리스도와 함께 하나님 안에 감춰져 있습니다. 우리의 자녀 됨이 그분의 독생자와 함께 아버지의 품속에 감춰져 있습니다. 그래서 우리가 그리스도의 자녀로서 사탄의 공격 대상이 되었습니다.

우리의 자녀 됨은 우리 안에서, 정확히 말해 그리스도 안에서 공격받고 있습니다. 우리는 그분과 함께 시험을 받고 있습니다. 그분이 우리의 모든 고통을 함께 겪으십니다. 이것은 틀림없는 사실입니다. 왜냐하면 하나님의 자녀 된 자들과 영원하신 아들이 함께 세례를 받고 화목하게 하는 성령의 인침을 받았으며, 성부의 동일한 증언을 받았기 때문입니다. 이와 같이 그분과 우리의 동일한 자녀 됨이 그분과 우리 안에서 동일하게 반복되는 공격을 받고 있는 것입니다.

우리를 향한 공격이 언제나 동일하다는 사실에 주목하십시오. 우리의 믿음의 방패를 뚫기 위해 진행되는 세 단계의 공격이 언제나 동일하다는 사실을 결코 잊어서는 안 됩니다. 감춰져 있는 우리의 자녀 됨(믿음의 자녀로서의 생명)은 다음의 세 가지 모습을 지닙니다. 즉, 이 생명의 안전이 완벽하게 보장되어 있으며, 은밀하게 감춰져 있고, 그것의 드러남이 연기된 상태라는 것입니다. 그래서 사탄은 이 세가지 국면에서 공격합니다.

1) 사탄은 하나님의 은혜 안에 거하는 자녀로서의 삶의 안전성을 의심하도록 시험합니다

사탄은 우리에게 하나님의 자녀로서의 삶이 안전하지 않다고 속삭입니다. 우리가 당하는 가난과 질병, 우리가 지고 있는 무거운 십자가 등을 내세우면서 자녀 됨의 특권에 대한 가시적인 증거가 없을 뿐 아니라 오히려 그것을 뒤집을 만한 강력한 증거(prima facie)[2]만 있다고 말합니다. 사탄은 교활한 수법으로 우리의 생명이 안전하게 감춰져 있는 영적 영역 밖으로 우리를 유인합

---

2) 역자주 - '얼핏보기'라는 뜻의 라틴어로, '반증이 없는 한 판결을 뒤집을 수 없는 충분한 증거'를 뜻합니다.

니다. 그리고 마치 그것이 덧없는 이 세상에 속한 것인 양 세속적이고도 육신적인 방식을 제시합니다.

"명하여 이 돌들로 떡덩이가 되게 하라"(마 4:3).

그러나 우리는 영원하신 하나님의 아들 안에서 또는 그리스도 안에서 "아니다"라고 대답해야 합니다. 그것은 결코 위기에 처하지 않았습니다. 왜냐하면 우리의 자녀 됨이 믿음으로 말미암은 것이기 때문입니다(요 1:12, 갈 3:26 참고). 이 생명은 오직 믿음으로 얻을 수 있습니다. 그리고 이 믿음은 들음에서 나고, 들음은 그리스도의 말씀으로 말미암습니다(롬 10:17 참고).

"기록되었으되 사람이 떡으로만 살 것이 아니요 하나님의 입으로부터 나오는 모든 말씀으로 살 것이라 하였느니라"(마 4:4).

2) 사탄은 우리의 생명이 이처럼 안전하다면 굳이 그렇게 깊이 감춰 둘 필요가 있느냐고 속삭입니다

은밀하게 숨기지 말고 그것을 끄집어내어 영광의 빛으로 드러나게 하라는 것입니다. 그것이 시공을 초월하는 초자연적인 영역에서 그렇게 안전하게 보존되어 있고 증거도 충분하다면, 시공세계의 법에 구속될 필요가 있느냐는 것입니다.

"너는 지금이라도 그것으로부터 확실히 자유롭게 되어 즐겨 고백하는 대로 위대한 왕의 아들이 될 수 있다. 지금이라도 성전 꼭대기에서 뛰어내리기만 하면 된다. 천군천사의 날개를 타고 예루살렘 거리의 상공을 배회하거나 예배하는 사람들로 가득한 성전 뜰을 내려다보지 않겠는가?"

그러한 표징을 보여 주기만 한다면 당장 사람들로부터 우리가 하나님의 아들이라는 사실을 인정받을 수 있을 것이라고 주장합니다. 그러나 우리는 영원하신 하나님의 아들 그리스도 안에서 "아니다"라고 대답해야 합니다. 깊이 감춰져 있는 우리의 자녀 된 생명이 그런 식으로 침범당하게 할 수는 없습니다. 주님께서는 나를 그분의 은밀한 임재 가운데 감추실 것입니다. 그분이 자신의 날개로 나를 덮고 계시며, 나는 그런 그분을 전적으로 신뢰합니다. 나는 결코 나의 주 하나님을 시험하지 않을 것입니다.

3) 사탄은 또한 그렇다면 도대체 얼마나 오랫동안 기다려야 하는 것이냐고 속삭입니다

"너의 자녀 됨이 나타나려면 얼마나 끔찍하도록 긴 시간이 지나야 한다는 말인가? 왜 너는 영광의 계시를 속히 나타내거나 앞당기는 일에 머뭇거리는가? 만유의 후사로서 아들에게 약속된 권리를 취하라. 인내와 순종과 고난과 수치와 죽음만으로 약속된 영광에 도달할 수 있다는 이 고통스러운 길을 단축하라. 차라리 내가 제안하는 세 가지의 중재를 받아들여 세상 나라와 그 영광을 취하라. 내가 제시하는 바 네가 만족할 만한 지분을 받아들이라. 연기된 희망은 너의 마음만 아프게 할 뿐이다."

그러나 그런 때에도 우리는 영원하신 아들 그리스도 안에서 "아니다"라고 대답해야 합니다. 우리의 소망은 결코 수치를 당하지 않을 것입니다. 우리의 소망은 영혼의 닻과 같이 튼튼하고 견고하여 영광의 휘장 안으로 들어갈 것입니다. 우리는 보지 못하는 그것을 소망하면서 인내하며 그것을 기다릴 것입니다. 하나님의 때가 되면 자녀 됨이 나타나고 그 영광이 임할 것입니다. 그때에 자녀 됨이 감춰져 있는 동안 고통스럽게 탄식했던 모든 피조물이 "썩어짐의 종노릇한 데서 해방되어 하나님의 자녀들의 영광의 자유에 이르게"(롬 8:21 참고) 될 것입니다. 나의 영혼은 오직 하나님만 기다립니다. 나의 구원이 그분에게서 나오기 때문입니다(시 62:1 참고).

"너희가 일제히 공격하기를 언제까지 하려느냐? 그들이 그를 그의 높은 자리에서 떨어뜨리기만 꾀하고 거짓을 즐겨 하니"(시 62:3,4).

"사탄아 물러가라"(마 4:10).

기록된 본문의 말씀을 정리해 봅시다. 대적으로 둘러싸인 광야에서도 그리스도가 우리와 함께 계십니다. 그리고 그분과 연합한 우리는 먼저 자녀 됨을 공격받습니다. 그러나 우리의 자녀 됨은 안전합니다. 그러므로 우리는 평안 가운데 거하면서 "이는 내 사랑하는 아들이요 내 기뻐하는 자라"라고 선포하시는 아버지의 말씀을 믿고 그 말씀을 따라 살아가야 합니다. 이미 우리 안에 계신 영원하신 아들에게 그 말씀이 주어졌으며, 이제 그분 안에서 우리에게도 이 말씀이 주어졌기 때문입니다.

둘째로, 사탄은 감춰져 있는 자녀 됨을 찾아내 침투하려고 합니다. 그것을 끄집어내어 이 땅에서 우리가 처한 상황에 맞서라고 우리를 유혹합니다. 그러나 우리는 그것을 은밀하게 지켜야 합니다. 그리고 전능자의 그늘 아래 거하면서 하나님과의 보이지 않는 교제를 쌓아가야 합니다.

셋째로, 사탄은 우리에게 자녀 됨의 나타남을 앞당기라고 유혹합니다. 그러나 우리는 그러한 제안을 거절하고 인내하며 참고 기다려야 합니다. 우리는 아들이 받으시는 시험 가운데 그분과 함께했으며, 그분과의 교제를 통해 아버지께서 그분에게 약속하신 나라를 약속받았습니다. 그러므로 우리는 대적에게 아무런 빚도 없습니다. 우리는 대적이 제시하는 타협안을 결코 받아들이지 않을 것입니다. 오히려 그를 경멸하면서 "사탄아 물러가라"라고 꾸짖을 것입니다.

결론적으로 우리를 향한 사탄의 공격은 곧 그리스도를 향한 공격의 연장입니다. 사탄의 공격이 지속되는 것은 대적으로 둘러싸인 광야에서, 왕의 갤러리가 있는 난공불락의 요새에서, 그리스도께서 우리와 함께 계시기 때문입니다. 사실 이러한 공격은 대적을 향한 왕의 분노를 더욱 키울 뿐입니다.

"기록된 바 우리가 종일 주를 위하여 죽임을 당하게 되며 도살당할 양같이 여김을 받았나이다 함과 같으니라. 그러나 이 모든 일에 우리를 사랑하시는 이로 말미암아 우리가 넉넉히 이기느니라"(롬 8:36,37).

2. 동일한 방어

공격만이 아니라 방어도 동일합니다. 이것은 단순히 방어의 일반적 경향이나 범위가 유사하다거나 일치한다는 말이 아니라 그때나 지금이나 방어 수단이 같다는 뜻입니다. 따라서 방어 능력도 동일합니다. 무기가 같다는 것은 힘이나 기술의 원천이 같다는 말입니다. 이때 무기나 수단은 말씀입니다. 그리고 힘이나 기술의 원천은 성령입니다.

이 싸움에서 그리스도는 본질적으로 자신을 방어하기 위해 자신을 낮추어 하나님의 말씀과 성령께 전적으로 의지하고 있습니다. 현재 그분의 신분에 대해 생각해 봅시다. 그리스도는 지금 막 엄숙한 과정을 거치셨습니다. 그분은 거룩한 성례를 받아들이고 시행함으로써 아버지께서 자신에게 맡기신 타락한 자녀들의 보증인과 대표자와 머리로서의 신분을 자발적이고도 공개적으로 취하셨습니다. 친히 그들의 두 번째 아담이 되신 것입니다.

그분은 세례를 통해 그들과 한 몸이 되셨으며, 성령께서 내려와 이 연합을 인치셨습니다. 그리고 그것을 승인하는 아버지의 말씀이 선포되었습니다. 그분이 비록 죄와 허물이 있는 자들과 하나가 되었지만, 그분의 아들 되심과 아들로서의 의는 손상되지 않았습니다. 이러한 아버지의 선포는, 아들이 받을 피의 세례를 통해 그분과 함께한 모든 자들이 그리스도의 의로 죄 사함을 받고 그분의 자녀가 되는 특권을 누리게 되는 것을 뜻합니다. 이와 같이 세례를 통해 새로운 신분을 가지게 된 그리스도는 인치고 능력 주시는 성령과 승인하고 위로하시는 말씀을 공급받게 된 것입니다. 그리고 곧이어 그분은 시험을 받으셨으며, 성령과 하나님의 말씀으로 시험에 대처하셨습니다. 이제 그분에게 시험은 즉시 부딪쳐야 할, 피할 수 없는 짐이 되었습니다.

본문의 말씀은 이 두 가지 사건을 이어서 기록합니다. 마태복음 3장이 세례에 관한 기사로 끝난 후 곧이어 시험에 관한 내용으로 4장이 시작됩니다.

"그때에 예수께서 성령에게 이끌리어 마귀에게 시험을 받으러 광야로 가사 사십 일을 밤낮으로 금식하신 후에 주리신지라"(마 4:1,2).

누가복음도 마찬가지입니다.

"예수께서 성령의 충만함을 입어 요단강에서 돌아오사 광야에서 사십 일 동안 성령에게 이끌리시며 마귀에게 시험을 받으시더라"(눅 4:1,2).

특별히 마가는 더욱 강하게 말합니다.

"성령이 곧 예수를 광야로 몰아내신지라"(막 1:12).

즉시 시험이 임했습니다. 예수님이 뱀의 유혹으로 인하여 본래의 거룩을 상실한 자들과 연합하여 한 몸을 이루시자마자 이러한 유혹을 받으신 것입니다.

이러한 연합은 실제입니다. 그리스도께서 인간에게 주어진 모든 삶과 환경을 실제로 경험하고 극복해야 한다는 뜻입니다. 그들은 유혹에 넘어졌으나 그분은 굳세게 일어나 가장 강력한 유혹을 이겨 내셔야 했습니다. 그분을 시험하는 자는 첫 번째 아담을 굴복시킨 바로 그 사탄입니다. 사탄의 모든 계략과 힘은 인류를 좌절시킬 만큼 강력합니다. 이 시험은 하늘나라의 입구까지라도 쫓아올 것입니다. 그러나 메시야와 함께한 자들은 그것을 통과하여 하늘나라에 들어갈 것입니다.

그것은 마치 한 무리의 군대가 손에 손을 맞잡고 거룩한 도성으로 향하는 좁은 길을 걸으며 싸우는 것과 같습니다. 수많은 '하나님의 자녀들과 함께 영광을 향해 전진하는 구원의 주님이 오직 변화된 신분으로 가장 강력한 대적의 집중 포화를 뚫고 나아갑니다. 그분은 비록 하나님과 함께하는 임마누엘이시지만 같은 계급의 군인이 갖추어야 할 최소한의 무기 외에는 다른 어떤 무기나 전략이나 능력도 사용하시지 않습니다.

만일 그분이 이러한 조건을 받아들이지 않는다면, 그분은 결코 '고난을 통해 온전해지신' 진정한 구원의 주요 위기를 뚫고 많은 자녀들을 승리의 영광으로 인도하는 분이 되실 수 없을 것입니다. 그분은 성령의 인도하심을 받고 성령의 검인 말씀을 무기로 삼으십니다. 그분에게는 다른 수단이 전혀 없습니다.

그런데 가끔 사람이 되신 하나님으로서 그리스도의 인격이나 현재의 상태와 관련하여 그분이 죄만 없으시고 모든 면에서 형제들과 동일한 몸이 되셨다는 위대한 진리를 흐리게 하는 미묘한 착각에 빠질 때가 있습니다. 우리는 그분의 신성을 기억하면서 그분이 하나님이시기 때문에 그분의 인성으로도 이 전쟁에서 불가능한 것이 없으리라고 생각하기 쉽습니다.

이러한 착각은 정교함의 차이에 따라 두 가지 형태로 나눌 수 있습니다. 비교적 덜 정교한 착각은 영원하신 말씀이 성육신하셨다는 사실에 대한 다소 허황되고도 근본적인 오해로 나타납니다. 이러한 생각을 정형화하기는 어렵지만 대충 이렇게 표현할 수 있을 것입니다. 즉, 신성의 전지전능하신 능력이 이미 그리스도의 마음속에 무한히 부어졌으며, 따라서 그분의 인성 역시 필연적으로 한량없는 빛과 총명으로 가득해졌다는 것입니다.

그러나 이것은 중보자의 인격의 단일성을 강조하기 위해 신성과 인성이라는 두 가지 본성의 구별을 무너뜨리는 발상입니다. 본성이 구별된다는 사실은 인격의 단일성만큼이나 완전한 진리입니다. 그렇기 때문에 그리스도 예수는 하나님의 영원하신 아들이시지만, 첫 번째 아담이나 그의 모든 후손들과 마찬가지로 모든 선한 것의 원천인 신격으로부터 어떠한 광채나 능력, 지혜와 힘, 은혜와 영광을 공급받아야 합니다. 이 모든 것이 매 순간 성령을 통해 하늘로부터 오신 두 번째 아담이신 주님의 인성에 공급되어야 하는 것입니다.

그리스도의 인성에 대한 이러한 착각은 더욱 정교한 형태를 취하여, 이제 성육신이 아니라 그것에 이어지는 낮아지심(humiliation)에 대한 오해로 나타납니다. 앞에서 살펴본 대로 인성은 필연적으로 신격의 뜻에 순종하게 되어 있습니다. 이것은 그분이 영광 중에 계실 때에나 비천한 상태에 계실 때에나 동일합니다. 지극히 존귀한 인성을 입으신 예수 그리스도는 창세전에 아버지와 누렸던 영광을 지금도 누리고 계십니다. 그러나 그분의 인성은 모든 피조물과 마찬가지로 여전히 신격에 의존해야 합니다.

물론 지금 그분은 종의 형체를 입고 계시지는 않습니다. 하나님은 그를 높여 존귀한 자리에 앉히시고 모든 이름 위에 뛰어난 이름을 주사 그 앞에 모든 무릎을 꿇게 하셨습니다. 그러나 그분이 이 땅에 계실 때에는 그렇지 않았습니다. 그분은 자기를 비워 종의 형체를 가지사 사람과 같이 되셨으며 자기를 낮추셨습니다(빌 2:7,8 참고). 아버지와 아들과 성령의 일치된 뜻에 따라 아들은 사람의 모양과 종의 형체를 입으셨으며, 따라서 죽기까지 순종하시되 신격으로서 누릴 수 있는 권리나 사람(순종하는 종과 믿음의 아들)이 지닐 수 있는 것 이상의 능력이 언약에 의해 일시적으로 단절되었습니다. 이러한 그분의 낮아지심의 본질에 대해서는 어떠한 의문도 없습니다. 이 사실을 이해하지 못하고서는 그분의 낮아지심이 가지는 심오한 사상을 결코 이해할 수 없습니다.

시험을 당하고 있는 모든 사람들이 그러하듯이, 주님의 인성 역시 능력이 필요했습니다. 성육신하신 영원한 말씀이신 그리스도 예수가 하나님이라는 사실이 하나님의 뜻과 도우심을 필요 없는 것으로 만들지는 않았습니다. 따라서 세례의 결과, 또는 세례를 통해 인침을 받은 죄인들과 연합한 일의 당연한 결과로서 다른 백성들과 마찬가지로 그분에게도 하나님의 능력이 임해야 했습니다. 그것이 그분의 인성을 향한 하나님의 뜻이었습니다.

그분 역시 다른 사람들처럼 "하나님은 나의 피난처시요 나의 능력이시며 환난 중에 만날 큰 도움이시라"(시 46:1 참고)라고 말씀하실 것입니다. 또한 그들과 마찬가지로 오직 성령을 통해 신격, 곧 자신의 신격을 공급받을 것이며, 그를 통해 삼위 하나님의 일치된 뜻과 사역을 실제로 시행하고 성취하실 것입니다. 한마디로 그리스도에게도 하나님에 대한 믿음 곧 성령을 통해 말씀의 진리를 붙잡는 신앙이 필요했던 것입니다. 그분 자신이 하나님이자 사람이시기 때문입니다. 이 땅에 계셨던 예수님은 제2위격의 성자 하나님이셨으나 자신을 의지하지 않았습니다.

"그가 하나님을 신뢰하니"(마 27:43).

사람들은 이런 그분을 비난하였지만, 그분은 실로 하나님을 신뢰하였으며 그로 말미암아 영광을 얻었습니다. 그분은 하나님을 신뢰함으로써 철저히 우리의 형제가 되셨습니다. 그분은 "이르시되 내가 주의 이름을 내 형제들에게 선포하고 내가 주를 교회 중에서 찬송하리라 하셨으며, 또다시 내가 그를 의지하리라 하시고 또다시 볼지어다 나와 및 하나님께서 내게 주신 자녀라 하셨으니"(히 2:12,13)라고 선포하셨습니다.

이와 같이 자기를 비워 사람들과 같이 되신 성자 하나님 그리스도 예수는 자신의 신성을 직접 나타내지 않고 하나님을 신뢰했습니다. '부요하신 이로서 우리를 위하여 가난하게'(고후 8:9 참고) 되신 것입니다. 그분은 다른 신자와 마찬가지로 무언가를 의지할 수밖에 없는 인성의 연약함을 취하셨으며, 그로 인하여 성령과 약속의 말씀을 믿음으로써 하나님의 능력을 덧입으셨습니다.

이처럼 그분은 오직 죄만 없으실 뿐 우리의 모든 연약함을 체휼하셨습니다. 그분은 죄를 제외하고는 우리의 모든 연약함과 부족함과 걱정과 근심을 경험하셨으며, 우리처럼 힘쓰고 애쓰며 밤을 새워 기도하고 고뇌하셨습니다. 그분은 하나님으로서의 특권을 내세우면서 두 번째 아담이 감당해야만 하는 모든 짐과 고통에서 벗어나고자 하지 않았습니다. 죽기까지 낮아지는 언약을 피하지 않았습니다. 따라서 우리의 모든 아픔과 슬픔을 실제로 맛보신 그분의 경험은 결코 애매모호하거나 관념적이거나 외적인 것이 아닙니다. 그것은 참으로 체험적이고도 실제적이며 진실한 경험입니다.

이런 사실을 염두에 두고 사탄의 계획이 얼마나 교활한지를 다시 한 번 살펴봅시다. 앞에서 살펴본 대로 사탄의 공격은 이러한 주님의 지위를 겨냥합니다. 사탄은 먼저 주님으로 하여금 이러한 지위에서 물러나도록 공격했으며, 그 계획이 실패로 끝나자 끝까지 자신의 위치를 지키신 주님을 조롱하였습니다.

우선 사탄은 예수님께 이처럼 낮아지신 상태에서 벗어나 더는 사람으로 행동하지 말라고 유혹하였습니다. 하나님의 살아 있는 말씀이 임하였기 때문에 이제는 사람들이 하나님에 대해 항상 품고 있는 막연하고도 단조로운 신뢰를 취할 필요가 없다는 것입니다. 즉, 사탄은 그분이 하나님의 의로운 종으로서 지켜야 할 한계를 벗어나도록 유혹하려 했습니다. 그리고는 예수님께 하나님으로서의 특권을 회복하라고 자극하였습니다.

"명하여 이 돌들로 떡덩이가 되게 하라"(마 4:3).

이러한 유혹에 대해 예수님은 "사람이 떡으로만 살 것이 아니요 하나님의 입으로부터 나오는 모든 말씀으로 살 것이라"(마 4:4)라고 대답하셨습니다.

'사람(man)'이라고 하는 첫 번째 단어는 예수님이 사탄의 간계를 얼마나 잘 파악하고 있었는지를 보여 줍니다. 예수님은 사람으로서의 신분을 벗어던지지 않으셨습니다. 사람은 누구나 하나님의 명령을 지켜야 하며, 하나님의 약속을 기대해야 합니다. 따라서 예수님 역시 반드시 사람으로서 그 명령에 순종하며 확신을 가지고 기대하실 것임을 밝히시는 것입니다.

적어도 여기서 그분은 그 이상의 특권을 주장하지 않고 사람으로서 모든 면에서 형제들과 같아질 것이며, 단지 사람으로서 하나님을 경외하고 그분의 말씀만 소망할 것입니다. 사람이 마땅히 해야 할 본분과 마땅히 가져야 할 소망이 바로 하나님의 입으로부터 나오는 모든 말씀인 것입니다.

사람으로서 본분을 지켰을 때 그분에게 안전과 승리가 주어졌습니다. 낮아지심과 관련된 법과 한계를 벗어나라는 시험을 이겨 낸 그분에게 승리가 찾아왔습니다. 있을 수도 없는 일이지만, 만일 그분이 자신을 높였다면 그분은 오히려 낮아지셨을 것입니다. 그분이 낮아지심의 상태에 머물러 계셨기에 승리하신 것입니다. "누구든지 자기를 낮추는 자는 높아지리라"(마 23:12)라는 말씀이 예수님에게 그대로 적용된 것입니다.

또한 같은 관점으로 볼 때 사탄의 마지막 노력에는 더욱 치밀한 계략이 숨어 있음을 알 수 있습니다. 그리스도로 하여금 사람의 지위를 버리게 하는 데 실패한 사탄은 사람이 되신 그분을 비웃으면서 이러한 낮아지심이 가져올 결과를 넌지시 암시합니다. 말하자면 사탄은 이렇게 비웃고 있는 셈입니다.

"너는 하나님의 아들로서 보장된 절대적인 특권과 능력의 삶을 거절하고 사람의 아들로서의 신분을 고수하였다. 너는 무슨 일이 있더라도 네가 사람임을 인정하고 그것을 준수하기로 결심하였다. 너는 결코 그것을 포기하려 하지 않을 것이다. 그렇다면 그렇게 하라. 그러나 사람의 신분이 어떤 것인지 잘 생각해 보라. 사람은 나를 숭배한다. 내가 사람을 지배하기 때문에 그들은 나를 주인으로 섬긴다. 너는 이 세상에서 나라를 구하고 있다. 사람으로서 너는 그렇게 할 수 있다. 내가 그것을 너에게 주겠다. 너는 사람이며 또한 사람으로 남기로 결심하였다. 그렇다면 사람으로서 나의 주권을 인정하고 복종하라. '만일 내게 엎드려 경배하면 이 모든 것을 네게 주리라'(마 4:9)."

그러나 예수님은 "사탄아 물러가라. 기록되었으되 주 너의 하나님께 경배하고 다만 그를 섬기라 하였느니라"(마 4:10)라고 말씀하셨습니다.

그렇습니다. 그분은 우리와 같은 사람으로 남을 것입니다. 그분은 우리와 같은 본성을 가지고 사람의 자리에 서겠지만, 타락의 전철을 밟지는 않으실 것입니다. 그분은 모든 면에서 형제들과 같이 되셨지만 죄는 없으십니다. 모든 면에서 우리와 같으시되 죄는 없으십니다.

그분은 피조물로서 인간의 본성을 입고 죄인들의 자리에 선다는 것이 어떠한 결과를 가져오든지, 결코 믿음 없이 비겁하게 언약을 깨고서 하나님으로서의 능력을 사용하시지는 않을 것입니다. 그러면서도 사람으로서의 신분을 유지하기 위해서는 온전히 사람이 되어야 할 뿐만 아니라 다른 모든 사람들과 마찬가지로 절대적 유혹자의 세력에 굴복해야만 한다는 사탄의 비웃음과 간교한 제안에 대해, 그분은 하나님께 합당한 거룩을 통해 거절하셨습니다.

이러한 거룩은 비록 죄인들과 한자리에 있기는 하지만 그들과는 확실히 구별되며 흠이나 티가 없는 거룩입니다. 그분은 하늘에 계신 아버지께서 거룩하신 것같이 거룩하십니다. 그분은 비록 '우리를 대신하여 죄로 삼으신'(고후 5:21) 바 되었으나 여전히 의로우십니다. 그리고 '우리를 대신하여 죄로 삼으신' 바 되심으로써 '여호와는 우리의 의'(렘 33:16)가 되셨습니다.

지금까지 살펴본 것처럼 이 전쟁에서 하나님의 영원하신 아들에게 주어진 방어 무기와 하나님의 자녀들에게 주어진 방어 무기는 동일합니다. 사탄은 이러한 동질성을 교묘하게 공략하였으나 실패하고 말았습니다. 이에 대해서 좀 더 자세히 살펴봅시다.

우리의 살아 계신 머리요 우리와 함께하시는 구원의 주이신 예수님은 사탄과의 전쟁에서 하나님의 말씀과 성령에만 의존하셨습니다. 그분은 전지하신 분이지만, 뱀의 계교를 무너뜨리기 위해 적절한 생각이나 신적인 진리를 찾는 일에 자신의 심오한 전지하심을 의존하시지 않았습니다. 그분은 기록된 말씀에서 그것을 찾았습니다. 물론 우리는 그분의 전지하심에 결코 이를 수 없습니다. 그러나 기록된 말씀은 우리 가까이에 있습니다.

"말씀이 네게 가까워"(롬 10:8).

그분은 전능하시지만, 거대한 용을 무너뜨리기 위해 그러한 능력을 사용하시지 않았습니다. 그분은 약속하신 성령의 능력에서 무기를 찾았습니다. 그분은 우리에게 전능한 능력을 약속하신 것이 아니라 우리 가운데 거하시는 성령과 관련하여 "내 은혜가 네게 족하도다. 이는 내 능력이 약한 데서 온전하여짐이라"(고후 12:9)라고 말씀하십니다. 그리스도의 전쟁이든지 우리의 전쟁이든지 동일하게 말씀의 검만이 유일한 무기이며, 성령의 능력만이 유일한 도우심이라는 사실은 참으로 복됩니다.

하나님의 아들은 사람으로서 말씀과 성령의 능력으로 무장하고서 대적의 시험에 맞섰습니다. 전지전능하신 절대적 신성이 무엇인지를 보여 주고자 한 것이 아니라 하나님의 말씀과 성령이 우리를 어떻게 도우시는지를 보여 주고자 하신 것입니다. 그분은 자신이 메시야이심을 검증하기 위한 시험을 이렇게 받아들이셨습니다.

첫 번째 아담은 이러한 유혹 앞에서 실패하였으나, 두 번째 아담은 사탄의 역사를 물리치기 위해 그 모든 유혹을 견뎌 내셨습니다. 이 두 가지 사건은 대조적입니다. 첫 번째 아담은 최상의 환경에서 유혹에 넘어졌지만, 두 번째 아담은 그와 반대되는 최악의 상황에서 유혹을 이기셨습니다. 이 사실에 주목하십시오. 모든 것이 풍성한 에덴동산에서 부족함을 몰랐던 행위 언약의 대표자는 아무것도 아닌 열매 하나에 대한 유혹 앞에서 실패하였으나, 아무것도 없는 척박한 광야에서 사십 일이나 굶주리신 은혜 언약의 대표자는 육신적으로 가장 필요했을 떡을 거절하셨습니다. 하나님으로서 얼마든지 하실 수 있는 일을 거절하신 것입니다.

첫 번째 아담은 새롭게 창조된 동물들과 평화롭게 지냈으며, 하나님을 모신 만물의 영장으로서 모든 동물들이 그의 말 한마디에 전적으로 순종하는 절대적 권위를 가지고 있었습니다. 그는 그것들의 왕으로서 그것들의 이름을 지어 주었을 뿐만 아니라 화려하게 아첨하는 혀로 하늘에 계신 왕을 배신하는 뱀을 즉시 죽일 수도 있었습니다.[3] 그러나 첫 번째 아담은 실패하였습니다.

반면 두 번째 아담은 '광야에서 사십 일을 계시면서 사탄에게 시험을 받으시며 들짐승과 함께'(막 1:13) 계셨습니다. 확실히 그분은 장차 올 자를 비유하던 자신의 원형의 악한 전철을 밟지 않고 사탄의 간교한 유혹을 거부하셨습니다. 이 전쟁에서 하늘의 모든 것을 버리고 사람의 모습을 입으신 두 번째 아담에게는 첫 번째 아담이 누렸던 모든 풍성함 대신 그의 타락이 빚어 낸 연약함만 있었습니다. 그러나 두 번째 아담은 하나님의 말씀과 성령을 의지함으로써 대적에게 훨씬 유리한 최악의 조건 속에서 사탄을 물리치고 시험을 이겨 내셨습니다.

바로 그분이 기록된 말씀대로 광야에서 시험을 받고 있는 우리와 함께 계시면서 지금도 사탄의 공격을 막고 계십니다. 우리의 머리 되신 그리스도 안에서 우리가 사용하는 무기 역시 그분이 사용하셨던 무기와 동일합니다.

"그의 성령을 우리에게 주시므로 우리가 그 안에 거하고 그가 우리 안에 거하시는

---

3) "그는 이 땅에 있는 어떤 동물이든지 그것을 볼 때마다 하나님의 절대 권위와 유일하심을 기억해야 했습니다. 그러나 그는 창조자를 반역한 뱀을 보고서도 그것을 처벌하지 않았을 뿐만 아니라 오히려 모든 질서를 어기고 그 유혹에 빠져 복종함으로써 동일한 반역자가 되었습니다. 이보다 더 극단적인 타락이 있을 수 있겠습니까?"(Calvin on Genesis)

줄을 아느니라"(요일 4:13).

그분은 성령의 능력을 통해 성령의 검을 사용하십니다. 지금도 그분의 입에서 '좌우에 날 선'(히 4:12) 검이 나오고 있습니다. "기록되었으되!" "기록되었으되!" 우리를 방어하는 이 영원한 무기가 지금도 성령의 막강한 능력과 함께 사용되고 있습니다. 그리고 마귀가 우리와 우리 주 앞에서 떠나가고 우리가 영원한 승리의 면류관을 쓸 때까지 계속 사용될 것입니다.

3. 동일한 승리

승리의 내용도 동일합니다. 승리한 자에게는 궁극적인 보상과 즉각적인 회복의 힘이 주어집니다.

1) 궁극적인 보상

먼저 승리한 자로서 그리스도와 우리에게 주어지는 보상은 분명히 동일합니다.

"너희는 나의 모든 시험 중에 항상 나와 함께한 자들인즉 내 아버지께서 나라를 내게 맡기신 것같이 나도 너희에게 맡겨"(눅 22:28,29).

이 전쟁과 그 보상이 얼마나 확연하게 대조되는지 모릅니다. 이 전쟁의 첫 단계의 모습과 그때 승리자에게 주어지는 몫, 그리고 전쟁의 마지막 장면과 그때 승리자에게 주어지는 보상(예를 들어 일곱 교회에 보내는 서신에서 나타나는 '이기는 자'에게 주시는 일련의 약속) 간에는 아름다운 대조가 있습니다.

처음에 우리는 첫 번째 아담처럼 모든 것이 풍성한 평화로운 에덴동산에 있는 것이 아니라 모든 것이 절실히 필요한 광야에 있습니다. 이것이 시험이 진행되고 있는 드라마의 첫 장면입니다. 그런데 승리의 시작과 함께 완전한 반전이 일어납니다.

"이기는 그에게는 내가 하나님의 낙원에 있는 생명나무의 열매를 주어 먹게 하리라"(계 2:7).

그리고 마지막 장면에서 우리는 사탄으로부터 그에게 충성하면 나라와 영광과 모든 부귀영화를 주겠다는 제안을 받습니다. 이것은 어떻게든 우리를 파괴하려는 사탄의 마지막 몸부림입니다.

반면 보상에 대한 마지막 약속의 내용은 이것과는 정반대됩니다.

"이기는 그에게는 내가 내 보좌에 함께 앉게 하여 주기를 내가 이기고 아버지 보좌에 함께 앉은 것과 같이 하리라"(계 3:21).

장차 계시될 영광에 대해서 더 이상 어떻게 표현할 수 있겠습니까?

2) 회복의 힘

이제 보상과 함께 우리가 즉시 얻게 되는 새로운 힘에 대하여 생각해 봅시다. 이것은 위로와 능력의 배가라는 두 가지 요소로 이루어집니다. 이 새로운 힘 역시 그리스도와 그의 백성 안에 동일하게 나타납니다.

첫째, 싸움에서 승리하면 위로가 배가됩니다. 이것은 이중적 위로입니다.

"이에 마귀는 예수를 떠나고 천사들이 나아와서 수종드니라"(마 4:11).

먼저 마귀가 떠났습니다. 우리에게 숨 돌릴 틈이 주어진 것입니다. 마귀와의 만남에서 오는 긴장감이 줄어들었습니다. 물론 그것은 잠시 동안입니다. 이 세상 임금이 곧 다시 올 것입니다. 그러나 잠시이기는 해도 그 시간은 매우 유익합니다. 지친 군인에게 자유롭게 휴식할 시간이 주어진 것입니다. 그 시간에 약한 영을 회복하고, 대적의 먹잇감이 되지 않도록 자신의 무기를 점검할 수 있습니다.

특히 구원의 주와 그의 군사들은 시험이 격해지고 대적이 많아질 때 이러한 경험을 합니다. 그리스도인으로서의 싸움에서 영적으로나 경험적으로 더욱 영리해지는 것입니다. 우리는 싸움이 더욱 치열해지는 순간이 다가올 것을 압니다. 이때 사탄은 우리를 넘어뜨릴 수 있다는 희망과 기대로 부풀어 오릅니다. 그는 마치 우리를 향해 "하나님이 그를 버리셨은즉 따라 잡으라. 건질 자가 없다"(시 71:11)라고 말하는 것 같습니다. 우리는 다윗처럼 외칠 수밖에 없습니다.

"여호와여, 나의 대적이 어찌 그리 많은지요. 일어나 나를 치는 자가 많으니이다"(시 3:1).

"너는 나를 밀쳐 넘어뜨리려 하였으나"(시 118:13).

그런데 바로 그때 왕의 진지로 돌아가 '나의 방패시요 나의 영광이시요 나의 머리를 드시는 자'(시 3:3)이시며 '나의 능력과 찬송이시요 또 나의 구원'(시 118:14)이신 대장과 함께 지내면서 교제를 나누어야 합니다. 그리고 그분 안에서, 주 안에서 말씀과 성령으로 강건해지고, 그분의 전능하신 힘으로 강해져야 합니다. 우리는 그리스도께서 받으신 것과 동일한 시험 앞에서 그리스도와의 교제를 통해 오직 믿음으로 끝까지 신실하게 싸운 후에 이 맹렬한 시험이 끝나고 나면 평안과 휴식이 주어질 것임을 알고 있습니다. 주께서 마귀가 우리에게서 잠시 쫓겨나는 평안을 주실 것입니다.

또한 이것은 단순히 소극적인 구원이 아닙니다. 더욱 적극적인 회복이 주어집니다.

"천사들이 나아와서 수종드니라"(마 4:11).

이것은 많은 형제들 가운데 맏아들이 가지는 특권입니다. 그러나 형제들은 그리스도와 함께 만유의 상속자가 되었습니다.

"모든 천사들은 섬기는 영으로서 구원받을 상속자들을 위하여 섬기라고 보내심이 아니냐"(히 1:14).

격렬한 전쟁 후에 천사들의 수종을 받으며 말씀과 성령 안에서 하나님을 담대히 만나는 편안하고도 안락한 회복의 시간이 얼마나 복된지 모릅니다. 우리들이야말로 성부의 명령으로 대적의 목전에서 우리를 위해 베풀어진 상을 받고 머리에 기름을 바르며 넘치도록 잔을 채우는 자들이 아닙니까? 그리고 실제로 우리의 발이 돌에 걸려 넘어지지 않도록 보호받지 않겠습니까? 그렇다고 우리가 주 하나님을 시험하지는 않겠지만 말입니다.

우리는 아버지께서 천사들을 동원하셨기 때문에 그의 위로가 덜 진실하다거나 부족하다고 생각하지 않을 것입니다. 예수님께서도 천사들이 수종들었을 때 틀림없이 그렇게 생각하시지 않았을 것입니다. 그리고 우리도 그러할 것입니다. 또한 우리는 천사들을 의지하는 것이 아니라 오직 하나님만 신뢰할 것입니다.

"여호와의 천사가 주를 경외하는 자를 둘러 진 치고 그들을 건지시는도다. 너희는 여호와의 선하심을 맛보아 알지어다. 그에게 피하는 자는 복이 있도다"(시 34:7,8).

이것이 바로 위로의 배가입니다. 악한 마귀가 물러가고 복된 광명의 천사들이 가득합니다. 마치 우리를 축하하고 함께 기뻐하는 듯합니다. 확실히 그들은 우리에게 힘을 주기 위해 왔습니다.

둘째, 승리한 후에 능력이 배가됩니다. 이것은 매우 놀라운 사실입니다.

"예수께서 성령의 능력으로 갈릴리에 돌아가시니 그 소문이 사방에 퍼졌고 친히 그 여러 회당에서 가르치시매 뭇사람에게 칭송을 받으시더라"(눅 4:14,15).

거듭하는 말이지만, 예수님은 성령을 통해 강해지셨습니다. 본문은 예수님이 '성령의 능력으로' 갈릴리에 돌아가셨다고 말합니다. 확실히 성령이 그리스도와 함께하셨으며 성부께서 그에게 처음부터 성령을 한량없이 부어 주셨기 때문에 비록 양적으로 더 풍성해질 수는 없었지만, 그분의 기뻐하심을 따라 대적과 싸워 승리한 자로서 부가적인 보상과 자비를 얻게 된 것입니다. 따라서 예수님이 광야에서 갈릴리로 돌아가시는 길은 '성령의 능력'이 함께하는 승리의 길이었습니다.

또한 예수님의 가르침에는 승리의 흔적이 묻어났습니다. 그분은 회당에서 칭송을 받았습니다. 사람들은 어디서 이러한 능력과 지혜로 가득한 음성이 나오는지 알 수 없었습니다. 그분의 명성이 사방에 퍼졌습니다. 이것은 다른 사람을 가르치는 직분을 받아 주님과 교제하는 자들에게 얼마나 큰 위로와 기대를 주는지 모릅니다. 이와 같이 시험을 이긴 자는 새로운 능력을 얻을 것이며, 주 안에서 받은 직분을 이루려는 사역자들은 초인적인 자생력을 받을 것입니다.

만약 자신의 사역이나 봉사나 맡은 일이 무엇이든지, 자신과 그분의 경험을 통해 더욱 큰 능력을 온전히 기대할 수 있을 만한 확신을 발견하지 못한다면, 살아 계신 머리 안에서 싸운 싸움의 승리자가 되지 못할 것입니다. 그러나 이제 우리는 성령과 말씀에 대해 더욱 큰 확신을 가지게 되었습니다. 우리는 말씀을 통해 더욱 능력 있는 삶을 살게 될 것입니다(마 4:4 참고). 또한 더욱 성령을 의지하게 될 것입니다. 말씀이 우리 가운데 더욱 풍성히 거할 것이며, 성령의 능력이 우리에게 더욱 충만히 임할 것입니다.

그러므로 싸움에서 승리한 후에 마귀가 잠시 떠나고 성부의 말씀대로 천사들이 와서 우리의 수종을 든다 하더라도, 그리고 주께서 잠시 휴식할 시간을 주신다 하더라도, 결코 그곳에 안주해서는 안 됩니다. 우리의 넘치는 잔을 마르게 해서는 안 됩니다. 다시 일어나 사역하기 위해 충전해야 합니다. 맡은 일이 무엇이든지 다시 한 번 그 일에 매달려야 합니다. 광야의 시험에서 벗어나, 은밀한 슬픔의 방에서 나와, 기쁨의 연회장에서 나와 다시 갈릴리로 돌아가 '성령의 능력으로' 사역의 현장에 서야 합니다.

만일 우리가 주님의 싸움을 통해 공격과 방어와 승리와 회복에 동참했다면,

이 전쟁에서 기록된 말씀을 통해 그분의 임재를 경험했다면, 아마도 우리는 그렇게 돌아와 있을 것입니다. 뿐만 아니라 그분 역시 복음서에 기록된 대로 지금 우리와 함께 전장에서 돌아와 갈릴리에 계실 것입니다.

그렇습니다. 그분은 우리와 함께 돌아왔습니다. 보십시오! 그분은 지금도 우리와 함께 계시며 언제까지나 그럴 것입니다.

"여호와께서 이르시되 내가 친히 가리라. 내가 너를 쉬게 하리라"(출 33:14).

Ⅲ. 회당과 영원한 설교

"예수께서 그 자라나신 곳 나사렛에 이르사 안식일에 늘 하시던 대로 회당에 들어가사 성경을 읽으려고 서시매 선지자 이사야의 글을 드리거늘 책을 펴서 이렇게 기록된 데를 찾으시니 곧 주의 성령이 내게 임하셨으니 이는 가난한 자에게 복음을 전하게 하시려고 내게 기름을 부으시고 나를 보내사 포로된 자에게 자유를, 눈먼 자에게 다시 보게 함을 전파하며 눌린 자를 자유롭게 하고 주의 은혜의 해를 전파하게 하려 하심이라 하였더라. 책을 덮어 그 맡은 자에게 주시고 앉으시니 회당에 있는 자들이 다 주목하여 보더라. 이에 예수께서 그들에게 말씀하시되 이 글이 오늘 너희 귀에 응하였느니라 하시니 그들이 다 그를 증언하고 그 입으로 나오는 바 은혜로운 말을 놀랍게 여겨 이르되, 이 사람이 요셉의 아들이 아니냐"(눅 4:16-22).

"하나님이 보내신 이는 하나님의 말씀을 하나니 이는 하나님이 성령을 한량없이 주심이니라"(요 3:34).

이 말씀에서도 주의 임재를 발견하셨습니까? 주님은 여기 이 기록된 전기 속에도 살아 계시며 언제까지나 우리와 함께 계시는 분이 아닙니까? 물론 그 렇습니다. 본문의 모든 상황은 지금까지 우리가 다양한 방식으로 제시해 온 것들을 분명히 드러내기에 충분합니다.

우리는 나사렛 회당에 들어가 말씀을 전하시는 주님을 봅니다. 이제 이 사건의 감각적이고도 일시적인 상황은 모두 사라졌지만 본질적인 내용들은 여전히 살아 있습니다. 우리는 그 안식일에 나사렛에서 일어났던 일을 통해 하나님의 독생자이시며 은혜와 진리가 충만한 그리스도의 임재를 분명히 볼 수 있습니다. 감각적이고도 일시적인 상황들과 영원한 본질들을 구별해 보면, 결국 지금의 교회 안에는 간접적이고도 부수적인 내용은 빠지고 영원한 본질만이 남아 있는 것입니다.

그렇다면 무엇이 본질입니까?

첫째, 말씀입니다.

"성경을 읽으려고 서시매"(눅 4:16).

예수님은 하나님의 말씀을 읽으려고 하셨습니다.

"선지자 이사야의 글을 드리거늘"(눅 4:17).

그분은 말씀 사역에 수종들 수 있는 기회를 받아들였습니다.

"책을 펴서 이렇게 기록된 데를 찾으시니"(눅 4:17).

여기서 '기록된 말씀'이 바로 선지자로서 그가 전하려는 핵심 주제입니다. 그 '기록된 말씀'이 이미 왕이신 예수님의 검이 되었습니다. 그분은 자신의 말씀전파 사역에 관한 내용을 읽으셨습니다. 즉, 예수님이 가난한 자에게 복음을 전하고 그 전한 말씀이 포로된 자에게 자유를 주고 눈먼 자를 보게 하며 주의 은혜의 해를 전파한다는 것입니다. 이것이 '성경' 곧 말씀의 전부입니다. 그분은 우리가 지금 읽고 있는 이 말씀에 관해 뭐라고 언급하십니까?

"이 글(this scripture)이 오늘 너희 귀에 응하였느니라"(눅 4:21).

그분의 도구, 즉 그분의 가르침의 가장 본질적인 주제는 말씀이었습니다.

둘째, 사역의 효과적인 수행이라는 측면에서, 마음에 오셔서 생각을 깨우치고 어리석은 자를 지혜롭게 하는 영적인 대행자가 있다는 것입니다. 여기서 발견할 수 있는 본질은 무엇입니까? 예수님이 읽은 말씀이 '성령'이라는 단어로 시작된다는 것에 주목하십시오.

"주의 성령이 내게 임하셨으니 이는 가난한 자에게 복음을 전하게 하시려고 내게 기름을 부으시고"(눅 4:18).

지금 주님은 자신에게 주어진 특별한 자격에 대해 언급하고 있습니다. 주의 성령이 자신에게 임하셨다는 것! 그분은 여기에 앞으로의 사역에 대한 모든 기대를 걸었습니다. 이 말씀은 예수님 자신에 대한 '추천서'라고 할 수 있습니다. 이 직분을 감당할 수 있는 자로서 자신을 추천하시는 것입니다.

"하나님이 보내신 이는 하나님의 말씀을 하나니 이는 하나님이 성령을 한량없이 주심이니라"(요 3:34).

또한 이것은 그분의 백성들의 마음 가운데 살아 있는 추천서가 많이 기록될 것이라는 기대이기도 합니다.

"너희는 우리의 편지라. 우리 마음에 썼고 뭇사람이 알고 읽는 바라. 너희는 우리로 말미암아 나타난 그리스도의 편지니"(고후 3:2,3).

그것은 '오직 살아 계신 하나님의 영으로 쓴 것'(고후 3:3)입니다. 모든 사역을 효과적으로 수행하시는 분은 성령입니다. 그러므로 실제로 사역을 수행하시는 성령이 바로 본문에서 찾을 수 있는 또 하나의 본질인 것입니다.

그들은 그분의 말씀에 놀랄 수밖에 없었습니다.

"그들이 다 그를 증언하고 그 입으로 나오는 바 은혜로운 말을 놀랍게 여겨"(눅 4:22).

"그들이 그 가르치심에 놀라니 이는 그 말씀이 권위가 있음이러라"(눅 4:32).

여기서 은혜로운 말과 권위 있는 말씀의 본질이 바로 '성경'이며, 은혜와 권위의 온전한 본질이 바로 '성령'입니다.

그리스도는 그날 나사렛에서 선지자로서의 직분을 수행하셨으며, 하나님의 말씀과 성령을 통해 구원을 위한 뜻을 드러내셨습니다. 눈에 보이는 그분의 모습이나 귀에 들리는 음성은 전혀 문제가 되지 않습니다. 따라서 그분의 육신적 임재, 정확히 말해서 눈에 보이는 임재는 사라졌으나 눈에 보이지 않는 그분의 실질적 임재는 지금도 그날의 나사렛 회당에서와 본질적으로 동일하게 우리의 성역(sanctuaries)에 남아 있습니다.

사실 우리의 믿음은 이처럼 눈에 보이지 않는 임재를 수천 번도 더 확인하고 있으며, 그때마다 우리의 믿음은 이러한 확신에 일말의 거짓이나 허상이 없음을 증명합니다. 믿음은 언제까지나 그러한 모든 것들이 배제된 확실하고도 변치 않는 말씀을 잣대로 삼을 것입니다. 또한 믿음은 결코 실수나 착오 없이 인도하시는 성령의 빛을 의지할 것입니다. 믿음은 하나님의 성령이 영원히 임하신 그리스도가 선지자이며 그분의 말씀이 영원히 살아 있다는 사실을 알고 있습니다. 그러하기에 나사렛 회당에 있던 사람들과 마찬가지로 이 모든 본질 안에서 그분의 임재를 충분히 누리고 있으며, 단순한 구경꾼들보다 훨씬 더 확실하게 그분의 임재를 누리고 있는 것입니다.

그런데도 이 썩어 없어질 육신의 감각에만 매여 때로는 광적으로 집착하면서까지 육신의 눈에서 사라졌기 때문에 아무런 쓸모가 없다고 주장하겠습니까? 보이지 않는 영원한 것들을 수치스럽게 생각하면서 오직 이 세상과 육신에만 매달려 살겠습니까? '죽지 않고 보이지 않는 영원한 왕'(딤전 1:17 참고)이 곁에 계시는데도 곧 흙으로 사라져 버릴 육신의 눈과 손으로 감지할 수 있는 증거가 없으면 결코 만족할 수 없다는 말입니까? 주님은 도마에게 "너는 나를 본 고로 믿느냐? 보지 못하고 믿는 자들은 복되도다"(요 20:29)라고 말씀하십니다.

엄숙한 마음으로 상상해 봅시다. 우리가 매주 첫날 성령 안에서 그리스도의 이름으로 하나님께 예배하러 모일 때, 두세 사람이 모인 곳에 함께하시겠다고 하신 그리스도께서 갑자기 우리의 육안으로 볼 수 있도록 임재하셨다고 가정해 봅시다. 항상 눈에 보이지 않게 일곱 금 촛대 사이로 거니시던 그리스도께서 갑자기 우리의 눈앞에 나타나 회중 가운데 서 계신 것입니다. 마치 부활하신 날 저녁에 제자들에게 나타나셔서 "너희에게 평강이 있을지어다"(요 20:19)라고 말씀하셨던 것처럼 말입니다.

그분은 우리의 예배를 방해하지 않습니다. 그분은 예배를 주관하십니다. 그분은 아버지의 이름을 그의 형제들에게 선포하고 회중 가운데서 아버지를 찬양할 것입니다(시 22:22, 히 2:12 참고). 그분이 성경을 읽기 위해 일어나시자 선지자 이사야의 책이 주어집니다. 그분이 책을 펼쳐 이렇게 기록된 곳을 찾으십니다.

"주의 성령이 내게 임하셨으니……"(눅 4:18).

그분이 조용한 목소리로 책을 읽으십니다. 그리고 그동안 우리는 얼굴을 외투 속에 묻습니다. 그 말씀에 권위가 있고 성령의 임재가 있기 때문입니다. 그분은 성령으로 우리의 마음을 꿰뚫어 보시고, 우리의 모든 생각을 말씀에 집중시키십니다. 그리고 말씀하십니다.

"이 글이 오늘 너희 귀에 응하였느니라"(눅 4:21).

만일 우리가 이런 식으로 주님을 본다면, 우리는 외투에 얼굴을 묻을 수밖에 없을 것입니다. 그리고 가슴을 치며, 감히 고개를 들 수도 없을 것입니다. 어쩌면 그분의 입으로부터 거룩한 말씀이 계속 흘러나오는 동안 휘장이 내려와 우리가 이 거룩한 설교자를 보지 못하도록 가려야 할지도 모릅니다.

아직도 주님의 임재를 경험하지 못하였습니까? 그렇다면 다시 한 번 상상해 봅시다. 그분이 직접 말씀을 전하시지 않고 목회자에게 성경책을 주고 자신은 회중 가운데 앉으셨습니다. 목회자가 말씀을 강론하는 동안 그분은 회중 가운데서 보이지 않게 성령으로 역사하십니다. 즉, 말씀과 성령의 사역이 여전히 계속되는 것입니다.

아직도 주님의 임재를 경험하지 못하였습니까? 그렇다면 하나님이 그리스도로 하여금 우리를 권면하게 하신 것처럼, 그리스도를 대신한 사신이 그리스도를 대신하여 "너희는 하나님과 화목하라"(고후 5:20)라고 간구한다고 생각해 봅시다. 이제 말씀 사역은 전적으로 그 사신에게 맡겨졌습니다. 그리스도께서 그에게 맡기신 화목의 말씀조차 그의 몫입니다. 그리고 성령이 말씀을 증거하는 대행자가 되어 자신의 빛을 우리에게 비춥니다.

교회의 선지자가 육신으로 임재해 있다고 생각해 봅시다. 그런데 우리는 그 얼굴을 볼 수도 없고 그 음성을 들을 수도 없습니다. 그렇다면 이러한 육신적 임재가 무슨 유익이 있겠습니까? 그분이 우리에게 실제적인 유익을 주시는 근본적인 임재는 오직 그분의 말씀과 성령을 통해서 이루어집니다. 그래서 그분이 자신의 아버지이자 우리의 아버지이시며 자신의 하나님이자 우리의 하나님께로 올라가셔야 하는 것입니다.

그런데도 아직까지 그분의 임재를 경험하지 못하였습니까? 그리스도는 "두세 사람이 내 이름으로 모인 곳에는 나도 그들 중에 있느니라"(마 18:20), "하나님이여, 그들이 주께서 행차하심을 보았으니 곧 나의 하나님, 나의 왕이 성소로 행차하시는 것이라"(시 68:24)라고 말씀하십니다.

설사 예수님이 성소에서 육체로 우리와 함께 계신다 하더라도 새로운 계시를 주시지는 않을 것입니다. 그분은 여전히 '성경'을 읽고 "이 글이 오늘 너희 귀에 응하였느니라"라고 말씀하실 것입니다. 그분은 우리의 영혼에 결코 눈에 보이는 모습이나 귀에 들리는 음성으로 신비로운 말씀을 들려주시지 않을 것입니다. 그분은 그처럼 초라한 일을 행하시고서 의기양양해하시지 않습니다. 그분은 그들의 마음에 그러한 인위적인 영향을 끼치고 싶어하시지 않습니다.

그분은 오직 말씀을 통해 성령이 나타나기를 원합니다. 그분은 우리의 영혼과 자신의 말씀을 성령께 맡기셨습니다. 그분은 말씀을 통해 진리를 보이실 것입니다. 그리고 성령을 통해 자신의 빛을 보내실 것입니다. "오, 주의 빛과 주의 진리를 보내시옵소서"(시 43:3 참고).

그렇다면 육체적인 임재는 이 위대한 사역의 본질과 전혀 무관합니까? 그렇지 않습니다. 그렇기 때문에 우리는 나사렛의 회당에서와 마찬가지로 성소에서 그분의 임재를 참으로 온전하게 경험해야 합니다.

"주는 나의 힘이 되신 하나님이시거늘 어찌하여 나를 버리셨나이까? 내가 어찌하여 원수의 억압으로 말미암아 슬프게 다니나이까? 주의 빛과 주의 진리를 보내시어 나를 인도하시고 주의 거룩한 산과 주께서 계시는 곳에 이르게 하소서. 그런즉 내가 하나님의 제단에 나아가 나의 큰 기쁨의 하나님께 이르리이다"(시 43:2-4).

"하나님이여, 주는 나의 하나님이시라. 내가 간절히 주를 찾되 물이 없어 마르고 황폐한 땅에서 내 영혼이 주를 갈망하며 내 육체가 주를 앙모하나이다. 내가 주의 권능과 영광(예수 그리스도의 얼굴에 있는 하나님의 영광을 아는 빛)을 보기 위하여 이와 같이 성소에서 주를 바라보았나이다"(시 63:1,2).

만일 우리가 그리스도의 영과 말씀을 가지고 있다면 성소에서 그분의 임재를 경험하고 있는 것입니다.

그런데 이렇게 흘러가는 사고는 사고의 틀을 기하급수적으로 확장하거나 기하학 용어로 '논리의 외연(extension of our theorem)'의 경계선에 놓습니다. 즉, 임재와 전기의 결합은 단지 제한된 경우에 해당할 뿐이며, 그보다 더

광범위하고도 포괄적인 원리는 성령과 말씀의 총체적 결합이라는 것입니다. 성경은 이러한 결합 또는 연합을 다양하게 조명하고 있습니다. 가장 실제적인 한 가지 관점은 이러한 결합이 사실상 하나님과 중보자, 중보자 안에 있는 그의 씨인 교회, 그리고 그 모든 후손들과 맺은 언약으로 되어 있다는 점입니다.

"여호와께서 이르시되 내가 그들과 세운 나의 언약이 이러하니, 곧 네 위에 있는 나의 영과 네 입에 둔 나의 말이 이제부터 영원하도록 네 입에서와 네 후손의 입에서와 네 후손의 후손의 입에서 떠나지 아니하리라 하시니라. 여호와의 말씀이니라"(사 59:21).

이것은 실제로 하나님의 포괄적인 언약입니다. 그 안에는 많은 것들이 쌓여 있으며, 이 모든 것들이 그리스도의 것으로서 말씀을 통해 우리에게 전달됩니다. 그리고 그것을 가지고 계신 분이 바로 성령입니다. 성령께서 그리스도의 것을 가지고 우리에게 알려 주시는 것입니다(요 16:14 참고). 언약이 교회 안에서 이러한 형식과 방식으로 역사하기 때문에 교회는 다음과 같은 부르심을 받습니다.

"일어나라. 빛을 발하라. 이는 네 빛이 이르렀고 여호와의 영광이 네 위에 임하였음이니라"(사 60:1).

여호와의 말씀과 성령은 교회의 빛이요 영광입니다. 말씀과 성령의 이러한 결합 때문에 그리스도께서 이 땅에 오시기 오래전부터 이미 이 땅에는 지혜가 임재해 있었습니다.

"지혜가 길거리에서 부르며 광장에서 소리를 높이며 시끄러운 길목에서 소리를 지르며 성문 어귀와 성중에서 그 소리를 발하여 이르되 너희 어리석은 자들은 어리석음을 좋아하며 거만한 자들은 거만을 기뻐하며 미련한 자들은 지식을 미워하니 어느 때까지 하겠느냐? 나의 책망을 듣고 돌이키라. 보라, 내가 나의 영을 너희에게 부어 주며 내 말을 너희에게 보이리라"(잠 1:20-23).

그리고 때가 되어 여자의 몸에서 나시고 사람의 입으로 말씀하셨습니다.

"하나님이 보내신 이는 하나님의 말씀을 하나니 이는 하나님이 성령을 한량없이 주심이니라"(요 3:34).

말씀과 성령은 매우 밀접하게 결합되어 있습니다. 이러한 사실은 그리스도께서 육신으로 계실 때에 요한을 통해 증거되었으며, 솔로몬도 이것을 증거하였고, 이사야도 '이제부터 영원하도록'(사 59:21) 그러하다고 증거했습니다. 또한 풍성하고도 정교하며 뛰어난 신학사상을 갖추고 있었던 칼빈도 말씀과 성령의 결합에 대해 다음과 같이 말했습니다.

"하나님은 말씀의 확실성과 성령의 확실성을 철저하게 결합시키셨습니다. 그리하여 성령이 우리를 비추실 때 우리의 마음이 어리석게 말씀을 숭배하는 것이 아니라, 그곳에서 하나님의 얼굴을 보게 하신 것입니다. 또한 한편으로 우리가 그분의 형상, 즉 말씀 안에서 그분을 인식할 때 속을지도 모른다는 두려움 없이 성령을 모실 수 있게 하셨습니다."

여기서 '말씀과 성령의 결합'이라는 거창한 주제에 대한 다양한 신학적 견해를 살펴보는 일은 다소 어렵지만, 앞에서 우리가 다루었던 주제를 다시 한 번 주의 깊게 살펴볼 수는 있을 것입니다.

앞에서 임재와 전기의 결합이라는 주제와 관련하여 '과연 다른 어떤 문헌이나 전기가 주인공의 영이 책 속에 생생하게 살아 있어서 그것을 읽는 자의 마음과 생각을 송두리째 빼앗을 수 있겠느냐?'라고 질문한 바 있습니다. 물론 이와 유사하게 '과연 어떤 저자의 책이 하나님의 모든 말씀처럼 겸손한 마음으로 그것을 읽는 자의 마음속에 성령이 내주하셔서 하나님의 빛을 비출 수 있겠느냐?'라고 질문할 수도 있습니다. 사실 이것은 '하나님의 임재'라는 말로 충분히 설명할 수 있습니다. 이러한 하나님의 임재는 다른 피조물이 우리와 함께하는 임재의 방식보다 훨씬 더 친밀하고도 심오하며 강력합니다.

예를 들어, 내가 여러분에게 편지를 보낸다고 생각해 봅시다. 나는 정성을 다해 쓴 편지를 여러분에게 보냈습니다. 나는 가능한 명확하고도 정확하게 내용을 전달하려고 모든 문장 하나하나에 세심한 공을 들였습니다. 전달하고자 하는 의미가 모호해지지 않고 쉽게 드러나도록 최선을 다하였습니다. 그리고 여러분은 이렇게 기록된 내 편지를 나와 같이 세심하게 정독하였습니다. 내가 전하려는 뜻을 정확하게 파악하기 위해, 내 생각과는 다른 의미로 받아들이거나 내가 전달하려는 뜻을 조금이라도 놓치지 않기 위해 여러분은 모든 문장을 자세히 살펴 정확히 이해하였습니다.

그러나 이렇게 노력한다고 해서 우리가 진정 서로에 대해 완전무결하게 이해한다고 말할 수 있을까요? 여러분이 나의 뜻을 한 치의 오차도 없이 정확히 이해하기에 더 좋은 방법은 없는 것일까요? 물론 그렇지 않습니다.

만일 내가 기록한 글뿐만 아니라 나의 생각이나 정신이 나의 편지를 읽고 있는 여러분의 생각이나 정신 속에 흘러들어가 여러분의 지성과 마음이 나의 생각과 똑같이 활동하도록 명령할 수 있다고 가정해 봅시다. 그것이 가능하다면 우리가 비록 거리상으로 떨어져 있거나 둘 중 하나가 이 세상 사람이 아니라 해도 나는 나의 말과 생각을 통해 여러분과 함께 있는 것입니다. 그러한 우리의 교제는 우리가 육신을 입고 얼굴과 얼굴을 마주 대하는 것보다 훨씬 더 실질적이고도 친밀하며 강력할 것입니다.

실제로 그리스도가 하늘에 있고 우리가 땅에 있는 동안 이와 같은 방식의 임재를 통해 그리스도께서 우리를 인도하신다는 사실을 기억하십시오. 교회에 주신 그분의 편지가 좋은 예입니다. 모든 편지는 "그가 이르시되"라는 구절로 시작됩니다. 이것은 그 편지가 곧 '그리스도의 말씀'이라는 의미입니다. 그리고 그 편지들은 모두 "귀 있는 자는 성령이 교회들에게 하시는 말씀을 들을지어다"(계 2:7)라는 말로 끝을 맺습니다. 이것은 그리스도의 영이 말씀 가운데, 그리고 말씀과 함께 있다는 의미입니다. 이것이 바로 우리가 추구하는 임재의 방식입니다.

설사 피조물들 간에 이러한 임재 방식이 존재한다 하더라도 완벽하지는 않을 것입니다. 그러나 하나님과 우리 사이에 존재하는 이러한 임재 방식은 그러한 불완전함조차 허용하지 않습니다. 그러므로 우리는 주님의 뜻을 분명히 깨닫게 될 것입니다. 그리고 확실히 '그리스도의 마음'을 가지게 될 것입니다. 그리스도의 가장 친밀한 임재가 우리와 함께할 것입니다. 육신의 눈이 아니라 하늘의 영안이 열리게 되는 것입니다.

그렇다면 이제 앞 장의 주제(1부 5장 복음의 영감)에 관한 내용을 조금 더 깊이 살펴보겠습니다. 즉, 성경의 영감과 관련하여 살펴보려는 것입니다.

복음서에 나타난 그리스도의 임재가 사복음서 전체의 영감을 함축한다면, 동일한 논리에 의해 성경에서 찾아볼 수 있는 유추적 성령의 임재는 성경 전체의 영감으로 확장해서 적용되어야 할 것입니다. 그리스도께서 기록된 복음 안에 계시듯이 말씀 속에 성령이 거하신다면, 모든 말씀은 복음서와 마찬가지로 완전하고 오류가 없어야 합니다.

만일 그리스도께서 복음서 안에 살아 계시되 마치 살아 있는 그림인 양 언제나 그곳에서 우리를 바라보고 계실 뿐이라면, 그리스도의 온전하심은 복음서의 온전함과 함께 위기에 처할지도 모릅니다. 그러나 성령께서 하나님의 뜻에 의해 동일한 방식으로 '이제부터 영원하도록'(사 59:21) 말씀 속에 거하신다면, 성령의 온전하심과 말씀의 완전함이 하나로 결합되어 온전한 합일체를 이룰 것입니다.

말씀의 절대적 영감(완전함)을 부인하는 자들 가운데 많은 사람들은 성경의 오류 가능성과 불완전성에 대한 가정이 말씀과 성령의 생명적 연합을 끊어버린다고 해도 아무런 해가 되지 않는다고 생각합니다. 그들은 절대적 영감을 믿는 자들과는 달리 이러한 연합을 확인하고 옹호하는 일을 귀하게 생각하지도 않으며, 거기에 관심도 없습니다. 그러나 만일 성경이 그분의 말씀이 아니라면, 성경을 대하는 성령의 태도나 성경과의 관계, 우리를 위해 그것을 다루시는 방법 역시 전적으로 구체적이고도 근본적으로 완전히 달라질 수밖에 없음을 분명히 알아야 합니다.

설사 우리의 주장과는 달리 성경을 그분의 말씀으로 믿을 만한 구체적이고도 특별한 증거가 없으며 성령의 영감을 받지도 않았다 하더라도, 적어도 『유비』(Analogy)가 버틀러의 작품이며 『기독교 강요』(Institutes)가 칼빈의 작품이며 『하나님의 도성』(Civitas Dei)이 어거스틴의 작품인 것같이 성경이 그분의 작품인 것은 분명한 사실입니다. 또한 성경이 어거스틴이나 칼빈이나 버틀러의 책처럼 단순히 훌륭하고 거룩한 책일 뿐이라 하더라도, 그중에서 가장 거룩하고도 훌륭한 책인 것 역시 분명한 사실입니다.

그러나 결국 이러한 주장도 실상 성경을 다른 책과 동일한 범주에 두는 것입니다. 그 모든 책이 신실한 사람이 동일하게 하늘의 도우심과 영향을 받아 기록한 것이며 성경이 좀 더 많은 도우심과 영향을 받았다 할지라도 결국 같은 범주에 속할 뿐이라는 것입니다.

그렇다고 해서 성령께서 이러한 책들과는 전혀 관계가 없거나 전적으로 그것들을 사용하시지 않는다는 말은 아닙니다. 여기서 말하려는 바는 결코 그것이 아닙니다. 물론 성령께서는 어거스틴이나 칼빈이나 버틀러의 책을 사용하실 것이며, 거기에도 복을 내리실 것입니다. 그렇지만 이러한 주장을 따른다면, 성경을 대하시는 성령의 입장이나 성경과의 관계, 그것을 사용하시는 방법은 전문적이고도 특별하며 독특한 방식이 아니라 인간이 기록한 다른 책과 동일하다는 결론에 이르게 될 뿐입니다.

그렇다면 과연 자신의 영원한 안식에 대한 확신을 구하고 있는 우리가 성령께서 성경을 일반 책들과 동일하게 대하신다는 이러한 주장을 따르면서도 만족을 얻을 수 있을까요? 또한 영생을 위하여, 나의 영혼을 위하여 성령께서 성경을 다른 책들과 동일하게 다루신다는 이러한 방식에 만족할 수 있을까요?

적어도 우리의 구원과 관련하여 이러한 관계는 가능한 친밀하고도 특별해야 할 것이며, 성령께서 성경을 사용하시는 방법 역시 더욱 적극적이고도 일관되어야 할 것입니다. 그런데 만약 성경이 성령의 영감을 받지 않았다면, 성령은 이러한 글과 자신을 결코 동일하게 여기실 수 없습니다. 성령은 이 책과 멀리 떨어져 계실 수밖에 없습니다. 성령이 이 책 속에 들어갈 수도 없고, 그것을 자신의 것으로 만드실 수도 없습니다. 성경이 성령께서 직접 기록한 책이 아니기 때문입니다.

만일 그러한 책을 자신의 것으로 인정한다면, 그분의 명예나 거룩함이 침해당할 것이며, 성령께서 모든 오류나 불완전함에 대한 책임을 떠맡게 될 것입니다. 그러나 그럴 수는 없습니다. 성령께서 그것을 어느 정도 이용하실 수는 있겠지만 자신과 동일시할 만큼 전적으로 떠맡으실 수는 없습니다. 그분이 어거스틴이나 칼빈이나 버들러의 책을 유익하게 사용하시는 것처럼 그것을 사용하여 우리 마음에 역사하실 수도 있겠지만, 하나님의 영은 우리에게 침묵하실 것이라는 두렵고도 분명한 사실을 기억해야만 합니다.

그렇습니다! 성령의 음성이나 거룩한 음성이 없다면 교회에는 영원한 침묵만이 있을 것입니다. 비록 성령의 사역이 계속된다 하더라도 그분의 말씀을 들을 수는 없을 것입니다. 성령의 손이 나의 마음에 있다 할지라도 결코 말씀하시지는 않을 것입니다. 그분과 나는 지적인 교감을 나눌 수 없으며, 나의 하나님은 나에게 침묵하실 것입니다.

아버지께서 나에게 아무런 말씀도 하지 않으실 수 있겠습니까? 이처럼 두려운 침묵 가운데서 나에게 날마다 일용할 양식을 주실 수 있겠습니까? 그것을 먹을 수 없을 것입니다. 그분이 여전히 두렵고도 침울한 침묵 가운데서 모세와 선지자들과 사도들의 글을 비롯하여 단순히 인간이 쓴 것에 불과한 책을 통해 우리에게 유익을 주실 수 있겠습니까? 그러한 음성은 들을 수 없을 것입니다. 그리고 나의 마음은 아버지의 음성을 듣고 싶은 열망으로 터져 버릴 것입니다.

그분은 결코 나에게 침묵하실 수 없습니다.

"전능하신 이 여호와 하나님께서 말씀하사"(시 50:1).

나에게 말씀하시는 분은 확실히 하나님이십니다.

"그러므로 그날에는 그들이 이 말을 하는 자가 나인 줄을 알리라. 내가 여기 있느니라"(사 52:6).

"성령이 밝히 말씀하시기를"(딤전 4:1).

"귀 있는 자는 성령이 교회들에게 하시는 말씀을 들을지어다"(계 2:7,29, 3:6,13).

성령은 자신의 말씀 가운데로 들어가셔서 그것을 통해 자신을 표현하십니다. 그분은 결코 자신의 마음과 타협하거나 자신의 생각이나 감정을 억누르지 않으십니다. 왜냐하면 그것이 그분의 말씀이기 때문입니다.

성경은 그리스도의 영이 실제로 '증언'한 바를 표현합니다(벧전 1:11 참고). 그것은 그분의 생각과 정확히 일치합니다. 그러므로 그분은 그것을 버리지 않으실 것입니다. 또한 그것이 그분에게 누가 되거나 해를 끼치지도 않을 것입니다. 그분과 그분이 하신 말씀, 즉 성령과 성경은 완전히 일치합니다. 그러하기에 양자간의 살아 있는 연합이 가능합니다. 그리고 그것이 보장됩니다.

성령과 말씀을 분리한다는 것은 사실상 생각할 수도 없습니다. 말씀은 성령을 통해 능력과 생명을 얻고, 성령은 말씀을 통해 더욱 분명해집니다. 성령이 없는 말씀은 죽은 것이며, 말씀이 없는 성령은 말 못하는 벙어리와 같습니다.

성령이 없는 말씀은 죽은 글이며, 말씀이 없는 성령은 침묵하는 능력입니다.

상아궁에 아름답게 장식된 훌륭한 방이 아무리 많다 해도 왕이 전혀 발걸음을 하지 않는다면 어둡고도 침침하며 황량하고도 추운 곳이 될 뿐입니다. 성령이 거하시지 않는 말씀도 나에게 그와 같습니다. 그러므로 성령과 하나님의 영광으로 가득 찬 집이 되어야 합니다. 성령께서 조용히 수면 위를 운행하고 계실 때(창 1:2 참고)에는 아무리 사모해도 그 마음과 생각을 알 수 없었듯이, 성령께서 말씀을 벗어나 계신다면 성령의 사역 또한 나에게 그러할 것입니다.

그러므로 그분이 나에게 분명한 모습을 드러내셔야 합니다. 그분이 자신에 대해 설명하셔야 하며, 알아들을 수 있는 분명한 음성으로 말씀하셔야 합니다. 그분이 나를 목석같이 죽은 물체로 대하시지 않고, 나를 '살아 있는 영'으로 대하셔야 합니다. 왜냐하면 그분이 '살리시는 영'(롬 8:11 참고)이기 때문입니다. 성령께서 말씀에 생명을 불어넣으셔야 합니다. 말씀이 성령의 마음을 표현해야 합니다. 하나님께서 그렇게 하도록 정하셨습니다. 진정한 성령의 영감이 없다면, 모든 언약은 그 영광과 함께 사라지고 말 것입니다.

우리는 이러한 사고의 흐름을 약간 다른 각도에서 살펴봄으로써 이와 유사한 추론을 할 수 있습니다. 나사렛 회당에서 선지자 이사야의 책이 예수님께, 언제나 우리와 함께 계시는 그분께 건네졌습니다. 예수님이 그 책을 어떻게 읽으셨는지 자세히 관찰해 봅시다. 이것을 더욱 확실히 알기 위하여 예수님이 성경에서 인용하신 부분과 그것에 대해 언급하신 모든 내용을 살펴보고 엄격하게 검증해 보겠습니다. 예수님이 언급하신 내용과 인용하신 부분의 내용을 비교해 봅시다.

이것은 그분이 하신 말씀입니다. 그분은 전적으로 이 말씀에 대한 책임을 집니다. 그분의 신격을 믿는다면, 이 말씀 역시 그분의 말씀이기 때문에 성령의 영감을 받은 무오하고도 거룩한 말씀으로 믿어야 합니다. 사람들은 그분의 입에서 나오는 은혜로운 말씀을 듣고 놀랐습니다. 그 가르침에 권위가 있었기 때문입니다. 그분은 권위 있는 자처럼 말씀했습니다. 그리고는 책을 덮고 "이 글이 오늘 너희 귀에 응하였느니라"(눅 4:21)라고 말씀하셨습니다. 이것은 오류가 없는 진실입니다. 또 "하나님이 보내신 자는 하나님의 말씀을 하느니라"(요 3:34 참고)라고 말씀하셨습니다. 그분의 말씀은 신적인 것입니다.

그렇다면 그분이 인용하신 말씀은 그렇지 않습니까? 성경을 잘 아는 독자들에게 묻겠습니다. 그분의 말씀과 가르침이 육신이 되신 하나님의 입에서 나오는 것이기 때문에 완전하고도 오류가 없으며 신적이라면, 그분의 은혜로운 말씀과 권위 있는 말씀의 근거가 되는 책의 내용은 그것을 인용하신 하나님의 아들의 입에서 나오는 말씀보다 조금이라도 은혜롭지 않거나 권위가 없어야 할 이유가 있습니까?

우리는 예수님이 나사렛 회당에서 선포하신 주님의 은혜로운 말씀을 어떠한 오류도 없는 신적인 말씀으로 믿습니다. 즉, 그분의 말씀을 듣는 사람들은 영원하신 말씀인 그분의 입을 통해 직접 하나님의 말씀을 듣고 있습니다. 그러므로 우리는 나사렛 회당의 이 신적인 화자(speaker)가 자신이 그렇게 조심스럽게 읽은 성경 가운데 아무리 사소한 것이더라도 자신의 생각과 다르게 기록된 부분이 있었다면, 얼마든지 그것을 지적하였을 것이라고 충분히 생각해 볼 수 있습니다. 마찬가지로 성경을 끝까지 읽었다 하더라도 중간에 잘못 읽은 부분이 있다면 다시 처음으로 거슬러 올라가 정정해서 읽을 수 있었을 것이라고 충분히 생각해 볼 수 있습니다.

그러나 편견이 없는 독자라면, 본문을 읽으면서 예수님께서 자신이 인용한 부분에도 자신의 입에서 나온 말씀과 동일한 권위를 부여하고 있다는 사실을 놓치지 않으리라 생각합니다. 예수님은 책을 덮고 '자신의 말(ex se ipso; self existence)'을 시작하셨습니다. 청중은 그분이 읽어 준 말씀보다 더 신적이고 더 무오한 어떤 말씀을 들을 수 있었던 것이 아닙니다.

"이 글이 오늘 너희 귀에 응하였느니라."

이 글을 읽고 있는 예수님은 '이 글(성경)'과 참으로 하나가 되어 자신을 그 안에, 그 복음서 안에 감추셨습니다. 그분은 마치 이 복음적 선지자의 살아 있는 그림 안에서 그들을 바라보시는 것처럼 나사렛 사람들에게 자신의 임재를 드러내셨습니다. 또한 그분은 '이 글' 안에서 자신의 음성을 찾으셨습니다. 그것은 분명히 자신의 음성이었습니다. 이어지는 은혜로운 말씀과 그들을 놀라게 한 권위 있는 가르침 역시 그분의 음성이었습니다.

그렇습니다! 나는 만일 예수님이 성경의 진정성을 그처럼 분명하고도 확실하게 인정하지 않으셨다면, 세상의 빛이요 진리이신 그분이 성경을 그런 식으로 다루시지 않았을 것이라고 믿습니다. 그분은 성경이 자신의 말과 동일하게 영원한 신적 권위를 지닌다는 사실을 확인시켜 주신 것입니다.

앞에서 엄숙한 마음으로 상상해 보았던 장면으로 잠시 돌아가 봅시다. 예수님께서 안식일에 눈으로 볼 수 있는 방식으로 성소에 임재해 계신다고 상상해 봅시다. 그분이 성경을 읽기 위해 일어났습니다. 그때 우리는 절대적으로 영감된 완전하고도 무오한 책, 즉 주님 자신의 책이라고 믿지 않는 책을 어떻게 그분에게 읽으시라고 드릴 수 있겠습니까? 훌륭하고도 좋은 책이기는 하지만 인간이 써서 다소 불완전한 책보다는 그분의 입으로부터 나온 것이 틀림없는 신적인 책이 말하는 바를 그 입을 통해 직접 듣고 싶어하지 않겠습니까? 자신의 신앙을 위해 "주여, 말씀하옵소서. 주의 종이 듣겠나이다"(삼상 3:9 참고)라는 말만 계속 하고 싶어하지 않겠습니까?

성경이 그리스도와 그 영광을 증언한다는 점과 관련하여, 만일 우리가 그리스도의 책이라고 인정하지 않는 어떤 책을 그분께 드리면서 그분의 마음을 알고 싶다거나 진리를 가르쳐 달라고 한다면, 계속해서 주님의 영광을 가리고 그분을 불완전한 자리로 내몰고 있는 것이 아니겠습니까?

그분이 자신의 책인 성경을 읽고 인용하는 데 얼마나 자유로운지를 염두에 두십시오. 그분은 이 책이 자신에게 해를 끼칠 수도 있다고 생각하거나 마치 생소하고 낯선 어떤 것에 자신을 적응시키고 있거나 마음에 들지 않는 불완전한 내용에 자신의 사상을 주입하고 있지 않습니다. 또한 '인간의 지혜로부터 나온 말'과 '성령께서 가르치시는 말씀' 사이에서 엄청난 괴리감을 느끼시지도 않습니다(고전 2:13 참고). 그분은 성령께서 직접 하신 말씀인 성경 안에서 가장 편안해하시며, 그 안에서 가장 적절하고도 정확하며 심오한 표현을 찾아내십니다.

그분의 생각이 애매모호하지 않고 순수한 것처럼 성경은 명확하고도 분명합니다. 그분의 지성이 총명한 것처럼 성경은 빛으로 가득합니다. 성경은 거룩하고도 참되며 선합니다. 성경은 완전하며 은혜와 진리로 충만합니다. 성경은 그분을 계시할 뿐만 아니라 그분 자신의 계시이기도 합니다. 그분이 성경 안에 거하시면서 그것으로부터 빛을 비추십니다. 그분은 결코 자신을 잘못 계시하시지 않습니다.

그런데 만일 성경이 아무리 훌륭한 책이라고 하더라도, 또 어느 정도는 버들러나 어거스틴이나 칼빈의 저서보다 훨씬 더 고상하다고 하더라도, 거기에 하나님의 특별한 뜻이 담겨 있지 않다고 가정해 봅시다. 그렇다면 그 책을 주님께 드렸을 때 그것을 대하시는 주님의 태도는 틀림없이 전적으로 또 본질적으로 달라졌을 것입니다. 이와 같은 경우 만일 그분이 지금 우리와 함께 성소에 계신다면, 성경의 여러 부분에 대해 지적하지 않으실 수 없을 것입니다.

아마도 그분은 모세가 산에서 하나님께서 보여 주신 식양을 정확히 보지 못하고 오해했다거나, 이사야가 자기 속에 있는 그리스도의 영이 의미하는 바를 정확히 제시하지 못했다거나, 요한이 주님의 심오한 강론에 담긴 특정 사상을 온전하게 전달하지 못했다거나, 바울이 데살로니가에 보낸 첫 번째 서신에서 그리스도께서 재림하실 때까지 살아남는 자도 있을 것이라고 잘못 생각했다고(살전 4:15)[4] 지적하셨을지도 모릅니다.

정말 그렇다면, 실제로 교회의 예배가 이렇게 성경에 대한 지적으로 진행되거나 심지어 믿을 수 있는 부분과 믿을 수 없는 부분을 정확히 밝혀 낸다고 할지라도 이러한 욕구를 충족시키기 위해서는 우리 가운데 주님의 육체적 임재가 불가피할 수밖에 없습니다. 그러므로 가난하고도 불쌍한 영혼들은 주님의 승천으로 인해 참으로 엄청난 손해를 감당해야 하는 것입니다. 사정이 이렇다면, 나는 과연 어떤 사려 깊은 사람이 감히 "그가 가시는 것이 더 낫다"라고 주장하는 이유를 증명할 수 있을 것인지 묻지 않을 수 없습니다.

그렇다면 여러분은 실제로 이 위대한 교사가 우리 곁에 계시다면, 자신의 마음에 들 때까지 계속해서 이 교재를 수정해 가면서 우리를 가르치실 것이라고 생각합니까?

과학이나 철학을 가르치는 교사는 자신의 강의 내용과 교재가 다르지 않도록 직접 강의안을 작성합니다. 아마도 그들은 강의 내용에 대한 훌륭한 교재가 이미 시중에 다양하게 나와 있다 하더라도 그렇게 할 것입니다. 그들은 교과 내용을 체계적으로 파악할 수 있는 자신만의 비법을 가지고 있습니다. 그들에게는 그것을 자연스럽게 제시할 수 있는 특유의 감각이 있습니다. 또한 그것을 전달할 때 특별히 선호하는 표현 방식과 전개 요령이 있습니다.

그들은 교재를 고를 때, 이따금씩 표현 방식을 개선하거나 생략할 내용이 있거나 더욱 체계적이고도 일반적이며 이해하기 쉬운 내용이나 포괄적인 내

---

[4] 이 부분은 성경의 영감을 비웃는 자들이 자주 지적하는 부분입니다. 그러나 나중에는 이것에 대한 시각이 다소 달라졌습니다(살후 2:1-3 참고).

용으로 바꾸어야 할 필요가 있는 책을 선택하지는 않을 것입니다. 특히 그가 자신의 분야에 대해 지대한 공헌을 했거나 어떤 것을 직접 발견했다면, 그 분야를 잘 알지도 못하는 문외한이 쓴 책을 통해 그 분야에 대한 자신의 업적에 대해 가르치는 것을 당연히 모욕스럽게 느끼고 분노할 것입니다. 그가 발견한 바가 아무리 방대한 내용이라 할지라도, 그것이 이미 다른 사람에 의해 오랜 세월 수많은 실험과 관찰과 지혜와 지식의 유산으로 축척되어 내려왔다고 할지라도, 그는 자신만의 교재를 만들어 사용할 것입니다.

이러한 논리를 우리의 논제에 조심스럽게 적용해 봅시다. 그리스도 안에는 '지혜와 지식의 모든 보화가 감추어져'(골 2:3) 있습니다. 구원이라는 신적 학문에서 발견되는 모든 것은 오직 그분의 것입니다. 그분에게는 어떤 전례도, 동료도 없습니다. 그분만이 계시자(revealer)이십니다.

"본래 하나님을 본 사람이 없으되 아버지 품속에 있는 독생하신 하나님이 나타내셨느니라"(요 1:18).

그분은 이 위대한 교재가 완전한 자신의 책이라고 주장하십니다. 그분은 가장 거룩한 자신의 말씀을 통해 자신이 발견한 바를 가르치십니다. 그분은 자신의 말씀과 성령으로 우리의 구원에 관한 하나님의 뜻을 우리에게 드러내시는 선지자로서의 사명을 감당하십니다. 성령이 그분의 영이신 것처럼, 말씀도 확실히 전적으로 그분의 것이며 온전히 그분의 언어입니다. 그것은 성령의 절대적 영감을 받아 기록된 바 전혀 오류가 없는 하나님의 책입니다.

만일 그렇지 않다고 가정해 보십시오. 영원한 말씀이 이 땅에 육체로 임재해 계시는데 그분이 사용하시는 그 성경이 온전히 그분의 것이 아니라면, 그것은 우리에게 얼마나 어리석고도 뻔뻔한 일이며 주님께 무례한 일이겠습니까? 모든 상한 심령과 간절한 영혼들은 마치 '많은 물소리'(겔 43:2)와 같이 한목소리로 "기묘자요 모사이신 그리스도여! 당신의 자녀들의 발의 등이요 길의 빛인 폐할 수 없는 온전한 말씀을 간절히 사모합니다"(사 9:6, 시 119:105 참고)라고 부르짖지 않겠습니까? 이것이야말로 선한 기도가 아니겠습니까?

그러나 나는 그분이 우리가 가진 가장 합당하고도 선한 이 소원을 이미 알고 계시리라 믿습니다. 또한 그분의 교회가 가지고 있는 거룩하고도 지혜로운 소원은 영원하신 사랑의 섭리 안에서 교회의 모든 필요를 채워 주시기 위해 예비된 바를 넘어설 수 없다고 믿습니다. 반드시 그 안에서 찾아야 하며, 또한 그것으로 충분하다고 믿습니다. 따라서 성경이 영감되지 않은 불완전한 책이라면, 그로 인하여 거침없이 흘러나오는 거룩한 탄식과 선한 소원은 하나님께서 교회 안에 예비하지 않으신 것을 떳떳이 요구할 자격을 부여하는 것이며, 결국 우리가 기쁘게 섬기는 위대한 이름의 영광을 빼앗는 것이 되고 말 것입니다. 왜냐하면 우리는 그분의 이름으로 '우리 가운데서 역사하시는 능력대로 우리가 구하거나 생각하는 모든 것에 더 넘치도록 능히 하실'(엡 3:20) 이를 섬기고 있기 때문입니다.

IV. 십자가와 영원한 회생

이제 우리의 논제는 가장 큰 난관에 봉착하였습니다. 우리는 과연 복음서의 정점이라고 할 수 있는 이 부분에서도 그리스도의 임재를 확인할 수 있을까요? 생명의 주께서 자신의 죽음에 관해 기록하고 있는 이 말씀 가운데도 임재해 계실까요? 이제 영광 가운데 영원히 존귀하게 되신 주께서 지금도 수치와 저주로 가득한 갈보리의 십자가에서 우리를 바라보고 계실까요? 우리 안에서 자신의 죽음을 영원히 유지하신다는 특이하고도 역설적인 행위를 임마누엘에게 기대한다는 것은 헛된 환상이 아닐까요? 이러한 난관 앞에서 우리의 원리가 이대로 주저앉고 마는 것일까요? 과연 이 원리가 십자가라는 관문도 무사히 통과할 수 있을까요?

우리는 본문이 좌절 대신 더욱 결정적인 증거와 온전한 빛을 드러내며, '예수 그리스도와 그가 십자가에 못 박히신 것'(고전 2:2)이 지니는 의미를 보여 줄 것이라 믿습니다.

만일 그리스도의 죽음이 단지 고통스러운 형벌을 수동적으로 참아 낸 것에 불과하거나, 그의 전기에 기록된 우발적인 사건에 불과하거나(물론 이러한 관점에서는 이천 년 전 과거의 어느 한 사건으로 볼 수 있을 것입니다), 하나님의 통치 안에서 일어나는 하나의 임시방편이요 더욱 궁극적이고도 중요한 계획을 위한 예비 단계로서 이제 십자가가 이러한 목적을 달성하였으므로 우리의 시야에서 멀어져 버린 것이라면, 이들 중에서 그 어떤 가정을 택하더라도 그리스도께서 자신의 죽음에 관해 기록한 말씀 가운데 지금도 임재하셔서 살아 계신다고 주장하기는 어려울 것입니다.

그러나 그리스도는 단순히 고통스러운 형벌을 당하신 것이 아니라, 제물로서 희생되셨습니다. 또한 그리스도의 죽음은 단순히 과거에 일어난 우발적인 사건이 아니라 지금도 존재하는 하나의 실재입니다. 그리고 그것은 예비적 성격을 가진 임시방편이 아니라 대속물(substitution)로서의 죽음입니다.

이러한 관점에서 볼 때 단번에 드려진 십자가의 희생은 영속적입니다. 그것은 지금도 살아 있습니다. 십자가의 희생은 정확히 말씀 속에 임재해 있는 살아 계신 그리스도를 우리에게 계시합니다. 따라서 우리는 이미 지나간 과거의 죽은 기록을 가지고 있는 것이 아니라 현재적이고도 영원한 희생에 대한 살아 있는 계시를 가지고 있는 것입니다. 따라서 우리는 예수 그리스도께서 십자가에 못 박히신 것을 밝히 볼 수 있습니다.

"어리석도다 갈라디아 사람들아, 예수 그리스도께서 십자가에 못 박히신 것이 너희 눈앞에 밝히 보이거늘 누가 너희를 꾀더냐"(갈 3:1).

그렇다면 이제 이 십자가의 희생을 세 가지 관점에서 살펴보겠습니다. 첫째, 영원하신 성령을 통해 드려진 제물이라는 사실 속에서, 둘째, 하늘의 영광의 보좌에 앉아 계시다는 사실 속에서, 셋째, 모든 시대마다 믿음으로 전유(appropriation)할 수 있다는 사실 속에서 그 희생의 영속성을 찾아보고자 합니다. 이것이 곧 십자가의 중요한 특징입니다.

1. 영원하신 성령을 통해 드려진 영원한 제물

"영원하신 성령으로 말미암아 흠 없는 자기를 하나님께 드린 그리스도"(히 9:14).

본문은 영원하신 성령이 그리스도의 죽음에 개입하여 특별한 결과를 초래했다고 선언합니다. 성령으로 말미암아 그리스도가 거룩한 수난은 물론 죽음에까지 순종하실 수 있었다는 것입니다.

그리스도는 참으로 거룩한 대리인(agent)이었습니다. 그분은 고난을 받아 죽음에 이르기까지 결코 꺾이지 않는 대리인이자 행위자였습니다. 그분은 적극적이고도 능동적으로 자신을 드렸습니다.

그분은 죽임 당한 어린양이요 희생 제물이었을 뿐만 아니라 죄를 속하는 제사장이었습니다. 곧 우리가 믿는 도리의 사도이시며 유일한 대제사장이었습니다(히 3:1 참고). 그분의 제사장 직분은 레위 지파의 제사장들처럼 죽음으로 말미암아 끝나 버림으로써 감당하지 못하게 되는 것이 아닙니다(히 7:23 참고). 그분은 오히려 죽음을 통해 온전한 영광 가운데로 들어가셨으며, 제사장으로서 자신을 하나님께 제물로 드리는 가장 영예로운 행위를 통해 큰 능력을 발휘하셨습니다. 그분은 오직 성령으로 말미암아 자발적으로[5] 고난받으셨을 뿐만 아니라 능력으로 제물이 되심으로써 최상의 제사장 직무를 감당하셨습니다.

그렇다면 그리스도께서 성령으로 말미암아 자신을 제물로 드림으로써 얻은 전반적인 승리에 대해 살펴봅시다. 그리스도는 능동적으로 순종하였으며, 적극적인 책임감과 능력을 발휘하였습니다. 그리스도의 죽음이라는 대리 행위가 이 사건과 관련된 다른 모든 행위나 대리 행위를 얼마나 능가하고 승리하였는지 생각해 보십시오.

십자가의 죽음에는 여러 세력들의 활발한 활동이 발견됩니다. 특히 공격이 더욱 치열하고도 강력해졌습니다. 지금 세상은 마치 커다란 재판과 같은 중대한 국면에 접어들었습니다. 이것은 그리스도께서 이 땅에 계시는 동안 일어난 일 중 가장 놀라운 사건입니다. 모든 대리인이 이곳에 모여 함께 전력을 다해 자신의 역할을 수행하고 있습니다.

첫째, 사람의 역할이 있습니다. 다양한 계층의 여러 유형의 사람들이 이곳에 모였습니다. 교회와 나라, 유대인과 이방인, 대제사장과 그를 따르는 무리들로 구성된 배교한 교회가 헤롯과 본디오 빌라도를 중심으로 한 정부 당국과 합세하여 모두 이곳에 모였습니다.

"과연 헤롯과 본디오 빌라도는 이방인과 이스라엘 백성과 합세하여 하나님께서 기름 부으신 거룩한 종 예수를 거슬러 하나님의 권능과 뜻대로 이루려 예정하신 그것을 행하려고 이 성에 모였나이다"(행 4:27,28).

그들은 대리인을 통해 그리스도의 죽음에 개입합니다.

"그가 하나님께서 정하신 뜻과 미리 아신 대로 내준 바 되었거늘 너희가 법 없는 자

---

[5] 자발적이라는 표현도 이 위대하고도 영광스러운 사역을 다 표현하기에는 턱없이 부족합니다. 지극히 작은 고난이라면 자발적으로 고난받을 수도 있기 때문입니다.

들의 손을 빌려 못 박아 죽였으나"(행 2:23).

"그들이 그 찌른 바 그를 바라보고"(슥 12:10).

둘째, 사탄의 활동을 볼 수 있습니다. 사탄은 반역자들을 충동질하였습니다. 그는 사나운 군중들에게 폭력적인 악을 불어넣고 시기로 가득한 제사장들과 서기관들을 부추겨 사악한 일을 행하게 하였습니다. 그리고 갈등하는 빌라도를 흔들어 양심의 가책과 불안한 마음을 덮어 버리게 하였습니다. 사탄이 그리스도의 죽음에 개입하는 것은 예견된 일이었습니다. 뱀이 약속된 후손의 발꿈치를 물기로 예정되어 있었기 때문입니다.

셋째, 그리스도의 죽음에는 아버지의 직접적인 손과 그분의 대리 행위가 있었음을 인정해야만 합니다. 하나님은 영원한 계획과 목적에 따라 그것을 미리 정하셨습니다. 그리고 약속한 때가 되자 하나님의 손과 행위가 적극적으로 개입하였습니다. 대속물이요 보증인이신 그리스도께서 죄인을 위하여 피고석에 서자 아버지는 법정에 앉아 재판장으로서의 역할을 수행하셨습니다. 우리를 대신하여 그분을 죄로 삼으신 분이 바로 하나님이십니다. 하나님이 우리의 모든 죄를 그리스도에게 지우셨습니다. 그를 상하게 하신 것은 바로 하나님의 뜻이었습니다. 아버지는 "칼아 깨어서 내 목자, 내 짝 된 자를 치라"(슥 13:7)라고 말씀하셨습니다.

그리스도의 죽음은 이러한 세 가지 관점에서, 즉 서로 다른 세 가지 활동의 동기나 그것과 관련된 대리 행위와 다양한 전개 방식의 측면에서 살펴보아야 합니다. 사람의 입장, 또는 사람의 행위에 초점을 맞추면 그것은 범죄 중에서도 가장 악한 범죄입니다. 사탄에게 초점을 맞출 때 그것은 실패 중에서도 가장 큰 실패입니다. 그리고 아버지의 입장, 또는 그분의 행위에 초점을 맞추면 그리스도의 죽음은 하나님의 신성과 위엄과 율법과 통치의 영광이 드러난 사건이며, 동시에 형벌 중에서도 가장 의롭고도 거룩한 고난의 형벌입니다.

이렇게 세 가지의 서로 다른 행위는 그리스도의 죽음에 동시에 총력을 기울여 개입하였습니다. 그래서 범죄와 실패와 형벌이라는 요소는 극대화될 수밖에 없었습니다. 이러한 상황에서 그리스도의 행위를 찾아볼 수 있을까요?

우리를 대신하여 죄로 삼으신 바 되어 죽어 가는 하나님의 어린양을 보십시오! 사람(고문과 사형 집행을 위한 도구로 무장한 인간의 손)과 사탄(가장 악한 지옥의 독을 바른 화살)과 하나님(그가 언제나 경외하고 사랑했던 전능자가 임마누엘의 영혼을 향해 맹렬하게 휘두르고 계신 진노로 불타는 공의의 칼)에 의해 고통당하고 계시는 그분을 보십시오! 진노와 재앙이 정점에 달한 지금, 고난의 종이신 그분이 이 엄청난 충격과 고통을 견디실 수 있을까요?

지옥(사탄)과 땅(사람)과 하늘(하나님)이 모든 힘을 다해 그분을 겨냥하고 있습니다. 각각 목적은 전혀 다르지만 목표는 동일합니다. 그들은 각자 전력을 다해 활시위를 당겨 그리스도를 조준하고 있습니다. 그분의 고뇌와 고통이 극에 달하였습니다. 그분이 이 폭풍을 피할 수 있을까요? 이 엄청난 파도에 밀려 가라앉을 수밖에 없는 것일까요? 그분이 여전히 아무런 불평 없이 묵묵히 참고만 있는 것은 혹시 힘이 없어 당할 수밖에 없기 때문은 아닐까요? 그래서 마치 털 깎는 자 앞에서 잠잠한 양같이 입도 열지 않고 묵묵히 참고만 있는 것은 아닐까요? 이것이 그분의 영원한 영광의 끝입니까? 그렇습니까?

아닙니다. 결코 그렇지 않습니다. 이것은 십자가의 영광의 절반에도 미치지 못하며, 예수님의 십자가의 뛰어난 도덕적 위대함의 만분의 일조차도 안 됩니다. 그분의 절대적인 능력과 자발적인 행위는 결코 침범당하거나 방해받지 않습니다. 그분은 죽기까지 순종하심으로써 결국 사망을 이기고 그것을 멸하셨습니다. 그분은 죽었으나 여전히 살아 승리하신 영광의 대리인이십니다. 그분은 끝까지 변절하지 않고 맡겨신 본분을 다하심으로써 승리를 쟁취하셨습니다.

사람들은 그분에게 십자가를 지우고 온갖 고통과 모진 고문을 가하였으며, 치밀하게 계획하고 꾸민 잔학한 행위로 그분을 괴롭혔습니다. 그러나 그들은 그분을 이기지 못했습니다. 실로 대적 인간은 전력을 다해 생명의 주를 공격하였으나 역부족이었습니다. 참으로 그분의 십자가는 인간의 모든 힘으로도 감당할 수 없는 승리의 병거였습니다.

사탄도 그분을 공격하였습니다. 잠시 어둠의 세력을 허락받은 이 세상 신은 그리스도를 공격하는 일에 온 힘을 쏟아 부었습니다. 보이지 않는 싸움에서 다시 시작된 그의 공격은 무섭고도 집요했습니다. 그는 공격 대상이 자원하여 손발이 묶인 채 고통의 십자가 위에서 피를 흘리고 있는 취약한 시간을 틈타 모든 악한 영들과 어둠의 세력을 동원하여 그분을 공격하였습니다.

"활 쏘는 자가 그를 학대하며 적개심을 가지고 그를 쏘았으나 요셉의 활은 도리어 굳세며 그의 팔은 힘이 있으니 이는 야곱의 전능자 이스라엘의 반석인 목자의 손을 힘입음이라"(창 49:23,24).

그러나 정작 이날을 결전의 날로 택하여 갈보리 언덕에서 못 박히신 메시야를 죽음으로 이끌어 가는 이 일은 사탄이나 그를 따르는 무리에게서 나온 것이 아닙니다. 그날 성부께서는 어둠 속에 자신의 얼굴을 숨기시고, 그리스도의 부르짖음에 단 한 마디도 대답하지 않으셨습니다. 그리스도에게 돌아온 유일한 대답은 거듭해서 내리치는 하나님의 칼뿐이었습니다. 하나님은 칼을 깨워 그분을 치게 하셨습니다. 독생자가 세상에 임하실 때 수종들었던 천사들은 그리스도를 향한 사랑과 성부에 대한 충성이 극심한 고통 가운데 있는 거룩한 가슴의 말할 수 없는 고뇌와 맞닿아 터져 나오는 격정을 도저히 참을 수 없었습니다.

"오호라 여호와의 칼이여, 네가 언제까지 쉬지 않겠느냐? 네 칼집에 들어가서 가만히 쉴지어다"(렘 47:6).

상황이 그렇다면 그분은 아무런 저항도 하지 못한 채 희생 제물이 될 수밖에 없었던 것이 아닐까요? 그처럼 불리한 조건에서 모든 것을 체념하고 받아들일 수밖에 없었던 것이 아닐까요? 그렇다면 어떻게 그분이 그로 인해 영원한 영광과 기적을 얻으셨다고 말할 수 있겠습니까?

아닙니다. 결코 그렇지 않습니다. 예수님은 모든 인간의 고문과 사탄의 화살과 내리치는 성부의 칼을 능히 참아 내셨습니다. 보십시오. 그분은 가장 약한 순간에도 이 모든 것을 견딜 수 있을 만큼 강하셨습니다. 그분은 결코 위축되거나 포기하거나 보류하지 않았습니다. 그분은 여전히 살아 계신 승리의 구세주이십니다. 그분은 연약한 인간을 자신으로부터 멀리 떼어 놓으셨습니다. 그분은 실패한 사탄을 어둠 속으로 쫓아내셨습니다. 그분은 성부의 모든 진노를 감당하셨습니다. 그분의 상한 영혼은 모든 저주의 잔을 받았습니다.

그분은 어둠의 권세와 시간을 통과하셨습니다. 그분은 모든 진노를 짊어지고 강력한 저주의 끈을 끊어 버렸습니다. 그분은 죄를 멸하셨습니다. 그분은 사탄을 정복하고, 악한 영들과 그 세력을 무너뜨리셨습니다. 그분은 자신의 백성을 고소하는 기소장을 찢어 십자가에 못 박으셨습니다.

그분은 비천한 인간이 되어 중보자로서의 위격이 극도로 취약해진 때에 이 모든 일을 행하셨습니다. 함께하는 자가 아무도 없는 가장 열악한 환경 속에서 이 모든 일을 행하셨습니다. 대적은 모든 기회를 허락받았습니다. 성부께서는 얼굴을 감추고 법적인 처벌만을 내리셨습니다. 그리스도의 몸은 심히 고통스러웠으며, 그 영혼은 극도의 비탄에 빠졌습니다.

그러나 이제 사람들의 초라하기 짝이 없는 광란이 끝나고 사탄의 궤계가 실패로 돌아갔습니다. 죽음이 정복되고, 공의가 "다 이루었다"라고 외칠 준비를 끝냈으며, 칼은 오히려 그분의 뼈가 하나도 꺾이지 않도록 그분을 지키고 있습니다. 그 어떤 공격으로도 그분을 가둘 수 없으며, 오직 그분의 행위만이 계속되고 있습니다. 바싹 마른 그분의 입에서 승리의 부르짖음이 터져 나오고, 아버지의 사랑의 빛이 다시 그분을 비춥니다. 그분의 눈앞에는 구원받은 영혼들의 기쁨이 가득하고, 그분의 손에는 승리의 깃발이 펄럭입니다. 그분은 이제 아들로서 하나님을 "아빠 아버지"(막 14:36)라 부르며 자신의 영혼을 아버지의 손에 맡깁니다.

승리자는 이렇게 돌아가셨습니다. 적극적이고도 자발적으로 스스로 양을 위한 속죄 제물이 되어 자신의 생명을 하나님께 드리신 것입니다. 이것이야말로 하나님께 향기로운 제물이 아니고 무엇이겠습니까?

한편으로 아버지를 향한 그리스도의 사랑 역시 결코 반박할 수 없는 특별한 증거를 받았습니다. 그분의 말씀이 성취되었습니다.

"이 세상의 임금이 오겠음이라. 그러나 그는 내게 관계할 것이 없으니"(요 14:30).

예수님은 사탄과 싸워 이기고 그 머리를 밟으셨습니다. 예수님은 그를 멸하고 승리하셨음을 십자가에서 분명히 보여 주셨습니다. 사탄은 힘을 잃었습니다. 그리스도는 사탄의 힘이 아니라 자신의 분명하고도 확실한 의지로 양을 위해 자신의 생명을 주셨습니다. 이를 통해 비록 눈먼 세상이라 할지라도 그분이 '아버지를 사랑하는 것과 아버지께서 명하신 대로 행하는 것'(요 14:31)을 분명히 알게 될 것입니다. 그리고 아버지께서는 자신을 향한 사랑을 증명한 아들을 받으시고 영접하실 것입니다.

"내가 내 목숨을 버리는 것은 그것을 내가 다시 얻기 위함이니 이로 말미암아 아버지께서 나를 사랑하시느니라"(요 10:17).

또 한편으로 예수님은 자기 백성을 향한 사랑에 대하여 의심할 여지 없는 풍성한 증거를 얻게 되었습니다. 그분이 이 싸움에서 자신의 나약함 때문에 수동적으로 당하기만 한 것이라면, 그분의 죽음으로 우리를 향한 지극한 사랑을 표현하기는 어려웠을 것입니다. 또한 그를 향한 저주나 지옥, 악한 세상이나 모든 것을 삼켜 버리는 사망의 힘에 대해서도 할 말이 없었을 것입니다. 그러나 사망의 세력과 세상과 지옥의 악한 영들이 모두 실패하여 무너지고 쫓겨났습니다. 그리고 의의 법의 저주 역시 우리의 저주를 짊어진 복되신 이의 생명과 힘을 고갈시키지 못했습니다. 우리를 능히 구원하실 그분이 승리하신 것입니다.

이러한 사실들을 통해 우리는 그 죽음이 전적으로 우리를 향한 사랑 때문이었음을 깨닫습니다. 그분이 '교회를 사랑하시고 그 교회를 위하여 자신을 주신 것'(엡 5:25 참고)과 '나를 사랑하사 나를 위하여 자기 자신을 버리신'(갈 2:20) 것을 깨닫습니다. 그분이 생명을 빼앗긴 것이 아니라 스스로 버리셨기 때문입니다.

"이를 내게서 빼앗는 자가 있는 것이 아니라 내가 스스로 버리노라"(요 10:18).

나는 부드러움과 연민이 많은 간청일수록 더욱 진실하고 힘이 있다고 믿습니다.

"나는 선한 목자라. 선한 목자는 양들을 위하여 목숨을 버리거니와"(요 10:11).

그분은 자신을 '티나 주름 잡힌 것이나 이런 것들이 없이'(엡 5:27)(도덕적 미덕으로 치장하는 대신 아름답고도 영광스러우며 탁월한 여호와의 가지가 되어) 온전한 제물로 하나님께 드림으로써 영원한 의를 이루셨습니다. 그분은 율법의 위대한 계명을 온전히 지키셨습니다. 그리고 하나님을 사랑하고 신뢰하며 순종하였을 뿐 아니라 하나님이 어둠 가운데 침묵하시고 진노의 불길 가운데 버려두실 때에도 변함없이 하나님을 의지하였습니다. 그분은 형제를 사랑하였으며, 그들의 저주를 지고 그들을 대신하여 생명을 내주셨습니다.

영원하신 성령은 그리스도와 한량없이 함께하시면서 이 모든 일을 감당할 수 있도록 그를 붙드시고 능력을 공급해 주셨습니다. 그리스도는 이 영원하신 성령으로 말미암아 자신을 하나님께 제물로 드렸습니다. 그리고 이 성령으로 말미암아 자신의 죽음을 기록한 말씀 가운데 임재하심으로써 그 말씀이 결코 과거의 죽은 기록이 아니라 지금도 살아 있는 현재적 기록이며 죽었다가 다시 사신 자신에 대한 계시가 되게 하셨습니다. 그분은 죽음의 순간에도 여전히 살아 계시는 것입니다.

죽음은 생명이 사망에게 정복당해 끊어지는 것을 의미합니다. 그러나 그리스도는 죽음을 통해 생명으로 사망을 정복하고 그것을 멸하셨습니다. 만일 그렇지 않았다면, 그분의 살아 계신 임재가 그분의 죽음에 대해 기록한 말씀을 통해 우리를 비추신다는 생각은 근본적인 모순과 부조화를 안고 있는 것입니다. 그러나 죽음을 통해 자신을 하나님에 대한 산제물로 드리신 그분이 죽어 가는 순간에도 그 죽음 가운데 살아 계신 자로서 기록된 말씀을 통해 우리를 바라보고 계시지 않습니까? 이렇게 드려진 영원한 희생 제물! 그분이 기록된 말씀 속에 거하신다면 바로 이 부분에서 더욱 확실히 드러나시지 않겠습니까? 이 장면이야말로 그분의 위대한 중보 사역을 탁월하게 드러낼 뿐만 아니라 영광스러운 그분의 중보 사역의 가장 근본적인 요소들을 계시하지 않습니까?

그리스도의 죽음이 단순히 수동적으로 받아들일 수밖에 없는 사건이었다면, 그것이 전혀 실제적인 속죄가 될 수 없었다고까지 주장하기는 어려웠을지 몰라도 적어도 그 사건의 영원성에 대해서는 특별히 확인할 것이 없었을 것입니다. 단지 고통을 수동적으로 참아 낸 것이라면, 그것은 이미 지나간 과거의 사건에 불과할 뿐이기 때문입니다.

그러나 그분은 영원한 은총을 받았습니다. 수치가 무한한 영광에 가려 사라지고 고통이 강물 같은 복에 뒤덮여 쓸려 나갔습니다. 이와 같이 살아 계신 은총과 영광의 주께서 단순히 수동적일 뿐인 고통과 수치스러운 죽음에 대한 기록 속에 임재해 계신다는 것이 우리의 주장이라면, 차라리 이러한 시도를 포기하는 편이 나을 것입니다. 이보다 더 상상할 수도 없는 부조화는 꿈에서도 찾아보기 힘들 것입니다.

예수님의 죽음은 자신을 제물로 드린 희생적 죽음입니다. 그것은 그분이 지금까지 거룩과 사랑으로 행하신 행동 중에서도 가장 위대한 행동입니다. 그분의 흠 없는 인성 안에 존재하는 모든 활동 원리(active principle), 곧 영원하신 성령으로 말미암아 최상의 도덕성을 발휘하게 하는 원리가 가장 순수한 아름다움과 가장 강력한 힘을 발휘한 것입니다. 그분의 희생이 단지 십자가를 참아 낸 것에 불과하다면, 벌써 이 사건은 사라지고 말았을 것입니다. 그러나 그리스도의 죽음은 적극적인 중보 사역이기 때문에 사라지지 않습니다.

그분이 자신을 하나님께 흠 없는 제물로 드릴 때에도 중보자의 영혼 속에 있는 이 본질적 원리가 활동하고 있었으며, 그분의 영혼이 낙원에 임할 때에도 이러한 성령의 본질적 원리가 그분과 하나가 되어 중보 사역을 계속했고, 지금도 그분과 함께 부활의 영광 가운데 있습니다. 제물이 된 그분에게서 활동하고 있던 원리는 한마디로 율법(교훈)에 대한 사랑이었습니다. 그분은 율법을 크게 하고 존귀하게 하셨습니다(사 42:21 참고). 그리고 이러한 본질적 요소가 그분과 함께 제사장의 보좌로 나아갔습니다.

십자가의 의는 영원한 의입니다.

"나의 구원은 영원히 있고 나의 공의는 폐하여지지 아니하리라"(사 51:6).

이제 십자가의 의는 수치와 슬픔과 어둠과 무서운 진노에 둘러싸여 있지 않습니다. 십자가를 무너뜨리지는 못하면서도 그것을 무겁게 짓누르고 있었던 죄의 눌림을 받지 않아도 되며, 그를 공격하던 죽음과 싸울 필요도 없습니다. 십자가를 둘러싸고 있던 온갖 것들이 제거되었습니다. 의의 제물은 대립하고 있던 죽음에서 벗어나 풀무를 통해 온전하게 되었으며, 지고한 율법을 존귀하게 하는 중보자로서의 사역 속에 영원히 살아 있게 되었습니다. 이 살아 있는 의가 그분의 말씀과 승리의 계시를 믿는 자들을 환하게 비추시지 않습니까? 살아 계신 그리스도가 갈보리의 십자가에 여전히 임재하여 우리를 바라보고 계시지 않습니까?

2. 하늘의 영광스러운 보좌에 앉으신 제물의 영원성

"내가 또 보니 보좌와 네 생물과 장로들 사이에 한 어린양이 서 있는데 일찍이 죽임을 당한 것 같더라"(계 5:6).

갈보리의 희생은 단순한 과거의 사건이 아닙니다. 만일 그것이 단지 과거에 일어났던 하나의 사건이라면, 그 결과는 영원할지 몰라도 그 사건 자체는 결코 영원한 것이 될 수 없을 것입니다. 그것은 단지 지나간 사건이 아니라 현존하는 실재(substantive)입니다. 그것은 단지 중보자에 관한 말씀 속에 기록된 한 사건이 아니라 중보자 자신입니다. 죽임 당하신 하나님의 어린양이신 이 중보자가 자신에 관해 기록된 말씀 가운데 자신을 분명히 드러내고 계십니다.

그리스도의 제사장 직분과 관련하여 제사장과 제물은 동일합니다. 그분이 제물을 드리는 제사장인 동시에 드려진 제물인 것입니다. 그분이 드린 제물은 바로 자기 자신입니다. 그리고는 제사장으로서 보좌에 앉으셨습니다. 히브리서는 주로 대제사장이신 그리스도와 관련하여 보좌를 찬양하는데, 사실상 이것이 히브리서가 주장하는 위대한 진리의 요점입니다.

"지금 우리가 하는 말의 요점은 이러한 대제사장이 우리에게 있다는 것이라. 그는 하늘에서 지극히 크신 이의 보좌 우편에 앉으셨으니"(히 8:1).

또한 요한계시록은 제물로서 보좌에 앉으신 그리스도와 관련하여 그 보좌를 찬양합니다.

"내가 또 보니 보좌와 네 생물과 장로들 사이에 한 어린양이 서 있는데 일찍이 죽임을 당한 것 같더라."

이처럼 제물이 보좌에 앉으신 것은 하늘에 속한 영광스러운 영속성을 말해 줍니다. 제물의 영광과 그것이 하늘에 속했다는 것과 그 영속성을 말해 주는 것입니다.

1) 희생의 영광

제물이 하나님의 보좌에 앉기까지 존귀해지신 것은 그 제물의 초월적인 영광을 보여 줍니다. 대속의 희생 제물의 영광이 무엇입니까? 그것은 곧 제물의 효력입니다. 그 제물은 상처받은 입법자(율법의 수여자)와 화목하게 하며, 죄악을 용서하며(단 9:24 참고), 양심을 죽은 행실에서 깨끗하게 하고 살아 계신 하나님을 섬기게 합니다(히 9:14 참고). 이러한 모든 영광은 초월적인 방식으로 갈보리의 희생에 임하게 되었습니다. 그렇지 않다면 어떻게 이 대속의 희생 제물이 영광의 보좌에까지 올라갈 수 있었겠습니까?

이 영광은 십자가에서 제물로 드려진 순간 그분의 것이 되었습니다. 제물이 존귀하게 되어 원래 없었던 새로운 영광을 얻게 된 것이 아닙니다. 그 영광은 이 제물이 받아야 할 마땅한 대우요 합당한 결과였습니다. 원래부터 내재되어 있던 도덕적 영광과 영적 영광이 찬란한 빛을 드러낸 것일 뿐입니다. 수치의 덮개가 치워지고 '예수 그리스도와 그가 십자가에 못 박히신 것'(고전 2:2)의 의미가 온전히 드러났습니다. 그리하여 그곳에 있던 영광이 환하게 드러났습니다.

그때까지 영광은 감추어져 있었습니다.

"그는 주 앞에서 자라나기를 연한 순 같고 마른땅에서 나온 뿌리 같아서 고운 모양도 없고 풍채도 없은즉 우리가 보기에 흠모할 만한 아름다운 것이 없도다"(사 53:2).

참으로 영광이 감추어져 있었으며, 그분은 연약과 고통과 수치 가운데 십자가에 못 박히셨습니다. 이 희생제사는 사람으로 인해 저주받은 이 땅의 초라하고도 격이 떨어지는 제단에서 드려졌습니다. 또한 순수하고도 의로운 사람들이 역겨워할 수밖에 없는 환경에서 매우 조잡하고도 편협한 구경꾼들이 보는 가운데 거행되었습니다. 마치 십자가의 이 믿을 수 없는 치욕, 유대인에게 거치는 돌이 될 이 치욕을 덮어 버리기라도 할 것처럼 제구시가 될 때까지 하늘의 해가 빛을 잃고 온 땅에 어둠이 깔렸습니다. 모든 영광이 가려진 것입니다.

이성적으로 생각할 때 갈보리의 어린양이 제물이 된 것은 성문 밖에서 수치스럽게 진행된 매우 일시적인 사건입니다. 사건에 소요된 시간도 길지 않았습니다. 좁은 공간에서 몇몇 사람들만이 대부분 경멸에 찬 눈으로 그 사건을 목격하였습니다. 그리고 이 수치스러운 제단인 저주의 십자가에서 피로 물든 유월절 어린양이 도살되자 그들은 바리새인의 안식일이 시작되기 전에 서둘러 무덤으로 옮겨 버렸습니다.

이러한 희생에 대해 형제를 참소하는 자 사탄이 자신의 패배를 인정하고 모든 것을 양보할 것 같습니까? 화목하게 하는 제물의 본질과 효력을 인정할지는 몰라도 사탄은 거기에 매혹되는 자를 비난하고 오히려 십자가 안에서 우리의 믿음이 자랑하는 열심을 더 좋아하지 않겠습니까?

이처럼 제물이 무덤으로 끝난 것 같다 하더라도 모든 면에서 그 가치와 효력이 없는 것은 아닙니다. 오늘날 우리가 사는 이 세상의 관점으로 보면 오히려 그것이 상당한 매력과 가치를 지닐 수도 있습니다. 이 세상에서 흔히 일어나는 여느 사건과 마찬가지로 이 땅의 한쪽 구석 초라한 무대에서 일어난 이 일에 대해 다소 특별한 의미를 부여할 수도 있습니다. 그러나 다른 모든 사건과 마찬가지로 시간이 지나면 그 의미도 사라지고 말 것입니다. 어쩌면 역사적으로 꽤 유명한 사건이 될지도 모릅니다. 그러나 세상의 역사는 이 일을 감당하기에 너무나 보잘것없습니다. 그것을 이 땅 어디에 두어도 그것이 발하는 빛이 사라지고 말 것입니다.

그러나 실상은 그렇지 않습니다. 우리는 하나님의 계시를 통해 정확한 답을 알 수 있습니다. 성경은 우리가 가까이 가지 못할 영광으로 가득한 빛이 있다고 말합니다(딤전 6:16 참고). 이 빛의 중심에는 의와 공평으로 둘러싸인 전능하신 주 하나님의 보좌가 있습니다(시 97:2 참고). 그분의 발 앞에는 수많은 천사가 그분을 경배하고 있습니다. 그곳에 있는 제단은 결코 초라하지 않습니다. 그것은 결코 제한적이거나 일시적이지 않습니다. 눈먼 구경꾼도, 악한 외침도, 고문도, 배신자의 입맞춤도, 저주의 나무도 없습니다. 그곳에는 그 어떤 더러움도 없습니다. 썩지 않으며 더럽혀지지 않는 영광만이 있습니다. 말할 수 없이 영광스러운 이 빛의 중심 곧 보좌 한가운데에 영원하신 왕이 날개로 얼굴을 가린 스랍들로부터 찬양과 경배를 받고 계십니다(사 6:2 참고).

예수님은 자신의 피로써 그곳에 들어가셨습니다. 그리고는 자신의 제물을 모든 예배의 중심이요 하늘에 있는 주의 영광의 보좌 한가운데 가장 귀하고 잘 보이는 곳에 두셨습니다. 그곳은 절대 잘못된 자리가 아닙니다. 그것은 절대 보기 흉하거나 부적절하거나 지나친 보상이 아니며, 지나친 미화나 위엄도 아닙니다. 오히려 하나님께서는 "너는 내 오른쪽에 앉아 있으라"(시 110:1)라고 말씀하십니다. 그리고 수많은 천사들은 큰 소리로 "죽임을 당하신 어린양은 능력과 부와 지혜와 힘과 존귀와 영광과 찬송을 받으시기에 합당하도다"(계 5:12)라고 외치고, 장로들과 구속받은 자들은 쉬지 않고 "일찍이 죽임을 당하사 우리를 피로 사서 하나님께 드리셨다"(계 5:9 참고)라고 찬양합니다.

하나님의 세계에는, 심지어 그분을 둘러싸고 있는 빛 속에도 죽임 당하신 갈보리 어린양의 영광을 무색하게 하거나 그분이 드린 제물이 발하는 빛을 흡수할 만한 빛이 없습니다. 무덤에서 나와 하늘로 올라가신 주님은 자신의 제물을 하늘의 거룩한 영광의 불꽃 같은 광채 속에 두셨습니다. 그리고 그 제물은 그 찬란한 광채를 능히 견뎌 낼 뿐 아니라 오히려 더 밝은 빛을 발하며 하늘에서 가장 향기로운 빛이 되었습니다.

"이는 하나님의 영광이 비치고 어린양이 그 등불이 되심이라"(계 21:23).

2) 하늘에 속한 희생

희생의 보좌는 이 제물이 하늘에 속한 것임을 보여 줍니다. 그것은 하늘에 속한 희생이었습니다. 어린양이 하늘의 보좌 가운데 앉으심으로써 그것이 하늘에 속한 희생이 되었습니다. 이 희생 제물은 우리를 위해 하늘에 속한 제물이 되었습니다. 우리에게는 이러한 제물이 반드시 필요합니다. 그것은 우리와는 전혀 상관이 없던 하늘로부터 왔습니다. 우리가 전적으로 배제되어 있었던 하늘나라의 가족이 될 수 있는 가능성이 열린 것입니다. 다른 어떤 제물도 이처럼 하늘에 속한 본질을 통해 우리를 구속하여 하늘에 있는 거룩한 처소로 인도할 수는 없습니다.

하늘에 속한 것은 결코 썩거나 죽지 않습니다. 사도 바울은 자신의 서신에서 "하늘에 속한 이의 형상"(고전 15:49)이 뜻하는 바가 '하늘에서 오신 주님'임을 구체적으로 예시하면서 이렇게 가르쳤습니다. 바울은 이러한 이중적 분류에 근거해서 모든 것을 이해하였습니다.

"이 썩을 것이 반드시 썩지 아니할 것을 입겠고 이 죽을 것이 죽지 아니함을 입으리로다"(고전 15:53).

'썩지 않고 죽지 않는 것'이 바로 하늘에 속한 형상이며 하늘에 속한 것의 특성입니다(롬 1:23, 딤전 6:16 참고). 이것이야말로 하늘에 계신 하나님의 속성입니다.

그러므로 우리가 하늘과 화목하게 되기 위해서는 반드시 하늘의 제물이 필요합니다. 하늘의 구속함을 받아 하늘의 생명을 누리기 위해서는 하늘의 대속물이 있어야 합니다. 그리고 이러한 제물과 대속물은 썩지 않고 죽지 않아야 합니다. 하나님의 어린양이 바로 이러한 제물입니다.

"너희가 알거니와 너희 조상이 물려준 헛된 행실에서 대속함을 받은 것은 은이나 금같이 없어질(썩어질) 것으로 된 것이 아니요"(벧전 1:18).

참으로 그분은 썩지 않고 죽지 않는 제물입니다. 그러하기에 다른 그 어떤 양도 그분을 대신할 수 없습니다.

"오직 흠 없고 점 없는 어린양 같은 그리스도의 보배로운 피로 된 것이니라. 그는 창세전부터 미리 알린 바 되신 이나"(벧전 1:19,20).

이 제물의 효력, 즉 전적으로 열납될 수 있는 자격은 그것이 하늘에 속하였느냐에 달려 있습니다. 이 땅의 세속적인 제물도 첫 언약을 충족시킬 수는 있습니다. '첫 언약에도 섬기는 예법과 세상에 속한 성소'(히 9:1)가 있습니다. 그러나 우리가 하늘의 처소에서 예배하기 위해서는 하늘의 제물이 있어야 합니다. 이 땅의 대속물은 땅에 속한 것을 속량합니다. 육신을 따라 더러워지는 것을 면하고 궁극적으로 육신의 장막으로부터 벗어나게 합니다. 또한 하늘에 있는 것들의 모형으로 이 땅에 존재하는 것들은 썩어지고 죽을 피로써 정화될 수 있습니다. 그러나 하늘에 있는 것들은 더 좋은 제물로 정결하게 해야 합니다. 그래서 구원자이신 그리스도께서 그 하늘에 들어가사 우리를 위하여 하나님 앞에 나타나신 것입니다.

"그러므로 하늘에 있는 것들의 모형은 이런 것들로써 정결하게 할 필요가 있었으나 하늘에 있는 그것들은 이런 것들보다 더 좋은 제물로 할지니라. 그리스도께서는 참 것의 그림자인 손으로 만든 성소에 들어가지 아니하시고 바로 그 하늘에 들어가사 이제 우리를 위하여 하나님 앞에 나타나시고"(히 9:23,24).

바울은 "예수께서 만일 땅에 계셨더라면 제사장이 되지 아니하셨을 것이니"(히 8:4)라고 말합니다. 만일 그분의 제사장으로서의 역할이나 사역이 이 땅에서 시행되었거나 그분이 원래 땅에 속한 자였다면 결코 합법적인 제사장이 될 수 없었을 것입니다. 이스라엘에는 전적으로 제사장 가문에 속한 이러한 제사장이 많이 있었습니다. 그러나 그리스도는 다른 지파에 속해 있었으며, 그 가문의 어느 누구도 제단에서 일한 적이 없었습니다. 모세는 그리스도가 속한 유다 지파에 대해 제사장직과 관련된 언급을 전혀 하지 않았습니다(히 7:13,14 참고). 그러므로 그리스도는 이 땅에서 합법적인 제사장이 될 수 없었습니다. 이 땅에서 제사장직은 레위 지파에 속해 있었습니다. 그들의 모든 직무는 이 땅에 속한 것으로 이 땅에서 이루어졌습니다. 그들이 섬기는 모든 것은 '하늘에 있는 것의 모형과 그림자'(히 8:5)였습니다.

반면 그리스도는 실제로 하늘에 있는 것을 섬겨야 했습니다. 그분은 우리와 하늘의 화목을 이루셔야 했습니다. 그리스도는 우리를 하늘과 화목하게 하시고, 우리를 위해 하늘에 있는 승리의 보좌에 앉으셨습니다. 우리에게는 이런 대제사장이 있습니다. 그분은 하늘에 계신 하나님의 보좌 우편에 앉아 계십니다. 그분은 하늘의 성소에서 사역하십니다. 그분은 만사에 구비하고 견고하며(삼하 23:5 참고) 썩지 않고 죽지 않는 하늘의 언약의 중보자이십니다.

제사장만 하늘에 속한 것이 아닙니다. 원래 하늘에서 오신 이 대제사장은 이제 '하늘보다 높이 되신 이'(히 7:26)로서 '승천'(히 4:14)하셨습니다. 뿐만 아니라 제물도 하늘에 속한 것입니다. 이 제물이 하늘에 속하였다는 사실은 그분이 보좌에 앉으신 것으로 명백히 입증됩니다. 예수님은 자신의 제물 곧 죽임 당하신 어린양으로 말미암아 보좌에 앉으셨습니다.

그러므로 하나님의 어린양을 믿는 자들은 결코 하늘의 이방인이 될 수 없습니다. 그들의 시민권은 하늘에 있습니다. 그들은 일으킴을 받아 그리스도 예수와 함께 하늘에 앉게 될 것이며(엡 2:6 참고), 하늘의 모든 신령한 복을 누리게 될 것입니다. 그들의 보화가 하늘에 있습니다. 그들은 하늘의 예루살렘으로 들어갈 것이며, 하늘의 부르심에 동참할 것입니다. 그들은 더 나은 본향, 하늘을 찾을 것입니다. 그러나 이 모든 것을 이루기 위해서는 그들이 하늘의 것과 관련되어야 합니다. 그들은 하늘에 속한 제물을 의지해야 합니다. 만일 하늘에 속한 제물이 아니라면 어떻게 되겠습니까? 그러므로 하늘 보좌에 있는 제물이요 보좌 가운데 계신 어린양을 볼 수 있다는 것은 얼마나 귀한 일인지 모릅니다.

그리스도는 이 땅에서 제물로 드려졌습니다. 죄를 범한 현장에서 죄 사함이 이루어져야 합니다. 이 땅의 열악한 환경, 수치와 슬픔과 무상함 가운데서도 십자가 위의 제물은 온전하게 되었습니다. 저주가 끝나고 모든 의가 이루어져 이 땅과 하늘이 하나로 결속되었을 때, 그 제물이 하늘에 속한 것임이 드러났습니다.

인간의 이성과 육안으로 보기에는 그것이 세상에서 일어날 수 있는 가장 무의미하고도 서글픈 일일지 모릅니다. 헬라인에게는 어리석은 것이요, 유대인에게는 거치는 것처럼 보일 수도 있습니다. 그러나 그것은 결코 헬라나 유대에 속한 것이 아니며, 이 땅에 속한 것이 아닙니다. 그것은 하늘에 속한 제물입니다. 그것은 하늘로 하여금 땅에 대한 사랑의 끈을 조이게 하는 제물입니다. 그것은 자비와 의로 이 땅을 둘러싸 하늘에 결속시키는 제물입니다. 하늘이 땅의 죽음을 맛보고 이 땅에서 사망을 멸하며, 하늘로 향한 길을 열고 영원한 하늘의 생명을 얻게 하는 제물입니다.

확실히 그것은 하늘의 제물입니다. 이 제물은 우리를 위해 율법을 크고 존귀하게 했으며, 하늘의 언약을 세우고 우리를 위해 하늘의 처소를 예비했고,

우리에게 믿음으로 하늘의 예배에 동참하도록 했습니다. 이제 이 제물은 하늘의 합당한 자리에 앉게 되었습니다. 하늘의 보좌에 앉아 계신 것입니다.

이 제물은 하늘의 찬양 가운데 거하시며 자신만의 독특한 광채를 발합니다. 그것은 말할 수 없이 아름다운 중보자의 은혜와 영광의 광채입니다. 그 광채가 하늘의 심판대 주변을 언약의 무지개로 수놓을 것입니다. 그리고 구속받은 자들의 관심을 하늘에서 일어나고 있는 활동으로 돌릴 것입니다. 그리하여 그 믿음으로 말미암아 하늘을 그들의 믿음과 감정의 본향이요 실제적인 고향으로 인정하게 될 것입니다. 결국 하나님의 구속을 받은 모든 자들이 하늘로 인도되는 것입니다.

3) 제물의 영원성

제물이 보좌에 앉은 것은 그 제물이 참으로 영원한 번제임을 보여 줍니다. 죄의식을 가진 피조물은 끊임없는 희생이 필요하다는 것을 절감하지 않을 수 없습니다. 우리는 언제나 새로운 죄를 지으며, 모든 죄(죄의식)는 언제나 현재적이고도 실제적으로 그 모습을 드러냅니다. 따라서 희생이 영원하지 않다면, 우리의 구원은 전적으로 지나간 과거에 매달릴 수밖에 없습니다. 우리에게 있는 현재적이고도 실제적인 죄의식은 모두 비현실적인 그림자에 불과합니다. 그러므로 현재 나의 의식 가운데 존재하는 죄에 대한 인식을 온전히 없애 버리기 위해서는 이러한 죄의식이 현재적 희생과 연결되어야 합니다. 그리하여 현재적이고도 영원한 능력이 현재적이고도 영원한 나의 필요를 채워야만 합니다.

그러하기에 신실한 성도들은 그리스도의 죽음을 언약에 따라 영원히 흐르는 샘의 시작이라고 고백하며 찬양하고 기뻐하였습니다.

"그날에 죄와 더러움을 씻는 샘이 다윗의 족속과 예루살렘 주민을 위하여 열리리라"(슥 13:1).

상처받은 심령이 영원한 제물로 인하여 기뻐하며 노래합니다.

또한 이러한 영원성은 우리의 간절한 마음과 관련되는 한 모든 예배의 기원이 됩니다. 이 영원성이 죄에 대하여 현재적이고도 영원한 제사를 드려야 하는 죄인의 필요와 간구를 충족시킵니다. 그리고 이를 위해 우리의 성찬식에서는 그분의 희생이 계속해서 반복됩니다.

우리는 복음적 의미에서 죄를 위한 제사가 계속 필요하다는 사실을 인정합니다. 또한 이러한 제사가 바로 그리스도의 희생으로 이루어져야 한다는 사실도 잘 알고 있습니다. 실제로 우리는 이러한 영원성에 대한 인식이 몸에 배어 있습니다. 시대를 막론하고 언제 어느 때든지 죄인이 위대한 화목을 바라고 나아오거나 신자가 상한 마음으로 나아와 회개하고 뉘우칠 때는 결코 오래된 과거의 죽은 제물이 아니라 반드시 지금 나의 양심을 깨끗하게 씻어 줄 수 있는 능력을 가진 영원히 살아 있는 제물을 찾습니다. 우리는 언제나 십자가에 못 박히신 그리스도, 현재적 능력을 가진 영원한 제물로서 죽임 당하신 그 어린양을 찾습니다.

한편 우리는 성만찬 자체가 속죄의 효력을 지니고 있는 것이 아님을 압니다. 그래서 제물이 계속적이고도 영원해야 합니다. 이러한 효력은 나무 위에 달려 단번에 드려진 제물 외에는 하늘과 땅 그 어디에서도 찾을 수 없습니다. 더구나 이 제물은 "다 이루었다"는 그리스도의 말씀에서 알 수 있듯이 다시는 드릴 수 없는, 단 한 번뿐인 제물이기에 반드시 영원한 효력을 가지고 있어야만 합니다. 이와 같이 거룩함을 입은 자들에게 이미 이루어졌거나 완성되었거나 완성되어 가고 있는 바 이 속죄의 효력이 영원하다는 사실이 죽임 당하신 어린양이 영광의 휘장을 통해 보좌에 앉으심으로써 입증되었습니다.

그러므로 제물의 영원성에 대한 보증을 다른 곳에서 찾는다는 것은 참으로 어리석고도 참람한 일입니다. 이것이 무슨 말입니까? 성찬식이나 이 땅에서 사람의 손에 의해 거행되는 의식으로 인해 희생의 영원성이 위기에 처해서는 안 된다는 말입니다. 이 땅의 교회에서 시행되고 있는 의식을 유지함으로써 희생의 영원한 효력이 지속된다고 생각해서는 안 되는 것입니다.

아무리 성찬식이나 사람이 거행하는 다른 의식을 자신이 원하는 만큼 이어 간다고 해도, 아무리 정신을 차리고 그 의식의 불씨가 꺼지지 않도록 끊임없이 반복한다고 할지라도, 한 떼의 제사장 무리를 주간에 배치하고 다른 무리를 야간에 배치할지라도, 오직 로마 가톨릭만이 할 수 있는 세계적 연합을 이룬다고 할지라도, 그러한 의식이 어떻게 우리에게 영원한 속죄의 효력을 보증할 수 있겠습니까? 그것은 그저 장차 세상과 함께 사라질 지극히 세속적인 일련의 조건들, 곧 눈에 보이는 일시적이고 덧없는 것들의 연속일 뿐입니다.

겨우 이런 불완전하고 오류가 많은 세상의 세속적인 기반에 안주하여 한순간이라도 나의 것이 되지 않으면 살 수 없는 영원한 희생을 위기로 몰아넣겠습니까? 한순간이라도 그것이 없이는 영원한 죽음과 멸망을 결코 피할 수 없는데도 말입니다. 그럴 수 없습니다. 타락한 이 세상이나 이 땅에 있는 교회나 교회에서 거행하는 의식이 아무리 훌륭하고 신성할지라도 그것이 위대한 희생으로부터 나오는 영원한 효력의 근거가 될 수는 없습니다.

오류로 가득한 세상에서 멀리 떨어진 곳, 일시적이며 언제나 동요하는 상태에서 멀리 떨어진 곳, 별빛이 비치는 영역을 넘어 우주망원경이나 지극히 지혜로운 학문으로도 능히 측량할 수 없는 곳, 모든 하늘 너머 청명한 빛이 비취는 곳, 시간도 흐르지 않고 보이지도 않고 영원한 것들만 있으며 빛들의 아버지의 보좌가 있는 그곳, 일시적이고도 불확실한 이 땅보다 훨씬 높을 뿐 아니라 하늘보다 높고 모든 왕권들이나 주권들이나 통치자들이나 권세들보다 높은 곳(골 1:16 참고), 바로 그곳에 우리의 제사장이요 죽임 당하신 어린양의 희생의 보좌가 있습니다.

이 희생은 영원한 제사장의 직무에 따라 비할 수 없이 고귀한 죽음으로 순종하신 제사장에 의해 영원한 효력을 입증했습니다. 그분이 '거룩하게 된 자들을 한 번의 제사로 영원히 온전하게'(히 10:14) 하신 것입니다.

단번에 드려진 갈보리의 희생을 통해 입증된 영원성과 하늘에 속한 영원한 희생의 보호와 영광 아래, 이제 이 땅의 교회에는 제단 대신 식탁이, 속죄물을 드리는 대신 성찬이, 일시적 화목을 유지하거나 연장하거나 뒷받침하는 습관적인 제사 대신 희생을 기념하는 절기만이 남았습니다. 이 모든 것은 우리의 화목이 영원하며 언제든지 그분께로 가까이 나아갈 수 있는 자유가 주어졌고 언제든지 믿음으로 용서받을 수 있으며 우리의 언약이 만사에 구비하고 견고하다는(삼하 23:5 참고) 것을 보여 줍니다.

3. 모든 시대에 적용되는 영원한 희생

"내가 그리스도와 함께 십자가에 못 박혔나니"(갈 2:20).

그리스도가 단지 수동적으로 희생당한 것이라면, 그 희생이 영원하다고 할 수 없을 것입니다. 그러나 그리스도는 능동적이고도 성공적으로 자신을 드리셨으며, 스스로 제물이 되시고자 했던 그분의 거룩한 영 안에 있는 모든 원리나 행위가 지금도 살아 있습니다. 그러므로 살아 계신 그리스도께서 약속하신 바 십자가에 대한 기록 속에 임재해 계시다는 것은 분명한 사실입니다.

또한 그리스도의 희생이 중보자에 관한 말씀 가운데 기록된 역사적 사건에 불과하다면, 그것이 영원하다고 할 수 없을 것입니다. 그러나 그분의 희생은 '본질적인(substantive)' 희생이었습니다. 그분은 하나님의 어린양이십니다. 이 어린양은 죽임 당하신 채로 보좌 가운데 계십니다. 그러므로 우리는 주께서 자신의 십자가에 관해 기록한 말씀 가운데 임재하여 우리를 비추고 계신다는 사실을 결코 의심해서는 안 됩니다. 만일 그분이 우리에게, 이 땅에서의 믿음에 그런 식으로 나타나지 않으셨다면, 하늘에서 그분을 직접 보는 최상의 복(beatific vision)도 얻을 수 없을 것입니다.

그리스도의 희생이 죄인을 위해 감추어진 은혜의 방편에 대한 예비적이고도 임시적인 방편일 뿐이라면, 그것이 영원하다고 말하기 어려울 것이며, 영속성을 기대할 만한 근거도 사라질 것입니다. 그리고 우리의 모든 관심은 이어질 은혜의 방편에 집중될 것입니다. 주어진 임무를 성실하고도 완벽하게 수행한 임시방편은 그것이 반드시 필요한 일이었다고 하더라도 기억에서 사라지는 것이 순리이기 때문입니다.

여기서 이처럼 방대한 신학적 논제를 자세히 다룰 수는 없지만, 한마디로 정리하자면, 이 문제에는 그리스도의 희생의 본질과 목적에 대한 잘못된 관점들이 거의 대부분 포괄되어 있습니다.

그리스도의 희생은 자신이 닦아놓은 은혜의 방편으로 모든 이성적 근심들을 넘겨 버리는 임시방편이 절대 아닙니다. 그것은 그 자체로 우리의 모든 구원을 직접 짊어진 대속물로서의 효력을 가지고 있습니다. 그래서 반드시 그것이 영원해야 하는 것입니다.

그리스도의 죽음은 참되고도 합당한 대속적 죽음이었습니다. 그리스도는 나와 자리를 바꾸셨습니다. 그분이 내 자리에 대신 들어와 거하시며 나를 자신의 것으로 만드셨습니다. 우리로 그분의 자리에 들어가 그 안에 거하며 그분을 자신의 것으로 만들게 하기 위해서 말입니다. 원래 나의 자리였던 곳이 그분의 자리가 되었습니다. 그러자 많은 변화가 일어났습니다. 그것은 나를 위한 변화입니다. 이제 나는 그분의 자리를 기쁘게 취하였으며, 그곳이 실제로 나의 자리가 되었습니다. 이 자리는 결코 잘못된 것이 아닙니다. 나는 여전히 나의 자리에 있습니다. 그곳은 그 어느 때보다 확실한 나의 자리입니다.

그리스도께서 나의 자리로 오셨을 때 나는 저주의 자리에 있었습니다. 따라서 그리스도께서 나의 자리로 들어오시자 그분의 자리가 저주의 자리가 되었습니다. 즉, 그분의 십자가가 저주의 나무가 된 것입니다.

"나무에 달린 자마다 저주 아래에 있는 자라"(갈 3:13).

반면 내가 들어간 그분의 자리, 즉 그분이 지신 십자가 안에서 내가 거하게 된 곳은 복된 자리입니다.

"그리스도께서 우리를 위하여 저주를 받은 바 되사 율법의 저주에서 우리를 속량하셨으니……이는 그리스도 예수 안에서 아브라함의 복이 이방인에게 미치게 하고"(갈 3:13,14).

그리스도는 사랑으로 나의 자리에 들어오셔서 정죄를 받고 모든 의를 이루셨으며, 그분의 사랑을 받은 나는 믿음으로 그분의 자리에 들어가 그분이 이루신 의를 누립니다. 그리스도께서 나의 자리로 들어오신 이상 그분에게 십자가는 결코 피할 수 없는 짐이 되었습니다. 십자가는 유일한 저주의 대상이기 때문입니다. 또한 내가 그분의 자리로 들어간 이상 나는 십자가를 벗어날 수 없습니다. 십자가는 언제나 유일한 축복의 전당이기 때문입니다.

그분이 나의 자리에 서신다면, 나에 대한 모든 저주가 철저히 그분이 서 계신 십자가를 향하게 될 것입니다. 내가 그분의 자리에 선다면, 그분의 모든 복이 철저히 내가 있는 십자가를 향하게 될 것입니다. 우리는 십자가를 벗어날 수 없습니다. 그러므로 어떠한 치욕과 수치를 당하더라도 십자가를 나의 것으로 삼아야 하며, 그리스도와 함께 십자가에 못 박혀야 합니다. 만일 그리스도께서 저주받은 나와 자리를 바꾸신다면, 나도 십자가에 못 박히신 그리스도와 자리를 바꾸어야 합니다.

그분은 "누구든지 나를 따라오려거든 자기를 부인하고 자기 십자가를 지고 나를 따를 것이니라"(마 16:24)라고 말씀하셨습니다. 그분은 확실히 일반적인 도덕가들이 생각하는 의미로 이렇게 말씀하신 것이 아닙니다. 이 심오한 말씀을 피상적으로 해석하면, 우리가 단순히 사회생활을 하면서 화가 날 때나 역경을 만날 때, 또는 자신의 상황에 맞추어 십자가를 져야 한다는 말씀으로 받아들이게 될 것입니다. 여기서 '십자가'란 현대적 의미를 지닌 표현입니다.

그러나 '자기를 부인하라'라는 예수님의 말씀은 어느 도덕가가 말하는 것처럼 작거나 큰 욕망을 과감히 포기하는 단순한 자기 부인을 요구하는 것이 아닙니다. 예수님의 말씀은 '자기를 부인(포기)하는 자'(막 8:34 참고), 즉 하나님 앞에서의 신앙과 하나님을 향한 인격과 성향의 국면에서 자신의 것을 모두 버리고, 참으로 "내가 아니라 나의 방패이신 하나님만 바라라"(시 144:2 참고), '내가 아니라 오직 하나님의 은혜이며 내 안에 사는 것이 그리스도라'라고 말할 수 있는 영적인 자리에까지 이르러야 한다는 의미입니다. 그렇게 하지 않고서는 결코 예수님을 따라갈 수 없습니다.

나는 자신을 부인해야 합니다. 그러나 그렇게 하기 위해서는 다른 누군가와 자리를 바꾸어야 하며, 그렇지 않으면 아무것도 이룰 수 없습니다. 나는 그분과 자리를 바꾸어야 합니다. 그런데 내가 바꿀 수 있는 유일한 자리는 십자가뿐입니다. 그러므로 반드시 자신을 부인하고 그분의 십자가를 지고 그분을 따라야 합니다. 그리고 그분이 나의 십자가를 자신의 것으로 삼아 내 대신 지고 가셔야 합니다. 이것이 주님이 하신 말씀의 의미입니다.

예수님께서 자신이 장차 십자가에 달리실 것이라고 말씀하시자 베드로는 그리 하시지 않기를 간청하였습니다(마 16:21,22 참고). 그때 예수님은 자신도 십자가를 지고 수치를 견뎌야 하지만 자신을 따르는 자들도 모두 십자가에 달리신 예수님과 함께 십자가를 져야 한다고 말씀하셨습니다. 그리스도의 십자가를 붙들고 그것을 나의 것으로 만들어 감사함으로 그 안에 들어가 하나님의 공의를 만족시키며 모든 의를 이루기 전에는, 또 저주받아 마땅한 자신을 정죄하고 율법을 존귀하게 하기 전에는, 그리스도의 제자가 될 수 없다는 것입니다.

그러므로 우리는 그리스도와 함께 십자가에 못 박혀야 합니다. 나의 '옛사람'(골 3:9)이 그리스도와 함께 십자가에 못 박히고 죄의 몸이 죽어야 합니다. 그리스도께서 내 안에 사시도록 내가 그리스도와 함께 못 박혀야 합니다. 죽음과 십자가와 제물이 모두 나의 것이 되어야 합니다.

그렇다면 확실히 그리스도의 죽음은 단순한 과거의 사건이나 임시방편이 아닙니다. 그것은 우리가 지금 붙들어야만 하는 현재적이고도 본질적인 사건입니다. 만일 그리스도의 희생으로 우리에게 주어지는 것이 단지 그분의 죽음이 가져오는 열매나 결과뿐이라면, 십자가는 과거에 일어난 역사적 사건이나 앞으로의 유익을 보장하기 위한 임시방편에 지나지 않을 것입니다. 십자가를 나에게 적용함으로써 모든 열매와 유익 곧 자비와 용서, 화목과 평화, 은혜와 영광이 나의 것이 된다 하더라도 지나간 사건이나 임시방편이 어떻게 나의 것이 될 수 있겠습니까? 시의 적절하고도 유익한 임시방편이나 매우 중요하고도 유익한 사건을 기념할 수는 있어도 그것을 나의 것으로 적용하기는 어렵습니다.

이런 점에서 볼 때, 그리스도의 죽음을 기념하는 성만찬이 주님께서 우리로 표지와 인침(sign and seal)을 통해 제물에 동참하게 하시는 성례라는 사실은 놀라운 일이 아닐 수 없습니다.

"받아서 먹으라. 이것은 내 몸이니라……너희가 다 이것을 마시라. 이것은 죄 사함을 얻게 하려고 많은 사람을 위하여 흘리는 바 나의 피 곧 언약의 피니라"(마 26:26-28).

결론적으로, 죄인에게 적용되는 위대한 방편, 곧 자신의 것으로 전유할 수 있는 대상은 바로 '하나님의 의'(롬 10:3)입니다.

"복음에는 하나님의 의가 나타나서 믿음으로 믿음에 이르게 하나니"(롬 1:17).

그분의 희생 제물은 특별히 지정된 하나님의 의이며, 특별한 상황과 관계 안에서 율법의 형벌과 관련된 의입니다. 또한 이 제물은 본질적이고도 실존적인 의입니다. 그것은 십자가라는 풀무와 시련 곧 온전하게 하는 위기(중대한 전환점)를 통과한 가장 영광스러운 의입니다. 이러한 위기를 통과하였기 때문에 그것이 죄인인 우리에게 효력을 발휘할 수 있게 되었습니다. 만일 이러한 위기를 통과하지 않았다면, 그것은 우리에게 아무런 효력을 미칠 수 없었을 것입니다.

그 제물은 이러한 고난을 통하여 온전해지셨습니다(히 2:10 참고). 그분은 고난을 통하여 나에게 다가오셨습니다. 십자가를 통해 온전해지신 그분이 나에게 다가오신 것입니다. 이와 같은 십자가의 관문을 통과함으로써 영원한 의가 드러나게 되었습니다. 그분은 십자가를 통해 영원한 의를 드러내셨습니다(단 9:24 참고). 그렇지 않았다면 의가 드러날 수 없었을 것입니다.

그리스도와 나 사이에 소멸하는 불이 있고, 그분은 여전히 이 불의 바깥에 계셨습니다. 그런데 보십시오! 그분이 불 가운데로 들어오셨습니다. 그분이 소멸하는 불을 지나 나에게로 다가오셨습니다. 그분의 빛은 불보다도 더 밝게 빛나며 영원히 소멸되지 않습니다. 그분의 빛은 강하게 내리쬐는 태양 빛보다도 강합니다. 그러면서도 한없이 부드럽고 은혜롭습니다.

그분의 빛은 부드러우면서도 '작고 미세한 소리'입니다. 들어 보십시오. 부드러우면서도 강한 음성이 나를 부르고 있습니다. 그분은 놀라운 지혜의 말씀으로 나의 모든 의심과 두려움을 잠재우십니다.

"믿음으로 말미암는 의는 이같이 말하되 네 마음에 누가 하늘에 올라가겠느냐 하지 말라 하니, 올라가겠느냐 함은 그리스도를 모셔 내리려는 것이요"(롬 10:6).

그러므로 우리는 우리를 의롭게 하시는 의가 절대 하늘로부터 땅으로 내려오지 않은 것처럼 말해서는 안 됩니다.

"혹은 누가 무저갱에 내려가겠느냐 하지 말라 하니, 내려가겠느냐 함은 그리스도를 죽은 자 가운데서 모셔 올리려는 것이라"(롬 10:7).

그러므로 우리는 마치 하늘에서 내려온 의가 우리에게 도달하지 못한 채로 십자가의 풀무 속에서 소멸되었거나 사망의 영역에 갇혀 버린 것처럼 말해서는 안 됩니다.

"그러면 무엇을 말하느냐? 말씀이 네게 가까워 네 입에 있으며 네 마음에 있다 하였으니 곧 우리가 전파하는 믿음의 말씀이라. 네가 만일 네 입으로 예수를 주로 시인하며 또 하나님께서 그를 죽은 자 가운데서 살리신 것을 네 마음에 믿으면 구원을 받으리라. 사람이 마음으로 믿어 의에 이르고 입으로 시인하여 구원에 이르느니라"(롬 10:8-10).

그러므로 믿음으로 말미암는 의를 취해야만 합니다. 십자가와 무덤을 통과하신 의가 우리에게 요구하는 바가 바로 이것입니다. 이러한 의가 믿음을 통해 우리에게 적용되는 것입니다. 이것이 바로 참으로 우리가 전유할 수 있는 대속의 의입니다. 이것이 살아 있는 인격적 의입니다. 한마디로 이 의가 바로 그리스도입니다.

"그리스도는 모든 믿는 자에게 의를 이루기 위하여 율법의 마침이 되시니라"(롬 10:4).

그분이 당하신 고난은 수동적인 고난이 아닙니다. 그것은 위대한 고난의 사람이요 위대한 제사장이신 그리스도 자신입니다. 그리스도의 고난은 그리스도에 관한 기록 가운데 나타나는 단순한 하나의 사건이 아닙니다. 그것은 역사적으로 영원히 살아 계신 그리스도 자신입니다. 그것은 구속을 위한 예비적 단계로서의 임시방편도 아닙니다. 그것은 구속자 자신입니다. 그것은 여호와 우리의 의입니다. 그것은 죽임 당하신 어린양, 곧 십자가를 통해 온전하게 되신 영광의 의입니다.

이제 그리스도는 하늘에 계십니다. 그러나 성경은 "말씀이 네게 가까워"(롬 10:8)라고 말합니다. 이 말씀으로부터 우리를 향한 의가 비치고 있습니다. 그렇기 때문에 사도 바울은 "내가 복음을 부끄러워하지 아니하노니"(롬 1:16)라고 고백합니다. '복음에는 하나님의 의가 나타나서 믿음으로 믿음에 이르게'(롬 1:17) 합니다.

우리의 의가 되신 주님은 복음서의 마지막 부분에 자신의 임재를 가장 확실하고도 분명하게 드러내십니다. 이것이야말로 우리에게 계시된 십자가의 영원한 영광이 아니고 무엇이겠습니까?

part
3

지금도 계속되는 그리스도의 임재

8. 성령을 통한 그리스도의 임재
9. 하나님의 영광을 아는 빛(계시)
10. 백성들 안에 임재하신 그리스도
11. 동시대를 살아가는 모든 성도

The Abiding Presence

chapter
8
성령을 통한 그리스도의 임재

우리는 앞에서 자신의 백성들에게 실제적이고도 인격적으로 임재하시겠다는 예수님의 약속을 실제로 이루신 분이 성령이심을 살펴보았습니다. 그러나 이 주제에 대해서 더욱 자세히 연구할 필요가 있습니다. 아울러 하나의 특정 사례를 다루기보다 가장 일반화된 정리(定理)를 사용한다면 더욱 신선하고도 폭넓은 관점에서 이 주제를 다룰 수 있을 것입니다. 따라서 그리스도의 임재와 관련하여 그 실재나 인격에만 초점을 맞추지 않고 더 넓은 진리를 살펴보려 합니다. 즉, 우리의 신앙생활과 영적 교제에서 성령이 모든 실재와 인격의 주체(author)가 되신다는 점을 살펴보려 합니다.

1. 모든 신앙적 실재의 주체가 되시는 성령

이것은 특별히 사람들에게 매우 갈급한 주제입니다. 그런데도 이 주제에 대하여 유사한 내용과 부끄러운 주장들이 판을 치고 거짓과 형식이 난무하고 있습니다. 그들은 확실하고도 구체적인 실재, 즉 감각적이고 붙잡을 수 있으며 확실하게 신뢰할 수 있는 어떤 것을 간절하고도 긴급하게 요구합니다. 물론 이러한 요구는 선하며, 실제로 이러한 요구가 충족된다면 더욱 좋을 것입니다. 그러나 만일 케케묵은 기독교만이 그러한 요구를 충족시킬 수 있다고 한다면 어떻게 하겠습니까?

이러한 요구는 선합니다. 우리는 그 실재(reality)를 간절히 원합니다. 우리는 실제적인 것을 사모하고 열망하며 간절히 원합니다. 우리의 머리는 생각으로 가득하지만 우리가 찾고 있는 것은 실재하는 어떤 것입니다. 우리의 영은 경건한 것들에 대한 묵상으로 지쳐 있습니다. 우리는 신앙적 이론과 논리적 추론을 위해 오랫동안 훈련하며, 온전한 교리체계를 구축하고, 진리와 진리를 서로 연결하여 추적하며, 다양한 견해를 수렴하고 종합하여 조화시켜 나갑니다. 이 모든 노력을 통해 아마도 이제 우리는 전문가가 되었을 것입니다.

타락은 사람의 마음에서 영적인 빛을 거두어 가고 그들의 가슴에서 영적인 사랑을 빼앗아 가면서도 합리성과 논리적 사고를 위한 요소들을 남겨 두었습니다. 그러므로 자연인이 신적 계시에 대한 논리적 추론과 계시의 내용에 대한 조직적인 체계를 세우는 일에 특별한 재능을 보인다는 것은 놀라운 일이 아닙니다. 그러나 우리는 자연인이 할 수 없는 정말로 어려운 것이 무엇인지를 알아야 합니다.

"육에 속한 사람은 하나님의 성령의 일들을 받지 아니하나니 이는 그것들이 그에게는 어리석게 보임이요, 또 그는 그것들을 알 수도 없나니 그러한 일은 영적으로 분별되기 때문이라"(고전 2:14).

자연인이 받을 수 없는 것이 있는데, 그것이 바로 '성령의 일'입니다. 자연인은 그것을 알 수도 없고 분별할 수도 없습니다. 그에게는 그것이 어리석게만 보입니다. 성령의 일은 사실 매우 실제적이며 확실하게 분별되지만, 자연인에게는 그렇지 않습니다. 그렇기 때문에 자연인은 신적 교훈에 대해 논리적으로 추론하지 못하는 것이 아니라 신적인 것들을 받을 수도 없고 분별할 수도 없습니다.

그렇다면 성경이 말하는 바 '눈으로 보지 못하고 귀로 듣지 못하고 사람의 마음으로 생각하지도 못하는 것'이란 무엇입니까? 그것은 '하나님이 자기를 사랑하는 자들을 위하여 예비하신 모든 것'(고전 2:9)입니다. 성령께서 감찰하시고 드러내시는 것은 무엇입니까? 그것은 '하나님의 깊은 것'(고전 2:10)입니다. 하나님의 영 외에는 아무도 알 수 없는 것이 무엇이며, 성령은 누구에게 그러한 것들을 드러내십니까? 그것 역시 '하나님의 일'입니다. 하나님의 일은 아무도 모르고 오직 하나님의 영만 아십니다(고전 2:11 참고).

'우리가 세상의 영을 받지 아니하고 오직 하나님으로부터 온 영을 받은' 목적은 무엇입니까? 그것은 '하나님께서 우리에게 은혜로 주신 것들을 알게' 하기 위해서입니다(고전 2:12 참고). 이 영적인 사람들의 말의 교훈은 무엇이며 그것이 실제로 영감을 받았다는 것은 어떻게 알 수 있습니까? 그것 역시 '하나님의 일'입니다. 그렇지 않으면 그런 내용을 어떻게 전할 수 있겠습니까?

"우리가 이것을 말하거니와 사람의 지혜가 가르친 말로 아니하고 오직 성령께서 가르치신 것으로 하니 영적인 일은 영적인 것으로 분별하느니라"(고전 2:13).

'하나님의 일, 하나님의 깊은 것, 하나님의 성령' 이것이 바로 사도가 우리에게 간곡하게 권면하는 내용의 핵심입니다.

강조 용법이 사용된 것은 그것이 그만큼 중요하기 때문이 아니겠습니까? 더구나 동일한 내용을 단계적으로 반복한 데에는 특별한 이유가 있지 않겠습니까? 물론입니다. 이어지는 사도의 말은 자연인에게는 이루어질 수 없는 그

일의 본질이 정확히 무엇인지에 초점을 맞추고 있습니다. 즉, 신적 교훈을 논리적으로 아무리 완벽하고 정확하게 정리하고 추론한다 해도, 성령이 없으면 하나님의 일을 받지도 못하고 분별할 수도 없으며 붙잡지도 못하고 보지도 못한다는 것입니다(고전 2:14 참고).

예를 들어, 죄 사함에 관한 교훈(교리)을 생각해 봅시다. 우리가 이 주제에 대해 아무리 깊이 연구하고 정확하게 논증하며 자신의 견해를 다른 사람들에게 분명하게 가르쳐 준다 할지라도 그것이 우리에게 무슨 유익이 있겠습니까? 그러한 연구의 주제로서 죄 사함은 그저 우리의 생각 가운데 하나일 뿐이며, 그런 면에서는 자연인도 이 주제에 대해 얼마든지 생각해 볼 수 있을 것입니다.

그러나 실제적이고도 현실적인 죄의 용서라는 특권으로서의 죄 사함은 자연인의 생각 속에 있는 것이 아닙니다. 그것은 성령의 생각입니다. 우리를 향한 성령의 생각은 재앙이 아니라 평안입니다(렘 29:11 참고). 하나님의 생각은 우리와 달리 일시적이거나 헛되지 않습니다. 그분의 생각은 실제적이고도 효력이 있으며 영원합니다. 하나님은 자기 생각을 반드시 실제로 실현하십니다. 그러하기에 그것은 '하나님의 일'이라고 불리기에 합당합니다.

죄 사함이 실현되기 위해서는 그것이 반드시 하나님의 일이 되어야 합니다. 그리고 그러한 하나님의 일은 성령이 없이는 분별할 수 없습니다. 반면 우리의 마음에 있는 단순한 생각이나 교리는 전혀 실제적이지 않습니다. 그것은 추상적이고도 희미하며 비현실적일 뿐입니다. 우리가 아무리 죄 사함을 영원토록 조사하고 연구한다 해도 죄는 그대로 남아 있습니다. 죄 사함이 실제적이고도 굳게 붙들 수 있는 하나님의 일 가운데 하나가 되어 우리가 그것을 보고 받아들일 때에만 비로소 죄 사함이 실현되는 것입니다.

이와 마찬가지로 양자됨도 단순한 교리라는 측면에서는 우리의 생각 가운데 하나로 자리 매김 할 수 있을 것입니다. 어쩌면 우리가 양자됨에 관한 모든 교리를 통달할 수도 있습니다. 그러나 그것만으로는 하나님의 자녀가 될 수 없습니다. 양자됨이 하나님의 은혜로 말미암아 실제로 실현되기 위해서는 그것이 하나님의 일이 되어야만 합니다. 그리고 자연인은 그러한 하나님의 일을 받을 수도 없고 알 수도 없습니다.

이처럼 하나님의 모든 신실함이 담겨 있는 신적 교리를 단순한 교리로만 받아들임으로써 실제적 요소가 빠진 신앙에 사로잡혀 능력과 위로와 새롭게 하심을 잃어버린 사람들이 얼마나 많은지 모릅니다. 실제적인 신앙이 되기 위해서, 그리고 실제적인 성령의 일이 되기 위해서는 성령께서 그것들을 직접 이끄셔야만 합니다. 즉, 이러한 모든 실재의 주체가 성령이 되어야 합니다.

성령이 주체가 되어야 한다는 점과 관련하여 우리는 먼저 실재에 대한 감각이나 느낌을 분석해 보아야 합니다. 즉, 어떤 영역이나 분야든 그것이 정신적이든 물질적이든, 예술이든 과학이든 상거래이든, 국방이든 정치이든 한마디로 사람이 추구하거나 관심을 가지고 있는 것이라면 무엇이든지, 그 모든 것의 실재에 대한 확신이나 신념이 어디에서 오느냐 하는 것입니다. 실재에 대한 확신을 어디까지 분석할 수 있을까요? 이러한 확신을 어디까지 추적할 수 있을까요?

형이상학적 사색과는 별도로, 이해하고 있는 주체와 그것이 이해하는 대상 사이에는 분명히 어느 정도의 상호성 혹은 일정한 상호 조화나 상호 충족성이 존재합니다. 예를 들어, 물질의 '질(quality)'과 그 질을 인식하는 몸의 '감각'은 서로 일치하거나 조화를 이루는 부분을 가지고 있습니다. 그리고 이러한 바탕 위에서 물질은 우리에게 결코 희미하거나 추상적인 유사함이 아니라 분명하고도 구체적으로 존재하는 실상이 됩니다.

음성과 사람의 귀 사이에도 자신이 듣고 있는 소리가 상상이나 꿈속에서 들려오는 소리가 아니라 분명한 실재라는 확신을 갖게 하는 상호관계가 존재합니다. 예를 들어, 현악 연주를 듣는 사람이 공연 수준에 걸맞는 음악적 조예나 들을 수 있는 귀를 갖추고 있지 않으면, 그것을 음악으로보다는 단지 하나의 소리로만 들을 것입니다. 음악적 상상력이 없는 귀는 단지 '소리'라고 하는 일반적인 특질에만 반응하기 때문입니다.

왜 장사하는 사람들에게는 가격이나 시장 또는 시장 루머가 실재에 대한 강력한 확신을 주고 편안하게 여겨질까요? 그러한 것들 속에 자신의 마음과 일치하는 기질이나 특성이 있기 때문입니다. 이와 같이 인식의 주체와 인식의 대상 사이에는 양자가 서로 만났을 때 확실한 실재로 인식하게 하는 연관성과 자연스러움이 존재합니다. 이러한 현상은 모든 지식이나 사고의 영역에서도 동일하게 나타납니다.

그러므로 만일 하나님의 속성과 영광, 우리의 사랑에 대한 권위 있는 요구, 그것을 거절한 우리의 엄청난 죄악, 우리가 마땅히 정죄받아야 한다는 사실과 그리스도의 대속과 의, 그분의 구속적 사랑과 신실함, 죄 사함, 양자됨, 하나님의 얼굴빛과 구원의 기쁨과 성령의 위로, 거룩한 공의, 하나님의 선하신 율법과 은총의 보상 등의 모든 것들이 우리에게 희미하고도 막연하며 비현실적인 것이라면, 그것은 모두 우리의 영과 하나님의 성령의 일 사이에 상호 적합성이나 살아 있는 관계나 진정한 조화나 서로 일치하는 부분이나 상호 충족적인 요소가 없기 때문입니다.

성령께서는 우리가 이러한 것들을 실재로 확신하도록 하실 수 있습니다. 영광스러운 일치점을 만드실 수 있는 것입니다. 성령께서는 한편으로 '하나님의 깊은 것'(고전 2:10)과, 또 한편으로 이러한 것들을 묵상하고 다루려는 능동적 주체로서의 우리 마음 사이에서 복되고도 살아 있는 조화를 이루실 수 있습니다.

성령은 '하나님의 깊은 것'들을 가지고 있으며, 그것은 '영적인 일'입니다. 또한 그분은 우리의 영을 지키고 절대적이고도 완전하게 주관하시며 그것을 하나님의 형상과 성품과 영광으로 바꾸어 나가실 수도 있습니다. 그러므로 그것을 하나님의 거룩한 법의 모양과 틀에 맞게 주조하여 '하나님의 깊은 것'들의 중요한 속성과 특색을 부여할 수도 있는 것입니다.

그렇게 하나님의 성품과 영광이 이미 동일한 영광의 성품이 형성되어 있는 우리의 마음속에 분명하게 드러날 때, 하나님의 권위가 우리의 마음에 있는 것과 동일한 거룩한 법을 부여하고 죄가 그 거룩한 법을 위반한 모습으로 우리에게 드러날 때, 그리스도의 대속의 보혈과 우리의 보증인이요 의가 되시는 그분이 거룩한 법을 존귀하게 하실 때, 크고도 존귀해진 거룩한 법을 따라 용납하심과 온전히 의롭다하심으로 죄 사함을 받을 때, 또한 이 모든 구원의 기원으로서 하나님의 주권적 사랑과 그분의 얼굴빛이 임할 때, 큰 평안과 말할 수 없는 기쁨과 온전한 영광과 부끄럽지 않은 소망과 영적 안식이 임할 때, 오, 그때 성령의 새롭게 하심을 받은 우리의 속사람과 동일한 성령의 영적인 것들 사이에 존재하는 정확한 일치로 인해 우리의 영 안에 하나님의 일을 보고 받고 분별하고 붙들고 있다는 확실한 인침이 자리잡게 되는 것입니다.

이러한 인침은 추론적인 것이 아니라 직접적이며, 논리적 추론의 결과가 아니라 직관적이며, 즉각적이고 필연적이며 흔들리지 않습니다. 또한 이러한 것들은 그보다 더 실제적이거나 현실적인 것을 찾을 수 없을 만큼 참으로 실제적입니다.

"우리가 주목하는 것은 보이는 것이 아니요 보이지 않는 것이니 보이는 것은 잠깐이요 보이지 않는 것은 영원함이라"(고후 4:18).

그렇습니다. 보이는 것은 잠깐입니다. 그것은 그림자처럼 일시적이고도 피상적이며 닳아 없어질 것이요, 세상 풍속과 함께 사라질 것입니다. 그러나 보이지 않는 것들은 영원히 남을 것이며, 견실하고도 실제적이며 영구합니다.

"부귀가 내게 있고 장구한(durable) 재물과 공의도 그러하니라……이는 나를 사랑하는 자가 재물(substance)을 얻어서 그 곳간에 채우게 하려 함이니라"(잠 8:18, 21).

'믿음은 바라는 것들의 실상(substance)이요 보이지 않는 것들의 증거'(히 11:1)입니다. 우리로 하여금 믿게 하시고 거듭나게 하시는 성령이 우리 신앙의 실재들의 주체가 되어 '하나님의 일'들을 효과적으로 우리 신앙의 실상이 되게 하십니다.

이제 우리는 새로운 세계에 있습니다. 우리는 영적이고도 실제적인 세계에 있습니다. 그것이 영적이기 때문에 더욱 실제적인 것입니다. 우리는 우리 안에 거하시는 성령으로 말미암아 영적인 사람이 되었습니다. 그것은 그 어떤 논리로 설명할 수 없다 하더라도 확실한 사실입니다. 만일 우리와 논쟁하는 자연인이 모든 가치와 증거를 뛰어넘는 실상에 대해 의문을 가지고서 그의 눈에는 어리석고도 헛되게 보이는 것이 우리에게는 확실한 실재로 보이는 것을 문제 삼아 우리를 광신적이라고 생각한다면, 우리는 그를 설득시키려 하지 말고 그와의 논쟁을 멈추어야 합니다. 왜냐하면 영적인 것들을 분별하는 영성은 영적이지 못한 사람들의 판단을 초월하기 때문입니다.

"육에 속한 사람은 하나님의 성령의 일들을 받지 아니하나니 이는 그것들이 그에게는 어리석게 보임이요, 또 그는 그것들을 알 수도 없나니 그러한 일은 영적으로 분별되기 때문이라. 신령한 자는 모든 것을 판단하나 자기는 아무에게도 판단을 받지 아니하느니라"(고전 2:14, 15).

성령은 객관적으로 실재하는 모든 것들을 판단하는 분이시며, 주관적으로 실재에 대한 그들의 모든 확신과 감각에 대한 주체가 되십니다.

2. 모든 신앙적 인격의 주체가 되시는 성령

이것은 매우 간단하고 분명하면서도 잊어버리기 쉬운 참된 신앙의 특징입니다. 신앙(경건)은 단순한 종교적 진지함이 아닙니다. 그것은 살아 계시고 인격적인 하나님과의 관계입니다. 그것은 절대적이거나 추상적이지 않고, 상대적이면서도 인격적입니다. 이성을 가진 모든 피조물, 특히 타락한 인간은 하나님 앞에서 마땅히 이러한 신앙을 가져야 합니다.

타락한 인간에게 필요한 구속적 신앙과 구속적 사랑의 핵심이 바로 '인격'입니다. 그것은 외적(객관적)으로 비인격적인 율법에 대해 주의를 촉구하거나 맹목적인 순종을 요구하지 않습니다. 그리고 내적(주관적)으로 비인격적 능력이나 힘에 복종하게 하지도 않습니다. 그것은 객관적(외적)으로 우리에게 인격적이신 하나님의 요구를 인격적으로 제시하며, 주관적(내적)으로 우리를 살아 계신 하나님의 살아 있는 성전으로 삼게 합니다.

예를 들어, 신앙은 우리의 죄를 단순히 막연하고도 추상적인 율법을 위반한 것이 아니라 살아 계신 율법수여자(Lawgiver)에게 불순종한 것이라고 말합니다. 그것은 하나님을 두려워하지 않고 감사하지도 않으며, 하나님을 대적하고 불순종하며 배역하는, 하나님에 대한 인격적 범죄인 것입니다.

죄인과 하나님의 관계는 구체적으로 인격적 논쟁과 불화로 나타납니다. 신앙은 이러한 논쟁과 불화를 제거하고, 영원한 인격적 사귐의 기반이 되는 인격적 교제를 회복하게 합니다. 이러한 회복은 인격적 중보자의 인도하심과 사역에서 시작됩니다. 그분은 원수 된 두 당사자, 즉 율법수여자와 범죄한 백성을 다시금 화목하게 만드십니다. 그분은 한쪽의 실추된 명예를 다시 일으켜 세우시고, 다른 한쪽의 변명의 여지가 없는 추악한 범죄 행위를 용서해 주십니다.

이렇게 우리를 위한 중보자의 사역은 정확히 우리를 하늘에 계신 아버지, 인격적인 하나님께로 인도하여 인격적인 이해와 화목을 누리게 하시고, 중보자의 이름과 공로를 통해 하나님과 인격적인 관계를 맺고 동행하게 하시며, 그분에 대한 인격적 확신과 사랑과 의무를 행하게 하십니다. 동시에 하나님은 우리를 인격적으로 대하며 따뜻한 애정을 베풀고 철저하게 감찰하고 보호해 주십니다.

이 모든 신앙의 과정에서 가장 뚜렷하게 드러나는 요소는 분명히 인격적 요소입니다. 우리는 신앙이 추구하는 바에 대한 하나님의 가장 원초적이고도 직접적인 요구 속에서 이러한 인격적 요소를 확인할 수 있습니다.

"너는 나 외에는 다른 신들을 네게 두지 말라"(출 20:3).

"내 아들아, 네 마음을 내게 주며"(잠 23:26).

이러한 요구를 강하게 거부하며 불평과 변명을 늘어놓는 사람들에게는 이 말씀이 우울하게 들릴 것입니다. 그래서 여호와께서 "내가 자식을 양육하였거늘 그들이 나를 거역하였도다"(사 1:2)라고 말씀하신 것입니다.

신앙의 시작이라고 할 수 있는 탄식에도 이러한 인격적 요소가 풍성히 드러납니다.

"내가 어찌하면 하나님을 발견하고 그의 처소에 나아가랴"(욥 23:3).

"주님 무엇을 하리이까?"(행 22:10)

또한 신앙에서 비롯된 상한 마음의 고백에도 이러한 인격적 요소가 숨 쉬고 있습니다.

"내가 주께만 범죄하여"(시 51:4).

이러한 고백은 복된 초청의 음성을 듣게 합니다.

"수고하고 무거운 짐 진 자들아, 다 내게로 오라. 내가 너희를 쉬게 하리라"(마 11:28).

그리고 신앙을 통한 은혜로운 확신 속에도 인격적 요소가 나타납니다.

"나 곧 나는 나를 위하여 네 허물을 도말하는 자니 네 죄를 기억하지 아니하리라"(사 43:25).

그것은 신앙을 통해 누리는 현재적 특권 속에도 나타나며, "우리가 그에게 가서 거처를 그와 함께하리라"(요 14:23)라고 외치는 신앙적 소망의 음성에도 나타납니다.

"보라, 내가 속히 오리니"(계 22:12).

"우리가(인격적으로) 항상 주와 함께 있으리라"(살전 4:17).

이와 같이 인격적 요소를 실제로 우리의 신앙으로 형성하는 일은 전적으로 성령에게 달려 있습니다. 이러한 모습은 쉽게 찾아볼 수 있습니다.

그러나 여기서 성령의 영감으로 기록된 말씀을 통해서만 살아 있는 인격적 하나님의 음성을 들을 수 있다고 말하려는 것이 아닙니다. 또한 동일한 성령의 사역을 통해 형성된 그리스도의 중보자적 인격, 곧 하나님이자 사람이신 임마누엘로서의 중보자적 인격 안에서만 인격적 하나님을 만날 수 있다고 말하려는 것도 아닙니다. 물론 우리가 한편으로는 기록된 말씀을 통해서, 또 한편으로는 성육신하신 영원하신 말씀을 통해서 인격적 하나님을 이해할 수 있는 한, 이러한 사역들은 모두 동일한 성령의 역사입니다. 그러나 이것은 성령의 외적이고도 객관적인 역사입니다.

여기서 말하고자 하는 바는 감추어진 믿음의 생명 안에서 드러나는 은혜의 내적이고도 주관적인 역사입니다. 따라서 우리의 신앙에 나타나는 모든 실제적 인격은 전적으로 우리의 믿음과 그리스도의 인격에 대한 이해에 달려 있다고 할 수 있습니다. 우리는 그분을 통해 인격적 아버지를 볼 수 있습니다.

"나를 본 자는 아버지를 보았거늘"(요 14:9).

우리는 그분을 통해 아버지께 인격적으로 다가갈 수 있습니다.

"나로 말미암지 않고는 아버지께로 올 자가 없느니라"(요 14:6).

우리는 그분을 통해 아버지에게 담대히 자신을 맡기며 그분에게 우리의 모든 인격과 사랑과 헌신을 드릴 수 있습니다.

"그러므로 우리는 예수로 말미암아 항상 찬송의 제사를 하나님께 드리자"(히 13:15).

"너희 몸을 하나님이 기뻐하시는 거룩한 산제물로 드리라. 이는 너희가 드릴 영적 예배니라"(롬 12:1).

우리는 그분을 통해 아버지의 인격적인 율법의 요구를 만족시킬 수 있으며, 아버지가 베푸시는 인격적인 사랑의 은사들을 받을 수 있습니다. 또한 우리는 그분을 통해 하나님과 인격적 교제를 나누며 그분과 동행하게 됩니다. 결국 우리의 신앙에 포함된 모든 인격적 요소의 중심과 근원이 예수님의 인격 안에 있는 것입니다.

그렇다면 성령의 사역과 내주하심과 역사하심이 없이도 이러한 예수님의 인격이 실현될 수 있을까요? 아들 곧 육신으로 오신 하나님이 없이는 아버지께 다가갈 수도 없고 그분을 만날 수도 없습니다. 그런데 그 아들의 인격으로 다가가기 위해서는 반드시 성경이 필요합니다. 어쩌면 그리스도의 인격에 대해 우리가 가지고 있는 생각은 가장 비인격적인 것일지도 모릅니다. 생각만으로는 결코 살아 있는 인격적 신앙에 이를 수도 없고, 구세주와 인격적 관계를 맺을 수도 없습니다. 우리에게 필요한 것은 그분의 인격에 대한 생각이 아니라 그분의 인격 그 자체입니다.

혹시 그리스도가 하늘 저 멀리 계시다고 생각합니까? 그분의 인격이 '하늘이 땅보다 높음같이'(사 55:9) 우리에게서 멀리 떨어져 있다고 생각합니까? 그분의 육신이 영광 가운데 있는 동안에는, 마치 우리가 성부 하나님께 도달할 수도 없고 알 수도 없는 것처럼, 중보자의 인격에도 다가갈 수 없다고 생각하지는 않습니까?

물론 성령이 없다면 그럴 수밖에 없습니다. 승천하신 구세주께서도 바로 이것을 중점적으로 가르치고자 했습니다. 그리스도께서 어떠한 말씀으로 열한 제자를 안심시키려 하셨는지를 기억해 보십시오. 그것이야말로 그분의 위로의 핵심입니다.

제자들이 정확히 어디에서 비롯된 슬픔 때문에 낙심할 수밖에 없었습니까? 예수님과의 인격적 교제가 끝날 것이라는 생각 때문에 그들이 낙심하지 않았습니까? 지금까지 그들에게는 실로 사랑과 감사와 확신으로 가득한 인격적인 교제가 있었습니다. 예수님이 그들의 마음속에 결코 변하지 않을 사랑의 대상으로 각인되어 있었던 것입니다. 그러다가 예수님이 돌아가시자 그들은 그분의 입에서 나온 은혜로운 말씀과 그들과 함께 다니면서 들려주셨던 사랑의 음성을 소중히 기억하였을 것입니다. 또한 슬픔에 잠긴 그들에게 아버지의 나라에서 그분을 다시 만날 수 있으리라는 소망이 크나큰 위로가 되었을 것입니다. 그들은 복된 과거에 대한 추억을 가지고서 더욱 복된 미래를 기대하면서 이 시기를 견뎌 냈을 것입니다.

그렇다면 예수님은 무슨 말씀으로 그들을 위로하셨습니까? 그것은 어떤 취지의 말씀이었습니까? 예수님이 그들에게 자신과의 인격적 교제가 끊어지더라도 참고 지내라고 말씀하셨습니까? 과연 그들은 그분과의 인격적 교제가 끊어진 가운데 사별의 극심한 아픔을 겪으면서 지내야 했습니까? 예수님께서 설령 그러할지라도 즐겁게 지내라고 권면하셨습니까?

만일 그렇게 생각한다면, 그분의 말씀을 전적으로 잘못 이해한 것입니다. 그분은 결코 그렇게 위로하시지 않았습니다. 그분은 오히려 그러한 생각에 반박하셨습니다. 그분은 제자들에게 두 번 다시 자신과 인격적으로 교제할 수 없을 것이라고 말씀하시지 않았습니다. 그분은 분명히 그들을 고아와 같이 내버려 두지 않겠다고 말씀하셨습니다.

주님은 반드시 그들에게로 다시 오셔서 그들과 함께 거하실 것입니다. 그리고 그들은 주님의 계명을 지킴으로써 주님이 그들과 함께 계신다는 것을 드러낼 것입니다. 잠시 후에 그들은 그분을 다시 뵐 것입니다. 아버지께로 가신 그분이 그들을 다시 볼 것이며, 그들의 마음에 기쁨을 주실 것입니다. 물론 조금 있으면 또다시 그들을 남겨 두고 세상을 떠나시겠지만, 그들은 여전히 그 안에, 그분은 그들 안에 있을 것입니다(요 15:5 참고). 그들은 그분이 세상에 계실 때보다 더욱 명확하고도 온전하게 그분 안에 거할 것입니다. 그들은 세상에서 근심하겠으나 그분 안에서 평안을 누릴 것입니다. 그것은 그 어떤 불이나 전쟁으로도 뚫을 수 없는 참으로 진실하고도 평화로운 가정이 될 것입니다(요 14:18,19,21,23, 16:16,22,23 참고).

예수님은 자신이 승천한 후에도 자신의 임재와 인격적 교제가 계속될 것이라는 이 모든 약속을 보혜사인 진리의 영이 오셔서 이루실 것이라고 말씀합니다.

"그러나 내가 너희에게 실상을 말하노니 내가 떠나가는 것이 너희에게 유익이라. 내가 떠나가지 아니하면 보혜사가 너희에게로 오시지 아니할 것이요, 가면 내가 그를 너희에게로 보내리니"(요 16:7).

진리의 영이신 성령은 결코 '스스로 말하지 않고 오직 들은 것을 말하실' 것입니다(요 16:13 참고). 성령은 마치 예수님이 승천하시고 나서 예수님과의 교제가 중단되어 있는 동안 자신이 그 자리를 대신할 것처럼 그들의 관심을 자기에게로 돌리시지 않을 것입니다. 성령은 예수님을 향하는 그들의 마음과 생각을 돌리거나 그분과의 기억을 빼앗거나 그분과의 교제를 대신하시지 않을 것입니다. 결코 그렇게 하시지 않을 것입니다.

예수님은 자신의 임재를 대신할 보혜사를 약속하신 것이 절대 아닙니다. 그분은 자신의 임재를 더욱 견고히 하고 유지하기 위하여 성령을 보내셨습니다. 즉, 성령의 모든 사역이 '나를 증언하고 나를 영화롭게 하는 것'(요 15:26,

16:14 참고)이라고 말씀하십니다.

"무릇 아버지께 있는 것은 다 내 것이라. 그러므로 내가 말하기를 그가 내 것을 가지고 너희에게 알리시리라 하였노라. 조금 있으면(내가 나와 너희들의 아버지께로 올라가 하나님의 우편에 앉아 아버지로부터 너희에게 충만히 임하실 성령에 대한 약속을 받을 그때에) 너희가 나를 보지 못하겠고 또 조금 있으면 나를 보리라"(요 16:15,16).

그분은 그들에게서 자신의 임재를 거두어 가시고 인격적 교제를 끝내시는 것이 아니라 그들이 잃어버리지 않으려고 그토록 노심초사하는 그 특권을 더욱 풍성하고도 친밀하게, 영원히 허락하실 것입니다. 아버지의 것이 모두 그분의 것이며, 성령께서도 바로 그분의 것을 그들에게 전하실 것입니다. 성경이 말씀하는 대로 아버지와 그분이 함께 그들 안에 거하실 것입니다.

성경은 "주께서 높은 곳으로 오르시며 사로잡은 자들을 취하시고 선물들을 사람들에게서 받으시며 반역자들로부터도 받으시니"(시 68:18)라고 말씀합니다. 그것은 주께서 그들과 함께 계시지 않기 때문이 아니라 '여호와 하나님이 그들과 함께 계시기 때문'(시 68:18)인 것입니다.

그분의 영이 지금도 그들과 함께 거하십니다. 그리고 앞으로도 그들과 함께하실 것입니다. 그분은 참으로 자신의 영으로 그들 속에 임재하실 것입니다. 그분의 영이 바로 성령이십니다. 영원하신 삼위 하나님의 신격 안에서 그분과 그분의 영은 하나의 본질과 권능과 영원성을 지니십니다. 그분과 그분의 영은 그들을 향한 영원하신 사랑 안에서 같은 마음과 의지를 가지고 계십니다. 또한 그들의 형제가 되시는 그분 안에 그분의 영이 한량없이 거하십니다. 그들이 나사렛의 친구에게서 보았던 형제애와 친밀감을 기대한다면, 그분의 마음속에 그러한 형제애를 심어 준 분이 바로 그의 영이심을 잊지 말아야 할 것입니다. 그런데도 그분이 함께 계심을 믿지 못합니까? 그분은 그의 영을 보내심으로써 그들과 인격적으로 함께 계십니다.

그분에게 신실하며 그들을 잘 알고 계신 성령은 그리스도를 배제한 채 자신을 내세우시지 않습니다. 제자들의 육신의 눈앞에서 사라지신 그리스도는 잠시 후에 성령으로 임하셔서 영의 눈앞에 더욱 밝히 드러나실 것입니다. 그분의 육신의 손으로는 그들의 손을 잡을 수 없지만, 성령을 통해 그분의 사랑의 팔이 지금보다도 더욱 분명하게 그들을 감싸 안을 것이며, 그들은 믿음으로 그분의 팔을 더욱 확실히 느끼게 될 것입니다. 이제부터는 사람들의 멸시와 로마의 천대를 받던 그분이 그들의 초라한 집에 드나드시는 것이 아니라, 아버지께서 영화롭게 하신 그분이 우리의 마음의 집에 들어오셔서 우리와 함께 사시며 '영광의 소망'(골 1:27)이 되실 것입니다.

세상은 그들을 흩어지게 하고 서로 못 만나게 할 수 있을지 몰라도 그들을 그리스도에게서 떼어 낼 수는 없습니다. 그들이 아무리 요한을 밧모섬에 가두고 베드로를 지하 감옥에 가두어 서로 교제할 수 없게 할지라도 그리스도와의 인격적 교제를 막을 수는 없습니다. 그분은 성령으로 말미암아 그들의 마음에 거하시면서 그들의 삶의 동반자가 되어 주실 것입니다. 그들을 추방하고 감옥에 가둔다 할지라도 그들의 교제를 막을 수는 없습니다. 그들 가운데 거하시는 성령은 주님께서 다시 오셔서 그들을 그가 있는 곳으로 데려가시고 주와 함께 영원히 거하게 하실 때까지 그들 안에 계실 것입니다.

이와 같이 승천하신 중보자에 대한 신앙에는 인격적 요소가 가장 강하게 나타납니다. 그것은 사랑과 교제로 이루어지는 인격적 관계의 신앙입니다. 그러나 그것을 실제로 이루시는 분은 성령이십니다. 아들 안에서 아버지와 아들에 대한 인격적 지식을 유지하도록 주관하는 분도 성령이십니다. 아들 안에서 아버지와 아들과의 인격적 만남이나, 사랑과 상호 관심사에 대한 인격적 교제 또한 모두 성령이 주관하시는 사역입니다.

정리하자면, 그리스도의 인격은 우리의 신앙적 인격의 근원이며, 성령이 없는 자는 그 그리스도의 인격을 알 수도 없고 다가갈 수도 없습니다. 여전히 죄로 인해 죽어 있는 자는 성령이 없는 자와 같습니다. 우리의 신앙은 참으로 성령이 계셔야만 인격적인 신앙이 될 수 있습니다.

3. 적용

이 장을 마치면서 이 주제를 두 가지 면에서 간략히 적용해 보고자 합니다.

1) 여러분에게는 참된 신앙이 있습니까

불확실하거나 사변적이지 않으며, 종교적인 이론이나 꿈도 아니고, 죽은 신조나 추상적인 이론이나 논리적 합리화가 아닌 신앙, 즉 우리의 영혼이 굳건한 반석으로 의지할 수 있는 신앙이 있습니까? 비유적으로는 확실하고도 실제적인 영혼의 양식이 되는 신앙, 바로 그 안에서 우리의 영혼을 전사의 갑옷과 같은 실제적인 갑옷으로 무장시키는 신앙이 있습니까? 또는 실제적으로 그 안에서 우리의 죄만큼이나 확실하고도 실제적인 칭의의 의를 발견할 수 있는 신앙, 죽음에 대한 두려움만큼이나 확실한 소망의 근거를 발견할 수 있는 신앙이 있습니까?

우리에게는 이와 같은 신앙이 필요합니다. 이 땅에서의 우리의 현재 상태나 미래의 소망은 이러한 신앙이 반드시 필요하다는 것을 보여 줍니다. 우리의 죄는 실제적입니다. 우리에게 닥치는 시험이나 어려움이나 고난이나 슬픔도 너무나 확실하고 고통스러운 실재입니다. 더구나 죽음이라는 너무나도 분명한 실재가 있습니다. 나와 주위 사람들에게 어김없이 찾아오는 죽음, 그리고 그 너머에 있는 크고도 흰 보좌를 생각해 보십시오. 우리에게는 죄 사함뿐만 아니라 우리에게 언도된 사형선고를 되돌릴 수 있을 만큼 확실하고도 실제적인 탄원이 필요합니다. 우리에게는 우리가 무릎 꿇고 탄원해야 하는 보좌만큼이나 확실한 용서가 필요합니다.

나는 여러분이 하나님의 자비를 입어 이러한 실제적 신앙으로 만족하게 되기를 바랍니다. 아무리 정확하고 훌륭한 생각이나 이론이라 해도 그것에 만족해서는 안 됩니다. 성령 안에서 확실한 것, 하나님께서 우리에게 은혜로 주신 것들을 붙잡으십시오. 그분으로부터 오는 것들은 결코 헛된 환상이 아닙니다. 그것은 그분이 우리를 위해 베푸신 실재, 결코 기만하지 않고 부족함이 없는 실재입니다.

또한 그분으로 말미암아 실제적인 속죄의 희생과 죄 사함, 실제적인 칭의와 용납하심, 실제적인 하늘의 시민권을 구하고 하늘의 삶을 준비해야 합니다. 이러한 것들을 구한다면 반드시 얻게 될 것입니다.

"여호와 하나님은 해요 방패이시라. 여호와께서 은혜와 영화를 주시며 정직하게 행하는 자에게 좋은 것을 아끼지 아니하실 것임이니이다"(시 84:11).

오직 성령을 통해서만 이러한 것들이 우리에게 실재가 될 수 있습니다. 즉, 성령을 통해서만 그러한 것들을 실제로 인식하고 받아들이게 되는 것입니다. 그분이 우리의 신앙을 모든 실제적이지 않은 것들로부터 구해 내실 것입니다. 그분이 그러한 것들에 관한 진리로 가득한 거룩한 교훈으로 우리를 채우실 것입니다. 그분이 하나님께서 우리에게 은혜로 주신 것들을 알게 하실 것입니다. 그분이 그리스도의 것을 우리에게 나타내시며 우리의 것으로 만드실 것입니다. 그분이 아들을 통해 우리를 성부 하나님의 가장 깊은 것으로 인도하실 것입니다. 우리의 죄를 이론이 아닌 실제로 용서하신 구속적 사랑과, 죄 사함의 은총에 대한 아버지의 영원하신 목적과, 그분을 경외하는 자와 함께 하시는 하나님의 비밀한 것으로 인도하실 것입니다. 그리하여 그곳에서 우리의 신앙이 참으로 실재가 되며 여호와의 선하심을 맛보아 알게 될 것입니다.

2) 여러분의 신앙은 인격적입니까

신앙은 단순한 원리가 아닙니다. 아무리 바르고 정직할지라도 단순히 엄숙한 비인격적 원리에 바탕을 둔 신앙은 기껏해야 엄격하고도 냉정하며 무감각하기만 할 뿐입니다. 거기에는 변화가 없고 혹 있다고 하더라도 극히 미미하며 마음을 끌지 못하고, 따사로운 애정이나 열정이나 사랑이나 기쁨도 없습니다. 오직 사랑하는 친구에게 문을 열 때 그가 들어와 함께 거하며 더불어 먹는 것과 같은 인격적 교제가 있는 신앙만이 마음을 새롭게 하고 기쁘게 하며, 마음을 다스려 그 소원을 만족하게 하고 성취합니다.

이러한 두 가지 형태의 신앙, 즉 생명력이 없는 법과 추상적인 의무감과 비인격적인 원리만 있는 신앙과, 형님과 같이 우리와 함께 거하시며 한없는 사랑과 자비로 우리의 모든 눈물을 닦아 주시는 그리스도와 하늘에 계신 아버지를 경외하며 거룩하게 교제하는 신앙 사이에서 우리는 바울이 제시하는 또 하나의 유사한 대조를 통해 제3의 형태(선인)를 추측해 볼 수 있습니다. 즉, 냉정하고도 무미건조하며 엄격한 '의(righteousness)'만을 가진 의인을 위해서는 대신 죽을 사람이 거의 없지만 인격적인 '선(goodness)'과 부드러운 마음과 교제가 있는 선인을 위해서는 혹 담대히 죽을 사람이 있다는 것입니다.

"의인을 위하여 죽는 자가 쉽지 않고 선인을 위하여 용감히 죽는 자가 혹 있거니와"(롬 5:7).

죽음 앞에서 우리는 각각의 가치를 시험해 볼 수 있습니다. 그렇다면 인격이 없는 경건이 우리에게 실제적인 위로를 줄 수 있을까요? 그것이 아무리 바른 교리요 유익한 원리라고 하더라도, 단순한 교리나 원리의 힘만을 믿고서 죽어 가는 자신의 영혼을 영원히 맡길 수 있겠습니까? 여러분은 살아 있는 인격적 임재를 간절히 원하지 않습니까? 인격적인 음성, 즉 인격적 임재에 대한 약속을 듣고 싶지 않습니까? 죽음을 눈앞에 둔 여러분에게는 "주여, 나는 당신과 함께 있습니다"라는 확신에 찬 한마디가 온 세상을 다 가진 것보다 더 가치가 있지 않겠습니까?

'내가 사망의 음침한 골짜기로 다닐지라도 해를 두려워하지 않는다'라고 고백할 수 있는 것은 살아 계신 목자의 인격적 임재가 실현되느냐에 달려 있습니다. 우리가 그분의 임재로 말미암아 담대해질 때 이렇게 고백하게 될 것입니다.

"내가 사망의 음침한 골짜기로 다닐지라도 해를 두려워하지 않을 것은 주께서 나와 함께하심이라. 주의 지팡이와 막대기가 나를 안위하시나이다"(시 23:4).

이와 같이 죽음 앞에서 인격적 신앙이 반드시 필요하다면, 그것은 우리가 이 땅에서 순례자로 지낼 때에도 반드시 필요합니다. 우리의 칭의는 하나님께서 값없이 주시는 은혜의 인격적 행위이며, 우리가 매일 믿음으로 성화되어 가는 것은 인격적인 일입니다. 우리의 자녀 됨의 특권 역시 전적으로 인격적인 일입니다. 인격적인 기도는 생명력으로 넘칩니다. 사실 이러한 요소는 모든 생명력 있는 기독교의 특징입니다.

그것은 우리가 뒤로 물러나거나 열심이 식어 연약해지거나 죽음에 임박할 때 가장 먼저 임하는 인식이자 위로가 될 만큼 중요한 요소입니다. 또한 그것은 우리가 죄에서 해방되고 타락으로부터 회복되며 경건이 풍성해질 때에도 가장 먼저 활발하게 살아나는 요소입니다. 신앙에서 살아 있는 인격만큼 중요한 것은 없습니다. 인격적 신앙은 무감각하거나 무미건조하거나 단조롭지 않습니다. 우리의 인격적인 친구는 우리처럼 편협하고도 유치한 생각이 아니라 하늘보다 높고 바다보다 넓은 생각을 가지고 있습니다.

"우리를 향하신 주의 생각도 많아 누구도 주와 견줄 수가 없나이다. 내가 널리 알려 말하고자 하나 너무 많아 그 수를 셀 수도 없나이다"(시 40:5).

"주께서 그들을 홍수처럼 쓸어가시나이다. 그들은 잠깐 자는 것 같으며 아침에 돋는 풀 같으니이다"(시 90:5).

그분이 우리와 함께 계십니다. 그분의 온유한 사랑과 넓은 자비가 모든 근심과 환난 속에서 우리에게 새로운 힘과 위로를 주실 것입니다. 사도 바울과 다윗은 인격적 중보자를 통해 하나님을 인격적으로 경외하고 사랑하며 교제하는 신앙을 가지고 있었습니다. 그것은 영원히 마르지 않는 샘이요 다양하고도 풍성한 변화로 충만한 삶의 신앙입니다. 이러한 신앙은 언제나 새로운 매력과 예측할 수 없는 변화와 끊임없는 다양성으로 가득하며, 모든 고귀한 감정들의 조화로운 역사와 끊임없이 변화하는 결합을 향해 즐겁게 행진합니다. 이 모든 역사가 인격적 요소 때문에 일어납니다. 이러한 인격적 요소로 말미암아 이 땅에서의 삶이 훨씬 더 풍성해지고 영원에 대한 소망이 배가됩니다.

"하나님이 자기를 사랑하는 자들을 위하여 예비하신 모든 것은 눈으로 보지 못하고 귀로 듣지 못하고 사람의 마음으로 생각하지도 못하였다 함과 같으니라. 오직 하나님이 성령으로 이것을 우리에게 보이셨으니"(고전 2:9,10).

그렇습니다. 하나님이 성령으로 이것을 우리에게 보이셨습니다. 그리고 성령은 이러한 삶을 통해 하나님의 깊은 것들을 드러내기 시작했습니다. 우리의 죄와 평안과 하나님과의 동행에 관한 것들을 우리에게 알려 주시고, 거룩하신 하나님을 따라 우리를 깨끗하게 하시는 것입니다.

"오직 하나님이 성령으로 이것을 우리에게 보이셨으니 성령은 모든 것 곧 하나님의 깊은 것까지도 통달하시느니라"(고전 2:10).

그러므로 살아 있는 인격적 신앙을 통해 다양한 변화와 생명력과 새롭게 하심을 누리기 위해서는 오직 성령을 의지해야 합니다. 성령으로 말미암아 우리가 아들에게 나아가고 아들을 통해 아버지께로 나아갈 수 있습니다.

"성령 안에서 아버지께 나아감을 얻게 하려 하심이라"(엡 2:18).

그리고 동일한 성령을 통해 아들이 우리에게 다가오시고 약속을 성취하십니다.

"볼지어다. 내가 세상 끝 날까지 너희와 항상 함께 있으리라"(마 28:20).

"우리(아버지와 내)가 그에게 가서 거처를 그와 함께하리라"(요 14:23).

chapter

9
하나님의 영광을 아는 빛(계시)

"여호와께서 이르시되 내가 친히 가리라……원하건대 주의 영광을 내게 보이소서"(출 33:14,18).
"어두운 데에 빛이 비치라 말씀하셨던 그 하나님께서 예수 그리스도의 얼굴에 있는
하나님의 영광을 아는 빛을 우리 마음에 비추셨느니라"(고후 4:6).

    그리스도께서 자신의 백성들과 함께하시는 임재는 전적으로 그분의 영광의 나타나심을 통해 실현됩니다. 그리스도의 각별한 사랑을 받았던 제자 요한 역시 그렇게 생각했습니다. 육신이 되신 말씀과 교제하는 특권에 대해 그가 언급한 내용 가운데 그러한 생각이 담긴 표현을 발견할 수 있습니다.
    "말씀이 육신이 되어 우리 가운데 거하시매 우리가 그의 영광을 보니 아버지의 독생자의 영광이요 은혜와 진리가 충만하더라"(요 1:14).
    요한은 본질적으로 이러한 특권은 육신을 입고서 그들과 함께 계신 주님의 일시적인 임재에서 비롯되는 것이 아니라 영원한 목적을 달성하기 위하여 육신이 되신 그분의 영광의 영원한 계시에서 비롯된다고 말합니다. 바로 이런 관점 때문에 여기서 "우리가 그의 영광을 보니 아버지의 독생자의 영광이요" 라는 놀라운 삽입구에 대해 말하지 않을 수 없습니다.
    요한복음 1장 14절은 "말씀이 육신이 되어 우리 가운데 거하시매"라는 말

로 시작됩니다. 아마도 요한은 이 구절에 이어 즉시 "은혜와 진리가 충만하더라"라는 내용을 덧붙이려고 했을지도 모릅니다. 그런데 그 순간 그에게 다음과 같은 생각이 불현듯 떠올랐을지 모릅니다.

"나는 앞으로 올 모든 세대의 부러움을 받게 될 것이다. 그리고 이 글은 육체로 계신 주님을 보았다는 엄청난 복에 대한 확인이 될 것이다. 그러나 그것이 나의 뜻은 아니다. 따라서 나의 글은 우리에게 주신 특권의 핵심이라고 자부했던 그분의 영적 영광(교회가 받은 영원한 기업)을 드러내야만 한다. 이러한 나의 뜻을 분명히 밝혀야 한다. 만약 이대로 끝낸다면 오해의 소지가 있으므로 문장을 끝내기 전에 육신이 되신 말씀의 임재를 통해 우리가 누리게 된 복이 그분의 승천으로 인해 사라질 일시적인 광경이 아니라 그분의 승천으로 인해 더욱 밝히 드러나게 될 영광이라는 것을 설명해야 한다."

그래서 그는 자신의 의도를 강력하게 표현합니다.

"말씀이 육신이 되어 우리 가운데 거하시매 우리가 그의 영광을 보니 아버지의 독생자의 영광이요 은혜와 진리가 충만하더라."

요한에게 있어서 영원히 고귀한 주님의 임재는 바로 주님의 영광이 나타나는 것이었습니다.

모세도 그렇게 생각하였습니다. "내가 친히 가리라"(출 33:14)라는 약속을 받았던 모세는 "원하건대 주의 영광을 내게 보이소서"(출 33:18)라고 간구합니다. 그가 주님의 말씀을 오해한 것이 아니라 그 말씀에 담긴 더욱 심오한 의미를 알았기 때문입니다.

그러므로 우리는 그리스도의 임재와 관련하여 그분의 영광의 계시(나타남)에 대한 하나님의 계획(방법)을 반드시 살펴보아야 합니다. 이 주제와 관련하여 바울의 주옥같은 언급들은 많은 도움이 될 것입니다.

"어두운 데에 빛이 비치라 말씀하셨던 그 하나님께서 예수 그리스도의 얼굴에 있는 하나님의 영광을 아는 빛을 우리 마음에 비추셨느니라"(고후 4:6).

"하나님의 영광을 아는 빛(the light of the knowledge of the glory of God-하나님의 영광의 지식의 빛)"이라는 말은 놀라운 표현이 아닐 수 없습니다. 이 말에서 중심 단어는 '지식(knowledge)'입니다. 이 단어는 어순상 '빛'이라는 단어와 '영광'이라는 단어 사이에 있으며 두 단어와 관련됩니다. 한편으로는 '빛(the light of the knowledge-지식의 빛)'과, 다른 한편으로는 '영광(the knowledge of the glory-영광에 대한 지식)'과 연결되는 것입니다. 따라서 본문은 특정 영광과 특정 빛에 대해 언급하면서 이들 사이에 두 단어의 결합 또는 협력의 산물이라고 할 수 있는 '지식'이라는 단어를 삽입한 구조를 취하고 있습니다. 그러므로 여기서는 이러한 역할을 하는 '지식'이라는 단어의 본질과 기원에 관해 살펴보고자 합니다.

'빛, 지식, 영광'이라는 단어가 순서대로 연결되어 있는 이 구절에서 그 중심에 있는 '지식'이라는 단어가 중요하다는 사실은 그것을 둘러싸고 있는 단어만 보더라도 알 수 있습니다. 빛이 선두에서 전진하고 있으며, 영광이 뒤에서 따라가고 있습니다.

"하나님의 영광을 아는 빛(the light of the knowledge of the glory of God)."

지식이 담고 있는 것은 하나님의 영광입니다. 그런데 이 지식은 오직 하나님의 빛 안에서만 주어집니다.

"어두운 데에 빛이 비치라 말씀하셨던 그 하나님께서 예수 그리스도의 얼굴에 있는 하나님의 영광을 아는 빛을 우리 마음에 비추셨느니라."

이 말씀이 주는 교훈은 명백합니다. 즉, 하나님의 구원의 지식을 얻기 위해서는 이중적 계시가 필요하다는 것입니다. 하나는 영혼의 외부에서 일어나는 외적인 계시이고, 또 하나는 영혼의 내부에서 일어나는 내적인 계시입니다. 외적으로는 '예수 그리스도의 얼굴에 있는 하나님의 영광'이 비춰야 하고, 내적으로는 '우리 안에서 빛이 비취는 역사'가 일어나야 합니다. 이 두 가지 계시가 하나가 될 때 여호와를 아는 참된 지식 곧 그분의 임재와 영광에 대한 영적 인식을 얻을 수 있습니다.

영광은 외부에서 영혼을 향하여 제시되며, 빛은 영혼 내부에서 일어납니다. 영광은 예수 그리스도를 통해 계시된 하나님의 영광이며, 빛은 성령을 통해 비취는 하나님의 빛입니다. 따라서 이러한 내적인 빛을 통해 외적인 영광을 이해하고 판단할 때에 영원한 생명이신 하나님을 아는 복을 얻게 되는 것입니다. 이것이 바로 '예수 그리스도의 얼굴에 있는 하나님의 영광을 아는 빛'입니다.

그렇다면 이제 이러한 빛을 비추고 영광을 나타내시는 성령을 염두에 두고서 순서에 따라 다음의 두 가지 교훈을 살펴봅시다. 첫째로, 하나님의 구원의 지식을 얻기 위해서는 우리의 영혼에 그리스도 안에 있는 신적 영광이 나타나야 합니다. 둘째로, 우리 영혼 내부에서 하나님의 영적인 빛을 비추는 신적 사역이 있어야 합니다.

1. 외적이고도 객관적인 계시

영원한 생명이신 하나님에 대한 지식을 얻기 위해서는 예수 그리스도의 얼굴에 있는 하나님의 영광이 나타나야 합니다. 이 교훈은 다음의 세 가지 의미로 생각해 볼 수 있습니다.

첫째, 하나님의 영광이 우리에게 나타나야 합니다.
둘째, 이 영광은 그리스도 안에서 계시되어야 합니다.
셋째, 복음은 이러한 계시를 드러내는 거울입니다.

1) 하나님을 인격적으로 알고 구원의 지식을 얻기 위해서는 하나님의 영광이 우리에게 나타나야 합니다

우리는 하나님이 우리에게 다가와 자신의 영광 안에서 자신을 나타내시기 전까지는 하나님과 교제할 수도 없고 화목할 수도 없습니다. 그러하기에 하나님의 영광이 우리에게 나타나야 합니다.

그런데 하나님에 대한 지식은 단순히 하나님이 계시다는 사실을 아는 것이 아니라 하나님이 어떤 분인지를 아는 것입니다. 그것은 단순히 제1원인자가 존재한다거나 살아 있는 인격적 창조자가 존재한다는 사실을 확신하는 것이 아닙니다. 그것은 하나님과 인격적이고도 친밀하게 교제하는 것입니다.

이러한 의미에서 볼 때 하나님의 창조 사역이나 섭리에 관한 논쟁들은 지식이라고 할 수 없으며, 자연을 통해 본질적인 하나님께로 거슬러 올라가는 모든 추론들도 하나님을 아는 지식이라고 할 수 없습니다. 그런 것들로는 단 한 사람도 회심시키거나 구원할 수 없습니다. 마치 우리가 친구를 대면하여 만나는 것처럼 하나님의 직접적인 계시가 있어야 하며, 서로의 모든 성품과 성격이 드러나는 것처럼 하나님의 영광인 도덕적 속성이 나타나야만 합니다.

하나님은 피조물이 다가갈 수 없는 영광으로 가득한 빛 가운데 거하십니다. 그분은 너무나도 압도적인 장엄함 때문에 피조물의 눈에는 오히려 어둠처럼 보이는 빛을 입고 계십니다. 그러므로 주께서 자신의 절대적 의지에 따라, 아무도 다가갈 수 없는 그곳에서 스스로 나오셔서 자신을 계시하셔야만 합니다. 무엇보다도 하나님에 대한 인격적 신뢰와 진솔한 대화의 바탕이 되는 자신의 본성의 온전함을 드러내셔야만 합니다.

옳지 않은 일을 결코 하실 수 없는 확실한 공의의 하나님이요, 우리에게 좋은 것을 주실 수밖에 없는 한없는 은혜의 하나님으로서 그분의 영광이 나타나야만 합니다. 우리는 이와 같이 친밀한 벗을 통해 결코 부당하지 않은 공평한 대우와 결코 해가 되지 않는 자비를 기대하게 됩니다. 하나님의 무한하신 온전하심 속에서 이러한 두 가지 요소를 모두 요구하게 되는 것입니다.

그런데 이렇게 하나님의 영광이 나타나는 것을 가로막는 가장 끔찍한 방해물이 있습니다. 그것은 바로 죄입니다. 모든 범법자들을 한 치의 흔들림도 없이 응시하시는 공평하고도 변함없는 하나님의 영원하신 공의의 영광이 범죄한 나를 향하고 있습니다. 만약 하나님께 이 영광스러운 온전하심을 벗고 죄인을 향해 부드럽고도 유약한 아량을 베푸시기를 청한다면, 그것은 그분을 끌어내리고 그분의 영광을 빼앗는 것이며, 오히려 우리로 하여금 그 안에서 영광과 기쁨의 확신을 누리지 못하게 하는 것입니다.

2) 그러므로 하나님의 영광이 예수 그리스도의 얼굴에 나타나야 합니다

임마누엘의 모든 인격과 사역은 참으로 하나님의 영광을 나타냅니다. 그분은 인성을 입으신 하나님의 온전한 형상이십니다. 그분은 아버지의 영광의 광채이십니다. 빌립이 "아버지를 우리에게 보여 주옵소서"(요 14:8)라고 간구하자 예수님은 "나를 본 자는 아버지를 보았거늘"(요 14:9)이라고 대답하십니다. 그리스도 안에서 신성과 인성이 하나의 인격으로 존재하고 계신다는 사실이 바로 육신으로 나타나신 하나님의 놀라운 자기 계시인 것입니다.

예수님은 육신으로 계실 때에 서기관들과 바리새인과 위선자들에 대해 분노하셨습니다. 이러한 분노는 하나님께서 죄를 가증스럽게 여기신다는 사실을 보여 주는 거룩한 인간의 감정입니다. 예수님은 예루살렘을 바라보면서 우셨습니다. 이것은 죄인을 향한 하나님의 긍휼을 보여 주는 거룩한 인간의 감정입니다. 이러한 그리스도 예수의 인간적 미덕은 온전한 영광 안에서 인간적 미덕과 결합되어 있는 하나님의 신적 속성을 묵상하는 관문이라고 할 수 있습니다.

신성과 인성이 하나님이자 사람이신 임마누엘의 인격 안에서 하나로 결합될 때에는 부자연스런 억지나 마찰이 전혀 없습니다. 신적 속성과 인성의 미덕이 임마누엘의 성품을 통해 드러날 때도 마찬가지입니다.

우리는 육신으로 오신 그리스도 예수 안에서 거룩한 공의와 한없는 사랑에 다가가고 그것을 묵상할 수 있습니다. 그리고 이와 같은 인간적 성품과 하나 됨을 통해 우리는 지속적으로 하나님의 깊은 성품에까지 도달할 수 있습니다. 우리는 그리스도 예수를 통해 그 얼굴에 있는 하나님의 영광을 봅니다.

그런데 이러한 하나님의 영광은 특별히 그리스도 안에서 그에게 맡겨진 사역과 관련하여 나타납니다. 그분은 "영생은 곧 유일하신 참 하나님과 그가 보내신 자 예수 그리스도를 아는 것이니이다"(요 17:3)라고 말씀하신 후에 곧바로 자신의 위대한 희생에 관해 덧붙여 말씀하십니다.

"아버지께서 내게 하라고 주신 일을 내가 이루어 아버지를 이 세상에서 영화롭게 하였사오니"(요 17:4).

즉, 하나님의 일을 이루심으로써 그분의 영광을 드러내셨다는 것입니다. 확실히 이 사역이 성취되는 것만이 죄인에게 필요한 하나님의 영광을 드러낼 수 있습니다. 하나님의 심판과 신적 공의는 절대로 흔들리거나 변하지 않습니다. 이제 온 세상을 심판하시는 분의 음성을 들어 보십시오.

"만군의 여호와가 말하노라. 칼아 깨어서 내 목자, 내 짝 된 자를 치라. 목자를 치면 양이 흩어지려니와 작은 자들 위에는 내가 내 손을 드리우리라"(슥 13:7).

그런데 이와 동시에 무한하고도 부족함이 없는 하나님의 사랑이 드러납니다. 이보다 더 귀한 계시는 영원히 얻을 수 없습니다. 교회의 승리와 완전한 기쁨이 바로 여기에 있습니다.

"사랑은 여기 있으니 우리가 하나님을 사랑한 것이 아니요, 하나님이 우리를 사랑하사 우리 죄를 속하기 위하여 화목 제물로 그 아들을 보내셨음이라"(요일 4:10).

예수 그리스도의 얼굴에는 하나님의 온전한 영광이 있습니다. 그분의 공의의 영광은 한 치의 흔들림도 없이 영광의 주를 우리의 죄로 삼아 도살했습니다. 또한 이 사랑의 영광은 악하고도 잔인한 대적을 위하여 하나님의 사랑하는 독생자이신 영광의 주를 수치와 진노의 죽음 가운데 내버려 두셨습니다.

모세가 "원하건대 주의 영광을 내게 보이소서"(출 33:18)라고 청하자 여호와께서는 그의 앞으로 지나시면서 이렇게 선포하셨습니다.

"여호와라 여호와라. 자비롭고 은혜롭고 노하기를 더디하고 인자와 진실이 많은 하나님이라. 인자를 천 대까지 베풀며 악과 과실과 죄를 용서하리라. 그러나 벌을 면제하지는 아니하고 아버지의 악행을 자손 삼사 대까지 보응하리라"(출 34:6-8).

이러한 영광이 예수님의 얼굴이 아니면 어디에서 비치겠습니까? 그 누구보다 상하신 모습으로 자기 영혼을 버려 사망에 이르게 하신 그리스도가 아니면 과연 어디서 죄를 향한 하나님의 무한하신 진노와 그 죄를 사하시는 끝없는 사랑을 찾을 수 있겠습니까?

이제 우리를 위해 죄로 삼은 바 되고 십자가의 제단에 올려진 번제물이 되어 모든 죄의 고난과 형벌을 당하신 하나님의 어린양 안에서 모든 의심이 영원히 사라졌습니다. 자신의 아들을 제물로 내놓으신 아버지의 은혜야말로 주께서 자비를 베푸사 어떤 죄인이라도 용서하시며 또 용서하실 준비가 되어 있다는 사실을 보여 주는 결정적 증거입니다.

3) 복음은 이러한 계시를 드러내는 거울입니다

사실 "아버지를 우리에게 보여 주옵소서. 그리하면 족하겠나이다"(요 14:8)라고 간청했던 빌립처럼 우리도 여전히 예수님의 얼굴이나 인격을 본 적이 없습니다. 만유가 회복되기 전까지 예수님은 아버지의 우편에 앉아 계실 것이며, 그분이 그곳에 계신 것이 우리에게 오히려 더 유익합니다. 그분이 우리에게 남기신 복음(성경)에 그리스도의 영광이 가득하기 때문입니다. 계시의 수단이자 성령의 조명으로 그분의 뜻을 드러내는 복음서는 의의 태양의 강력한 광채로 빛나는 거울입니다. 사도 바울이 어둠에 있는 자들에게 전한 놀라운 구원의 말씀 역시 이러한 광채로 빛납니다. 바울은 그들이 어둠에 있으며 전적으로 망한 자라는 결정적인 증거를 제시합니다.

"만일 우리의 복음이 가리었으면 망하는(lost) 자들에게 가리어진 것이라"(고후 4:3).

'망하는 자들'에게는 복음을 설명할 수 없습니다. 그들이 복음에 나타난 영광의 빛을 보지 못하기 때문에 망하는 것입니다.

바울은 이어서 복음에 담긴 강력하고도 온전한 빛에 대해 가르치면서 그것을 인식하지 못하는 자들에 대해 이렇게 말합니다.

"그중에 이 세상의 신이 믿지 아니하는 자들의 마음을 혼미하게 하여 그리스도의 영광의 복음의 광채가 비치지 못하게 함이니 그리스도는 하나님의 형상이니라"(고후 4:4).

이것은 참으로 놀라운 말씀입니다. 그들이 영광스러운 광채를 발하는 이 복음의 빛을 보지 못하고 누리지 못하는 것은 전적으로 사탄의 방해 때문이라는 것입니다. 그들로 하여금 복음을 믿지 못하도록 막는 것은 이 세상 신입니다. 사탄도 복음을 믿는 일이 얼마나 중요한지를 알고 있기 때문입니다.

사탄이 그들의 마음을 돌려 믿지 못하게 만드려는 복음은 결코 멀리서 희미하게 반짝이는 별빛과 같이 작은 빛이 아닙니다. 그 정도의 빛이라면 흑암의 권세 잡은 자에게는 별것 아닐 것입니다. 복음 안에는 훨씬 더 거대한 빛이 있습니다. 복음 안에서 빛나는 분은 바로 하나님의 형상이신 그리스도입니다. 아버지의 영광의 광채이신 그리스도가 복음 안에서 아버지의 모습과 인격과 성품을 그대로 나타내고 계십니다.

그리스도의 영광스러운 복음에 나타난 계시의 빛은 너무나 위대하고 능력 있습니다. 그래서 그 빛이 인간의 무지와 어둠의 모든 장벽을 뚫고 터져 나오기 직전에 있는 듯합니다. 조금만 더 있으면 그 장엄함이 하늘의 빛을 태우고, 아직 믿지 않는 자들의 영혼을 녹여 버릴 것 같습니다.

그래서 이 세상 신은 기회만 있으면 그것을 방해할 수 있기라도 한 것처럼 '그리스도의 영광의 복음의 광채가 비치지 못하게' 하려 합니다. 이 세상 신은 조금이라도 서두르지 않으면 그 영광이 즉시 사람들의 마음속에 임해 그들을 어둠의 나라에서 끌어내어 하나님의 놀라운 빛의 세계로 옮겨 가기라도 할 것처럼 두려워합니다. 이 세상 신은 그들을 비추는 빛이 너무나 온전해서 서둘러 막지 않으면 안 될 것처럼 그들의 마음을 혼미하게 하여 '하나님의 형상인 그리스도의 영광의 복음의 광채가 비치지 못하게' 합니다.

이를 통해 우리는 이 세상 신이 참으로 복음에 하나님의 영광의 빛이 가득함을 인정한다는 것을 알 수 있습니다. 그는 공포에 사로잡혀 있습니다. '그리스도의 영광의 복음의 광채가 비치지 못하게' 하려고 혈안이 되어 있습니다. 그는 이 복음이 잠시라도 사람들에게 다가가면 틀림없이 역사가 일어나고 말 것이라고 생각합니다. 그래서 복음의 빛이 비치지 못하도록 사람들의 마음을 미리 사로잡아 혼미하게 만들려는 것입니다. 대적으로부터 얻는 이 교훈이야말로 우리에게 필요한 교훈입니다. 복음의 빛이 위대하다는 사실을 이보다 더 강렬하게 보여 줄 수는 없습니다.

지금까지 살펴본 바가 바로 하나님의 구원의 지식을 얻기 위해 필요한 외적이고도 객관적인 계시입니다. 첫째로, 하나님의 도덕적 영광의 빛이 우리에게 나타나야 합니다. 둘째로, 하나님의 영광은 예수 그리스도의 얼굴에 나타납니다. 셋째로, 복음이 바로 이러한 계시가 주어지는 수단입니다. 그러므로 우리는 복음에 나타난 예수 그리스도의 얼굴에 있는 하나님의 영광을 통해 구원의 지식에 다가갈 수 있습니다.

2. 내적이고도 주관적인 계시

실제로 이 구원의 지식을 얻기 위해서는 외적인 계시뿐만 아니라 내적인 계시도 필요합니다. 외부에서 영혼에 주어지는 계시만으로는 부족합니다. 영혼의 내부에서 역사하는 힘도 있어야 합니다.

우리는 하나님의 영광을 보아야 합니다. 그것을 볼 수 있는 유일한 수단은 바로 하나님의 빛입니다. 원래 어둠 속에 있었던 우리가 주 안에서 빛으로 나와야 합니다. 빛의 성령은 예수 그리스도의 얼굴에 있는 하나님의 영광의 외적인 계시를 복음 속에 공급할 뿐만 아니라 모든 믿는 자에게 내적인 계시를 불어넣습니다. 이러한 내적인 계시와 관련된 모든 성경 말씀 가운데 다음과 같은 바울의 진술만큼 위대한 것은 아마도 없을 것입니다.

"하나님께서 예수 그리스도의 얼굴에 있는 하나님의 영광을 아는 빛을 우리 마음에 비추셨느니라"(고후 4:6).

이 일을 행하신 하나님의 주권적인 뜻과 절대적인 능력에 사로잡힌 바울은 "빛이 있으라 하시니 빛이 있었고"(창 1:3)라는 영광의 계시를 인용합니다. '어두운 데에 빛이 비치라 말씀하셨던 그 하나님께서' 더욱 큰 일을 행하셨는데, 곧 '예수 그리스도의 얼굴에 있는 하나님의 영광을 아는 빛을 우리 마음에 비추신' 것입니다.

이 귀한 말씀은 종종 '하나님이 빛을 우리 마음 안으로(into) 비추신다'는 의미로 잘못 해석되기도 합니다. 그러나 그렇지 않습니다. 그렇게 해석할 경우 본문의 가치는 반감될 것입니다. 빛을 마음 안으로 비추신다는 것은 마치 외부에 있는 빛의 원천 가운데 일부가 영혼에게로 가까이 다가와서 밖에서부터 그 빛을 마음속으로 비춘다는 의미입니다. 그러나 이것은 사실과 다릅니다.

내적 계시의 실상은 훨씬 더 위대합니다. 그것은 마음속에서 비취는 계시로서, 마음이 이 빛에 의해 온전히 사로잡혀 있는 상태입니다. 이 빛은 외부에서 비취는 것이 아닙니다. 그것은 마음 밖에서 안으로 들어오는 것이 아니라 마음속에서 나오는 빛입니다. 마음이 외부에 있는 빛의 원천을 안으로 받아들이는 것이 아니라 마음 자체가 그 빛의 거처입니다. 하나님이 밖에서 안으로 비취는 것이 아니라 안에서, 바로 우리의 마음속에서 비취시는 것입니다.

이와 관련하여 우리는 그분의 창조 사역과 제2의 영적 창조를 비교해 볼 수 있습니다. 하나님은 천지를 창조하실 때 단지 "어두운 데에 빛이 비치라"라고 명령하셨습니다. 하나님의 창조적이고도 전능하신 뜻이 자연적 빛의 유일한 원인자(cause)였습니다. 그런데 여기서 바울은 하나님께서 제2의 영적 창조를 통해 우리의 어두운 마음으로부터 빛이 나와[1] 그곳에서 비치라고 명하셨다고 말하지 않습니다. 하나님은 그보다 훨씬 더 고상한 방법으로 우리의 마음 안에서 스스로 빛을 발하고 계십니다.

하나님은 그의 영으로 말미암아 우리의 마음을 소유하고 계십니다. 하나님은 반역한 인류를 하나님이 계시지 않는 어둠 가운데 내버려 두신 채 그들을 떠나셨지만, 이제 그들에게로 다시 돌아오셨습니다. 하나님은 위대한 구속 사역을 통해 다시 한 번 그들을 거룩한 성전으로 삼으시고 그들과 함께 거하십니다. 하나님은 그들을 자신의 처소로 삼으시고 성령으로 말미암아 그들과 함께하시며 그들에게 다시 한 번 임재하셨습니다.

이렇게 그들에게 돌아오신 하나님은 영광스러운 빛으로 거하십니다. 하나님이 곧 빛이시기 때문에 그 안에는 어둠이 없습니다. 그분은 절대적인 권능으로 우리의 마음 중심에 은밀히 좌정해 계십니다. 그리고 바로 그곳에서 빛

---

1) 물론 "하나님이여, 내 속에 정한 마음을 창조하시고 내 안에 정직한 영을 새롭게 하소서"(시 51:10)라는 말씀은 창조 사역에 해당합니다. 그리고 성령으로 난 자도 있으며(요 3:6 참고) 빛의 자녀가 된 사람도 있습니다. "너희가 전에는 어둠이더니 이제는 주 안에서 빛이라"(엡 5:8). 그러나 하나님은 영원하신 성령으로 말미암아 이렇게 새롭게 창조된 영과 함께 그들의 마음속에서 빛으로 영원히 거하시며 빛나시는 것입니다.

을 비추고 계십니다.

"하나님께서 예수 그리스도의 얼굴에 있는 하나님의 영광을 아는 빛을 우리 마음에 비추셨느니라"(고후 4:6).

하나님은 그곳에서 그의 임재와 영광의 빛을 발하십니다. 하나님은 영혼의 바깥 가까운 곳에 머무르시면서 영적 어둠을 뚫을 수 있는 일정량의 빛을 보내고 계시는 것이 아닙니다. 또한 영혼 밖에 머무시면서 마음속에 빛을 창조하시는 것도 아닙니다.

하나님이 내적인 빛이 되시는 영광스러운 과정은 이렇습니다. 하나님은 곧 빛이십니다. 이 빛은 마치 태양 빛이 피조 세계를 충족시키듯이 이성적 존재의 영혼을 충족시킵니다. 빛이신 하나님은 인간의 어두운 마음에 빛을 회복시키기를 원하십니다. 그래서 그분은 영혼 깊은 곳에 들어와 마음을 지배하면서 영혼의 방들(chambers of soul)을 자유롭게 다니거나 머무십니다. 그분은 그러한 권리를 행사하십니다. 그분은 영혼의 중심에 좌정하셔서 마음속에서 빛을 발하십니다. 시온을 향해서가 아니라 '온전히 아름다운 시온에서'(시 50:2) 빛을 비추십니다. 즉, 우리의 마음을 향해서가 아니라 그 안에서 빛을 비추시는 것입니다.

이와 같이 빛을 비추시는 성령의 사역은 얼마나 귀하고도 영광스러운 일인지요! 그분은 자기 백성들의 영혼 속에 좌정하셔서 각 사람을 향한 자신의 뜻대로 역사하십니다. 그 기쁘신 뜻대로 빛을 더욱 밝히시거나 제한하십니다. 사람들의 마음속에서 하나님의 영광을 아는 빛을 비추시는 것입니다.

그분은 주권적 의지로 백성들의 부르짖음에 응답하실 뿐만 아니라, 지혜와 계시의 영으로서 그리스도를 영화롭게 하는 사명을 감당하십니다. 그분은 마음을 깨끗하게 하실 뿐만 아니라, 죄를 사랑하는 마음을 끊고 영적인 기쁨을 사모하며 하늘의 빛을 받아들이게 하십니다. 그분은 우리의 지성과 마음의 중심에 능력으로 좌정하셔서, 무지와 편견과 증오와 실수로 가득한 육적인 마음을 누그러뜨리십니다. 그분은 영적 어둠을 몰아내고 영적 비전을 키우시며, 하나님의 성품과 영광과 뜻을 알 수 있도록 영혼 속에 빛을 볼 수 있는 빛을 허락하십니다.

"주의 빛 안에서 우리가 빛을 보리이다"(시 36:9).

이것이 바로 하나님께서 성령으로 말미암아 자신의 빛을 비추시는 위대하고도 세밀하며 온전하신 사역입니다.

하나님은 어둠의 바깥에서 어둠을 향하여 빛을 비추시는 것이 아닙니다. 모든 것이 혼돈하고 공허하며 흑암 가운데 있을 때에는 그렇게 하셨습니다. 말씀으로 빛과 아름다움을 창조하셨습니다. 그러나 사람을 거룩하고도 지혜롭게 하는 새 창조에서는 그렇게 하시지 않습니다. 하나님은 처음보다 훨씬 더 뛰어난 방법을 사용하십니다. 그분은 이전에 없던 빛을 새로 만들어 내시지 않습니다. 영원 전부터 있던 빛 곧 영원 전부터 자신의 것이요 자신의 존재 방식이었던 그 빛을 우리에게 드러내십니다.

"여호와 하나님은 해요"(시 84:11).

우리에게 하나님 자신을 주신 것입니다. 그분은 절대적인 은혜로 우리의 마음속에 거하십니다. 그리고 그 영원하신 빛은 우리의 마음속에 거하면서 우리가 감당할 수 있을 만큼 점점 더 빛을 발하십니다.

이것이 바로 내적 계시입니다. 하나님이 우리 안에서 빛을 발하시며, 우리는 그분 안에서 빛나고 있습니다. 하나님의 영이 우리의 영 안에 거하시면서 우리를 빛의 자녀로 삼으십니다. 그분이 우리에게 하나님의 영적인 것들을 볼 수 있는 능력을 주십니다. 그러므로 우리는 그분의 빛 안에서 거룩한 것들, 즉 오류가 없는 영적이고도 신적인 일들을 보게 될 것입니다.

성령과 같은 교사는 없습니다. 성령은 우리의 구원과 유익을 위해 내적으로 가르치십니다. 그리고 우리에게 그리스도의 마음을 주십니다. 주의 빛 안에서 우리는 그 빛을 보게 될 것입니다.

이처럼 하나님이 우리의 마음 안에서 빛을 비추시는 것, 이것이 바로 내적이고도 주관적인 계시입니다. 말하자면, 하나님이 자신의 영을 통해 우리의 마음에 좌정하셔서 빛을 발하고 계신 것입니다. 외적이고도 객관적인 계시도 마찬가지입니다. 즉, 예수 그리스도의 얼굴에 있는 하나님의 영광이 복음이라는 밝은 거울 안에서 온전히 빛나고 있는 것입니다. 이 두 계시가 하나로 결합해야 합니다. 이 두 계시가 각각의 자리에서 각각의 목적을 가지고 공존하며 협력해야 합니다.

하나님을 아는 참된 지식은 이와 같이 온전한 구조로 되어 있습니다. 외적으로는 하나님의 영광이 있고, 내적으로는 하나님의 빛이 있습니다. 외적으로는 하나님의 영광이 복음을 통해 영혼에게 제시되고, 내적으로는 영광의 하나님이 마음속에 거하면서 빛을 발하십니다.

그렇다면 외적인 하나님의 영광과 내적인 영광은 서로 어떤 인식 과정을 통해 결합하게 되는 것일까요? 복음에 담긴 외적인 영광은 마음속에 있는 내적인 빛에 기쁨을 줍니다. 그리고 마음속에 있는 내적인 빛은 복음에 나타난 외적인 영광에 따사로운 광채를 한없이 쏟아 붓습니다. 그 결과 인간의 신념이 아니라 신적이고도 온전한 확신 곧 영원한 구원과 내세에 대한 확신이 주어집니다.

이제 우리는 자신이 믿는 분이 누구인지를 압니다. 왜냐하면 '어두운 데에 빛이 비치라 말씀하셨던 그 하나님께서 예수 그리스도의 얼굴에 있는 하나님의 영광을 아는 빛을 우리 마음에 비추셨기' 때문입니다.

3. 적용

이제 몇 가지 적용을 살펴봅시다.

1) 아직도 하나님의 영광을 아는 빛을 보지 못하였습니까

복음을 믿음으로 받아들이고 성령을 의지함으로써 하나님의 영광을 보아야 합니다. 말씀을 믿고 순종하며 오직 믿음으로 성령을 의지해야 합니다. 말씀과 성령은 언제나 하나로 결합되어 있기 때문입니다.

성경은 "영광의 하나님이 우리 조상 아브라함에게 나타나셨다"(행 7:2 참고)라고 말합니다. 영광의 하나님이 우리에게 나타나심으로 말미암아 우리가 아브라함의 후손이요 그리스도 안에서 하나님의 자녀가 되었습니다. 이 영광의 하나님은 복음 안에서 우리에게 나타나셨습니다. 곧 예수 그리스도의 얼굴에 있는 하나님의 영광입니다.

이 영광은 특별히 의와 사랑으로 나타났습니다. 하나님의 영광스러운 의와 사랑이 한없는 위엄과 온전한 조화를 이루면서 나타난 것입니다. 하나님께서 복음을 통해 우리에게 나타나실 때, 우리에게 자신을 드러내시고 우리와 화목하게 되실 때, 그분의 무한하신 공의와 한없는 자비가 동시에 나타나 우리와 얼굴을 마주 대하고는 우리를 위로해 주실 것입니다.

우리 앞에 있는 공의와 사랑은 언약적 결합을 통해 하나가 되었습니다. 그것은 자비와 진리의 결합이며, 의와 평화의 결합입니다. 아무리 작은 죄라도 가차없이 영원한 사망을 선고하시는 하나님의 공의가 아닙니까? 그러나 또한 하나님의 사랑은 죄인의 괴수에게라도 영원한 생명을 베푸시는 사랑입니다. 즉, 영원히 의로우신 한편 영원히 자비로우신 하나님이 십자가의 희생을 통해 불의와 불법과 죄를 용서하시는 것입니다.

이것이 바로 예수 그리스도의 얼굴에 있는 하나님의 영광입니다. 곧 한편으로는 공의를 영원히 만족시키고 또 한편으로는 구원과 사랑을 영원히 만족시키는 영광입니다. 독생자의 피로써 죄의 대가를 온전히 지불하신 하나님의 공의와 그분의 기쁘신 뜻에 따라 보혈을 흘리심으로써 죄인을 구원하신 하나님의 사랑입니다. 이것이 바로 복음을 통해 우리에게 나타나는 하나님의 영광입니다.

그러므로 지금 즉시 자신의 죄를 철저히 고백하십시오. 이것만이 유일한 방법입니다. 우리가 믿음으로 자신이 죄인임을 인정하고 모든 죄를 고백한다면, 하나님의 영원하신 공의가 "나는 이제 완전히 만족한다"라고 외치고, 하나님의 사랑이 "나는 이 모든 것에서 너를 기꺼이 구원하겠다"라고 외칠 것입니다. 특히 이 모든 과정에서 우리는 참으로 신실하고도 정직한 마음으로 하나님을 대해야 합니다. 충족된 공의는 이제 우리를 해할 수 없으며, 구원의 사랑은 다시는 우리를 버릴 수 없습니다. 이것이 하나님의 영광입니다.

하나님의 영광을 거짓으로 대하지 않도록 조심하십시오. 그처럼 위대하고도 놀라운 사랑을 거짓으로 대하는 위선을 참으로 부끄러워하십시오. 공의는 그러한 악에 대해 참지 않습니다. 비록 그리스도께서 공의를 만족시키셨다 하더라도 여전히 하나님의 무한히 공의로우신 속성은 변하지 않기 때문입니다. 진실한 마음으로 하나님을 대하십시오. 마음을 여십시오. 그리고 하나님을 대적한 모든 죄를 솔직하게 인정하십시오. 감히 용서받을 수 없는 죄까지도 모두 뉘우치고 용서를 구하십시오.

"내가 하늘과 아버지께 죄를 지었사오니 지금부터는 아버지의 아들이라 일컬음을 감당하지 못하겠나이다"(눅 15:18,19).

그러면 미쁘시고 의로우신 하나님께서 우리 죄를 사하시며 우리를 모든 불의에서 깨끗하게 하실 것입니다(요일 1:9 참고). 사랑과 자비의 하나님은 우리에게 가장 좋은 옷을 입히고 우리를 부둥켜안고 우리를 위해 기쁘고도 즐거운 잔치를 베푸실 것입니다.

하나님의 은혜를 맛보고 아시기 바랍니다. 그분의 영광을 보고 아시기 바랍니다. 주 예수 그리스도를 믿으면 구원을 받습니다. 주 예수 그리스도를 믿으면 그분의 은혜를 맛보고 그분의 영광을 누리게 됩니다.

"내 말이 네가 믿으면 하나님의 영광(예수 그리스도의 얼굴에 있는 하나님의 영광을 아는 빛)을 보리라 하지 아니하였느냐 하시니"(요 11:40).

아직도 이 영광을 보지 못하였습니까? 우리가 해야 할 일이 "이 영광을 보리라"라는 명령 속에 요약되어 있습니다.

2) 이 영광을 보았습니까

우리가 해야 할 일이 "이 영광을 비추라"라고 하는 명령 속에 모두 담겨 있습니다. 이제 우리는 예수 그리스도의 얼굴을 통해 보게 된 하나님의 영광을 반사해야 합니다. 우리의 선한 행위를 본 사람들이 하늘에 계신 아버지께 영광을 돌릴 수 있도록 이 빛을 이제 우리의 빛으로 비추어야 합니다. 일어나 빛을 발해야 합니다. 우리의 빛이 이르렀고 여호와의 영광이 우리 위에 임하였기 때문입니다(사 60:1 참고). 하나님의 영광이 곧 우리의 영광입니다. 그러므로 우리는 하나님의 영광을 반사해야 합니다.

그렇다면 하나님의 영광이 무엇입니까? 그것은 그분의 확고한 공의와 저항할 수 없는 사랑의 결합입니다. 우리의 영광은 무엇입니까? 썩지 않는 공의와 다함이 없는 사랑이 아닙니까? 우리가 어떤 이해관계나 형편에 처해 있든지 모든 일을 공의롭게 해야 합니다. 어떤 난관이나 손해가 뒤따른다 해도 반드시 사랑해야 합니다. 우리는 "하늘이 무너지더라도 공의를 행하고 사랑합시다"라고 말하며 그렇게 행해야 합니다. 이것이 우리의 영광입니다. 그러므로 모든 것을 참으며 모든 것을 믿으며 모든 것을 바라며 모든 것을 견뎌야 합니다(고전 13:7 참고). 공의를 굽히지 않되 끝까지 사랑해야 합니다(요 13:1 참고).

하나님의 영광도 그렇습니다. 그것은 가장 고상하고도 탁월한 영광이며, 우리를 구원하기에 부족함이 없는 영광입니다. 이것이 곧 우리의 영광이 되어야 합니다. 우리는 하나님의 성품을 지녀야 합니다. 성경은 "사람아, 주께서 선한 것이 무엇임을 네게 보이셨나니 여호와께서 네게 구하시는 것은 오직 정의를 행하며 인자를 사랑하며 겸손하게 네 하나님과 함께 행하는 것이 아니냐"(미 6:8)라고 말합니다. 우리가 날마다 하나님의 영광 가운데 거한다면 이러한 삶을 살게 될 것입니다.

"우리가 다 수건을 벗은 얼굴로 거울을 보는 것같이 주의 영광을 보매 그와 같은 형상으로 변화하여 영광에서 영광에 이르니 곧 주의 영으로 말미암음이니라"(고후 3:18).

그러므로 날마다 하나님의 영광을 믿음으로 묵상하십시오. 시내산에서 하나님과 함께 사십 일을 보내고 내려온 모세의 얼굴은 영광으로 빛났습니다. 아론과 이스라엘 자손들은 모세의 얼굴이 영광으로 빛나는 것을 보고 그에게 가까이 가기를 두려워하였습니다.

"이스라엘 자손들은 모세의 얼굴의 없어질 영광 때문에도 그 얼굴을 주목하지 못하였거든"(고후 3:7).

그렇지만 이것은 외적인 영광에 불과합니다. 이것은 너무나 두렵지만 일시적인 영광일 뿐입니다. 또한 이것은 모세에게만 속한 것이며 우리가 감히 나눌 수 없는 영광입니다. 그러한 영광은 그것을 보는 자들에게 전달되지는 않습니다. 모세의 얼굴에 있는 하나님의 영광은 이스라엘 자손들에게 전혀 확산되지 못했습니다.

만약 그것이 전달될 수 있는 것이어서 실제로 모든 백성들에게 전해졌다면 얼마나 장관이었을까요? 수많은 이스라엘 자손들이 가까이 다가와 수건을 벗은 얼굴로 '여수룬의 왕'인 그의 얼굴에 나타난 하나님의 영광을 보았을 것입니다. 그리고 이내 하늘의 광채가 모든 백성들의 얼굴로 옮겨져서 마침내 모든 이스라엘 자손의 얼굴이 광채로 빛났을 것입니다. 수백만의 반짝이는 거울이 태고의 빛을 반사하여 엄청난 장엄함을 드러냈을 것이며, 한밤중의 광야가 대낮보다 더 밝게 빛났을 것입니다. 하나님의 영광으로 빛나는 이스라엘 군대가 사막을 진군하는 모습을 본다면, "해같이 맑고 깃발을 세운 군대같이 당당한 모습으로 거친 들에서 올라오는 자가 누구인가!"(아 3:6, 6:10 참고)라고 외치지 않을 수 없을 것입니다.

그러나 그런 일은 일어날 수 없었습니다. 설사 일어났다고 할지라도 그것은 '없어질 영광'이요 일시적인 현상에 불과하였을 것입니다. 그러므로 그것이 사라졌다고 해서 슬퍼할 이유도 없습니다. '참 이스라엘'에게는 그보다 훨씬 더 고귀한 특권이 주어지기 때문입니다.

모세의 얼굴에 있는 하나님의 영광은 겨우 사십 일 동안의 교통으로 인한 빛이요 외적인 영광에 불과합니다. 그러나 예수님의 얼굴에 있는 하나님의 영광은 아버지의 독생자의 영광이요 거룩하고도 참된 영광입니다. 그것은 사십 일이 아니라 영원 전부터 아버지와 가장 심오한 교통을 누리셨던 주님의 영광이요, 잠시 후에 없어질 영광이 아니라 영원히 지속될 영광이며 말로 표현할 수 없는 영광입니다.

우리에게 모세의 얼굴을 보는 특권은 허락되지 않았습니다. 그러나 우리는 믿음으로 예수님의 얼굴의 영광을 볼 수 있습니다. 모세로부터 온 율법은 이스라엘에게 두려움이 되었고 휘장으로 가려야만 했지만, 예수 그리스도로부터 온 은혜와 진리는 수건을 벗은 얼굴로 드러났습니다.

예수님의 영광은 외적인 것이 아니라 영적이고도 도덕적인 영광입니다. 그분의 영광은 공의와 사랑의 영광이기 때문에 절대 없어지지 않습니다. 그리고 그것은 매우 부드럽습니다. 또한 참 이스라엘에게는 그분의 영광이 결코 두렵지 않습니다. 그래서 휘장으로 가릴 필요도 없습니다. 그것은 그들에게 구원과 평안을 가져다주는 가장 고상하고도 복된 영광이요 '지극히 높은 영광(gloria in excelsis)'이며, 그들이 기쁨으로 바라볼 수밖에 없는 영광입니다.

수많은 참 이스라엘이 거울을 보는 것같이 주의 영광을 보게 될 때에 이 영광이 그들에게서 점점 더 빛나게 될 것이며, 주의 영으로 말미암아 변화하여 영광에서 영광에 이르게 될 것입니다. 또한 그들의 성품과 행위가 풍성한 공의와 사랑으로 빛날 것입니다. 주의 영광의 빛은 이러한 '공의'(그것을 위해 죽을 사람은 아무도 없을 것입니다)와 '선'(그것을 위해 죽을 사람은 혹 있을 것입니다)의 결합을 통해, 반드시 준수해야 할 엄격한 공의와 우리에게 진정한 확신을 주는 사랑을 통해 이스라엘 안에서 점점 더 빛나 온전하게 될 것입니다.

아, 온전한 그날! 구름도 없고 밤도 없는 그날이 오면 아버지의 나라에서 의가 해같이 빛날 것입니다. 수천, 수만의 살아 있는 거울들이 왕의 온전한 영광의 빛을 발할 것입니다.

"사랑하는 자들아, 우리가 지금은 하나님의 자녀라. 장래에 어떻게 될지는 아직 나타나지 아니하였으나 그가 나타나시면 우리가 그와 같을 줄을 아는 것은 그의 참모습 그대로 볼 것이기 때문이니"(요일 3:2).

우리는 아버지의 영광의 광채와 같을 것이며 그분의 형상과 같을 것입니다. 오, 참으로 '주를 향하여 이 소망을 가진 자마다 그의 깨끗하심과 같이 자기를 깨끗하게'(요일 3:3) 할 것입니다!

chapter
10

백성들 안에 임재하신 그리스도

"오직 내 안에 그리스도께서 사시는 것이라"(갈 2:20).

성경에 기록된 아버지의 독생자의 영광과 그리스도의 임재가 우리의 구원을 위해 계시되면 자동적으로 우리 안에 그분의 임재가 나타나게 됩니다. 바울은 하나님께서 "그의 아들을 내 속에 나타내시기를 기뻐하셨다"(갈 1:16 참고)라고 말합니다. 이러한 그분의 임재는 일시적인 것이 아니라 영원한 것입니다. 그래서 바울은 "그리스도께서 내 안에 사신다"(갈 2:20 참고)라고 주장할 수 있었습니다.

그러므로 그리스도께서 자기 백성들과 함께하신다는 사실에 대한 분명하고도 확실하며 실제적인 증거를 통해 그분의 임재를 입증할 수 있다면 얼마나 좋을까요! 이것은 결코 불필요한 작업이 아닙니다. 왜냐하면 '그리스도께서 내 안에 사신다'는 바울의 주장은 확실히 우리의 시선을 집중시킬 만큼 매우 독특하기 때문입니다.

만일 이 말씀이 영감으로 기록되었다는 사실을 상기하지 않는다면, 바울의 이 주장을 매우 정교하게 고안된 종교적 신비주의에서 나온 말로 오해할 수도 있을 것입니다. 또는 영감의 중요성을 지나치게 인식한 나머지 감히 문자적인 의미로 받아들이지 못한 채 가장 모호하고도 불분명한 의미로만 받아들이게 될지도 모릅니다. 본문이 비유적이고 상징적이기 때문에 상세하고도 정확한 분석이나 심층적 이해가 불가능하다는 식으로 말입니다. 그러나 확언하건대 이 말은 결코 심오하거나 지나치게 세밀한 분석이 아닙니다.

"그리스도께서 내 안에 사신다"라는 고백에는 강력하고도 영광스러운 실재가 담겨 있습니다. 우리는 참으로 이러한 고백에 담긴 삶이나 하나님 나라의 실제적이고도 근본적인 영적 실재들을 경험할 수 있습니다. 그것은 말로 표현하거나 상상할 수 있는 그 어떤 상징보다도 훨씬 더 위대한 경험이 될 것입니다. 다만 우리가 먼저 기억해야 할 사실은, 이것이 하나님의 말씀 가운데 특별히 예외적이거나 새로운 진리가 아니라는 점입니다. 적어도 기독교 초창기의 살아 있는 인격적 공동체에서는 그렇게 생각하는 사람들의 신앙을 거짓 신앙으로 규정하였습니다.

"너희는 믿음 안에 있는가 너희 자신을 시험하고 너희 자신을 확증하라. 예수 그리스도께서 너희 안에 계신 줄을 너희가 스스로 알지 못하느냐? 그렇지 않으면 너희는 버림받은 자니라"(고후 13:5).

그리스도께서 자기 안에 살아 계신다는 놀라운 특권을 누리는 것이야말로 복음 전파의 중요한 목표였습니다.

"나의 자녀들아, 너희 속에 그리스도의 형상을 이루기까지 다시 너희를 위하여 해산하는 수고를 하노니 내가 이제라도 너희와 함께 있어 내 언성을 높이려 함은 너희에 대하여 의혹이 있음이라"(갈 4:19,20).

그리고 놀랍게도 이 비밀의 영광이 이방인 가운데도 이루어졌습니다.

"이 비밀은 만세와 만대로부터 감추어졌던 것인데 이제는 그의 성도들에게 나타났고 하나님이 그들로 하여금 이 비밀의 영광이 이방인 가운데 얼마나 풍성한지를 알게 하려 하심이라. 이 비밀은 너희 안에 계신 그리스도시니 곧 영광의 소망이니라"(골 1:26,27).

예수님께서는 바로 이 일을 이루기 위해 복음과 성령으로 죄인들의 마음을 두드리십니다.

"볼지어다. 내가 문 밖에 서서 두드리노니 누구든지 내 음성을 듣고 문을 열면 내가 그에게로 들어가 그와 더불어 먹고 그는 나와 더불어 먹으리라"(계 3:20).

이것은 위대한 언약의 성취입니다.

"하나님의 성전과 우상이 어찌 일치가 되리요? 우리는 살아 계신 하나님의 성전이라. 이와 같이 하나님께서 이르시되 내가 그들 가운데 거하며 두루 행하여 나는 그들의 하나님이 되고 그들은 나의 백성이 되리라"(고후 6:16).

그래서 신자가 그리스도 안에 거하라는 명령을 받는 것입니다.

"내 안에 거하라. 나도 너희 안에 거하리라"(요 15:4).

바울은 에베소교회를 위해 이렇게 기도합니다.

"이러므로 내가 하늘과 땅에 있는 각 족속에게 이름을 주신 아버지 앞에 무릎을 꿇고 비노니 그의 영광의 풍성함을 따라 그의 성령으로 말미암아 너희 속사람을 능력으로 강건하게 하시오며 믿음으로 말미암아 그리스도께서 너희 마음에 계시게 하시옵고 너희가 사랑 가운데서 뿌리가 박히고 터가 굳어져서"(엡 3:14-17).

사실 이것이 그리스도의 중보 사역의 위대하고도 궁극적인 목적이요, 그리스도의 마음에 품고 있던 궁극적인 소원입니다. 그분은 언제나 이것을 위해 아버지께 기도하셨습니다. 그래서 예수님의 중보기도는 이렇게 끝납니다.

"내가 아버지의 이름을 그들에게 알게 하였고 또 알게 하리니 이는 나를 사랑하신 사랑이 그들 안에 있고 나도 그들 안에 있게 하려 함이니이다"(요 17:26).

이러한 본문들은 그리스도께서 자신의 백성 가운데 거하신다는 사실을 증언해 주는 구절들입니다. 그러나 "오직 내 안에 그리스도께서 사신다"(갈 2:20 참고)라는 바울의 이 한마디만큼 담대하고도 확실한 표현은 없습니다.

이 고백에 담긴 풍성한 의미는 어느 정도 드러났다고 할 수 있습니다. 그러나 우리가 성령의 조명을 통해 그리스도께서 자기 백성 안에 살아 계시는 동인과 결과를 살펴본다면 이 고백에 담긴 강력하고도 영광스러운 실재와 풍성한 은혜와 진리를 더욱 잘 알게 될 것입니다. 아울러 이 위대한 진리의 참뜻을 왜곡하지 않기 위해 몇 가지 주의할 점도 있습니다. 성경에는 이러한 내용에 대한 근거가 풍성하게 담겨 있습니다.

그렇다면 먼저 그리스도께서 우리 안에 살아 계시는 것에 대한 원인을 살펴보고 나서 그러한 실재가 어떠한 결과를 가져오는지, 또 주의해야 할 점은 무엇인지를 살펴봅시다.

1. 그리스도의 임재의 동인(cause)

이 놀라운 기적의 직접적인 동인은 겉으로 분명하게 드러납니다. 그리스도께서 내 안에 거하시는 목적은 전적으로 그분의 절대적인 주권과 기쁘신 뜻 때문입니다. 그러므로 그리스도 자신이 바로 가장 확실하고도 위대한 동인이요 가장 우선적인 동인입니다.

그런데 실제로 그분이 거하시는 곳은 이전의 성막과 같이 생명 없는 공간이 아니라 '나'라고 하는 살아 있는 성전입니다. 그분은 지적이고도 의지적이며 감정적인 영혼 속에 거하십니다. 그분은 자신의 의지를 관철시키기 위해 나의 의지를 꺾거나 배제하시지 않습니다. 그분은 나의 의지와 생각을 고려하고 참작하십니다. 그래서 우리는 그분의 권능의 날에 우리 자신의 의지로 기꺼이 헌신할 것입니다(시 110:3 참고). 그러나 사실상 그분은 나의 의지를 지배하십니다. 그분은 나의 의지를 자신의 뜻에 따르게 만드실 것입니다.

결국 그분의 뜻이 여전히 그분이 내 안에 거하시는 가장 우선적인 동인입니다. 다만 나의 의지를 고려하여 나 스스로 이 위대하고도 놀라운 목적에 대한 진정한 의지를 가지게 하심으로써 계획된 목적을 이루어 가시는 것입니다. 그러므로 나의 의지는 종속적이면서도 주관적인 의지입니다.

이처럼 '그리스도'와 '나'는 그리스도께서 내 안에 사시는 일의 두 가지 동인입니다.

1) 절대적 동인인 그리스도

먼저 자기 백성 안에 거하시는 절대적인 동인이 되시는 그리스도에 대해 살펴봅시다. 우리는 여기서 다시 한 번 그리스도께서 '성령(대리자)'과 '기록된 복음(말씀)'이라는 수단을 통해 임재하신다는 사실을 상기해야 합니다.

⑴ 그리스도는 성령을 통해 자기 백성 안에 거하십니다.

그리스도의 임재라는 위대한 결과는 전적으로 성령의 행하심과 내주하심에서 비롯됩니다. 성령은 허물과 죄로 인해 죽었던 영혼 안에 거룩한 새 생명을 부여하심으로써 거듭나게 하십니다. 그리고 하나님을 거역하고 대적하던 인간의 의지가 변하여 하나님의 뜻을 최상의 선으로 알고 따르며 그분의 주권에 전적으로 순종하게 하십니다. 새 생명, 하나님을 향한 영적인 생명을 가진 새로운 피조물이 되는 것입니다. 또한 이렇게 새 생명을 부여하신 성령께서는 그것을 통해 살아 있는 유기적 관계를 형성하여 우리로 그분이 거하시는 살아 있는 성전이 되게 하십니다.

이처럼 그리스도께서 우리 안에 사신다는 것은 성령의 내주하심을 뜻합니다. 물론 이때 성령은 전적으로 그리스도의 영으로서 행하십니다.

"만일 너희 속에 하나님의 영이 거하시면 너희가 육신에 있지 아니하고 영에 있나니 누구든지 그리스도의 영이 없으면 그리스도의 사람이 아니라"(롬 8:9).

"우리에게 주신 성령으로 말미암아 그가 우리 안에 거하시는 줄을 우리가 아느니라"(요일 3:24).

그리스도는 성자 하나님으로서 성령 하나님과 동일한 본체와 능력과 영원성을 가지고 계십니다. 인자로서의 그리스도 역시 성령을 한량없이 받았습니다. 그분의 인성은 육신과 영혼으로 구성되어 있으며, 처음부터 성령의 특별한 사역으로 말미암아 거룩해졌습니다. 성령의 기름 부음을 한량없이 받으신 것입니다.

그리하여 사람으로 오신 그리스도 예수는 모든 것을 성령의 조명을 통해 생각하고 성령의 은혜로 계획하며, 모든 사역을 성령의 능력으로 행하셨습니다. 그리고 결국 '영원하신 성령으로 말미암아 흠 없는 자기를 하나님께 드렸으며'(히 9:14 참고) 거룩하신 성령으로 말미암아 죽음에서 부활하고 승천하셨고, 제자들에게 약속한 진리와 위로의 영을 보내 주셨습니다. 성자 하나님으로서는 그분과 성령이 하나이시며, 사람으로서는 성령으로 말미암아 그와 같이 되신 것입니다.

그러므로 그리스도께서 보내신 그분의 영은 자신은 물론 그리스도의 것을 취하여 우리에게 보여 주시고, 그리스도 안에서 우리를 그리스도와 같이 새롭게 창조하십니다. 그분은 우리를 살아 있는 성전으로 삼아 우리 안에 거하십니다. 그리고 우리는 그리스도의 생명과 같은 새로운 생명을 받아 살아 있는 영이 됩니다. 이것이야말로 그리스도께서 우리 안에 사신다는 위대한 기적이 아니고 무엇이겠습니까? 영원하신 성령이 우리 안에 거하시는 것이 곧 영원하신 아들인 그리스도께서 우리 안에 사시는 것입니다. 영원하신 성령과 아들은 아버지와 함께 모든 신격의 충만함을 공유하고 계십니다.

하나님이자 사람이신 그리스도는 인자로서 이 땅에서 사람들과 함께 계셨습니다. 그리고 복음 안에 영원히 살아 계신 그리스도는 성령을 통해 우리 안에 사십니다. 성령은 우리 안에 빛을 비추시고 오직 그리스도만을 나타내시며, 우리를 이 땅에 계셨던 아버지의 독생자의 영광이요 은혜와 진리가 충만하신 그리스도와 같은 형상으로 변화시키십니다(요 1:14 참고). 우리는 지금도 말씀이라는 거울을 통해 수건을 벗은 얼굴로 제자들이 보았던 그분의 영광을 봅니다(고후 3:18 참고).

성령께서는 오직 그리스도의 대리인의 자격으로 믿는 자의 마음속에 자리 잡습니다. 그러므로 우리의 마음에 실제로 '나타나시는' 분은 바로 그리스도이십니다. 성령은 그곳에서 다만 그리스도를 '나타내시고' 그분의 '형상을 이루시며' 그분의 '영광'을 나타내십니다(갈 1:16, 4:19, 요 16:14 참고).

이와 같이 성령께서 발하시는 빛과 능력은 그리스도의 직무이자 기쁘신 뜻입니다. 엄밀히 말해서 그것은 언약에 따라 살아 있는 머리(사람이 되신 그리스도 예수) 안에서 나타나고 행해진 사역입니다. 그분은 그리스도 안에 거하셨듯이 그리스도의 백성 안에 거하고 계십니다. 성령은 사람으로 오신 그리스도 예수의 지성을 충만하게 한 영적 광채의 진리와 그리스도 예수의 마음을 풍성하게 채운 은혜를 우리 안에 점차 밝히 드러내십니다. 그리하여 우리를 '많은 형제 중에서 맏아들'(롬 8:29)과 같은 형상으로 변화시키십니다.

그러므로 그리스도께서 우리 안에 사신다는 이 위대하고도 기적적인 사실에 대한 확신만큼 그리스도의 내주하심과 역사하심과 살아 계심을 잘 드러내는 표현이 어디 있겠습니까? 그리스도는 성령으로 우리 안에 살아 계십니다. 그분은 성령으로 우리에게 새로운 영적 생명을 깨닫게 하십니다. 그분은 성령으로 우리를 살아 있는 성전으로 삼으십니다.

그분은 언제나 우리를 살아 있는 성전으로 삼아 우리 안에서 행하십니다. 그분은 죽음에서 다시 살아난 우리에게 새로운 힘과 능력을 주시고 우리를 다스리십니다. 자신과 다른 우리의 생각이나 감정이나 계획이나 행동을 억누르시고, 우리의 모든 기능이 하나님의 뜻을 따르도록 그것을 인도하고 변화시키고 거룩하게 만드십니다. 그리스도는 성령으로 말미암아 영적으로 살아 있는 우리의 모든 인격과 본성을 자신과 동일하게 변화시켜 나가십니다.

이러한 영적 사역이 진행될수록 우리의 생각이 점점 그분의 생각을 닮아 가고, 우리의 감정이나 계획도 그와 같아질 것입니다. 또한 그분의 사역이 우리의 사역이 되고, 그분의 본성이 우리의 본성이 될 것입니다. 이처럼 복된 결과가 이루어지는 모든 과정을 요약하기에 "그리스도께서 내 안에 사신다"라는 표현만큼 더 훌륭하고도 완전한 표현이 있겠습니까?

그러므로 그리스도께서 자신의 백성 안에 사신다는 표현은 실제적이고도 완벽합니다. 그것은 광신적 신비주의에서 나온 말이 아니라 하나님의 나라 안에서 이루어지는 실재입니다. 참으로 그리스도는 자신의 백성에게 친히 보내신 성령을 통해 그들 안에 사십니다.

(2) 그리스도의 임재에서 성령이 가장 중요한 동인이라면, 복음의 말씀인 성경은 그리스도께서 자기 백성 안에 사시는 수단이라고 할 수 있습니다.

이러한 사실을 제대로 이해하지 못하면 사실 모든 것이 이전처럼 공허하고 불분명해지고 말 것입니다. 그렇게 되면 모든 원리를 거부하는 유심론(spiritualism)에 빠질 수도 있고, 지나친 광신적 열정과 자기기만적 감상주의의 헛된 망상 사이에서 갈팡질팡하면서 무조건 두려워하는 잘못된 경건주의에 빠질 수도 있습니다.

우리는 복음 진리를 계시하는 말씀이 없다면 그리스도에 대해 아무것도 알 수 없습니다. 하나님은 사람으로 오신 그리스도 예수 안에서 나타나십니다. 보이지 않고 가까이 다가갈 수 없는 하나님께서 그리스도를 통해 우리에게 나가오시고 자신을 나타내시는 것입니다. 그러나 만일 기록된 말씀(복음)이 없다면, 하나님을 볼 수 없을 뿐만 아니라 그리스도 역시 볼 수 없고 다가갈 수도 없으며 알 수도 없을 것입니다.

"본래 하나님을 본 사람이 없으되 아버지 품속에 있는 독생하신 하나님이 나타내셨느니라"(요 1:18).

독생하신 영원한 말씀이 육신을 입고 우리와 함께 거하심으로써 아버지를 보여 주셨습니다. 그리하여 제자들은 그분의 영광을 보게 되었습니다. 보이지 않고 가까이 다가갈 수도 없고 알 수도 없는 하나님과는 달리 아들이신 그리스도께서 우리에게 나타나셨다면, 그분이 우리 가운데 거하시면서 그 영광과 아버지의 이름을 드러내신 모든 말씀과 행위에 대한 기록이야말로 무엇보다 중요하지 않겠습니까?

하나님이 육신으로 나타나셨습니다. 그리고 그 성육신에 관한 모든 계시가 기록된 복음을 통해 우리에게 전달되었습니다. 그리스도가 없으면 하나님에 대한 지식이 사라지듯이, 말씀이 없으면 그리스도가 사라집니다. 그분은 복음의 말씀과 온전히 하나가 되어 우리에게 전달되었습니다. 그분은 복음의 말씀 가운데 좌정하셔서 언제나, 그리고 앞으로도 영원히 그곳에서 나타나실 것입니다. 그분은 자신의 복음으로 옷 입으셨으며, 언제나 그 옷을 입고서 교회 가운데 나타나실 것입니다. 우리가 이 땅에서 영접하는 분은 오직 복음에 제시되어 있는 그분입니다.

바울은 갈라디아교회에 다른 복음이 전파되는 것을 보고 그들 가운데 계신 그리스도가 위기에 처했다고 생각했습니다.

"나의 자녀들아, 너희 속에 그리스도의 형상을 이루기까지 다시 너희를 위하여 해산하는 수고를 하노니"(갈 4:19).

바울은 또한 골로새교회에 '그들 안에 계신 영광의 소망이신 그리스도'에 대해 전하면서 "우리가 그를 전파하여(preach) 각 사람을 권하고 모든 지혜로

각 사람을 가르쳤다"라고 덧붙입니다(골 1:27,28 참고). 오직 복음을 통해서만 그리스도가 그들 안에 거하실 수 있음을 알았기 때문입니다. 그분의 말씀이 우리 안에 거하는 것이 곧 그리스도께서 우리 안에 거하시는 것입니다.

"너희는 처음부터 들은 것을 너희 안에 거하게 하라. 처음부터 들은 것이 너희 안에 거하면 너희가 아들과 아버지 안에 거하리라"(요일 2:24).

"내 안에 거하라. 나도 너희 안에 거하리라"(요 15:4).

이 거룩한 명령대로 우리가 아들 안에 거한다면 그분도 우리 안에 거하실 것입니다.

이와 같이 그리스도는 성령과 말씀으로 자기 백성 가운데 거하십니다. 그분은 성령의 신비한 능력으로 거하실 뿐만 아니라 말씀을 통해 자신의 뜻을 분명하게 드러내십니다.

2) 협력적 동인인 신자

그리스도와 마찬가지로 신자도 반드시 필요한 협력적 동인이라고 할 수 있습니다. 신자는 절대적인 동인인 그리스도께 종속되어 있지만 그리스도의 임재에 반드시 필요한 요소입니다.

그리스도께서 내 안에 사시기 위해서는 반드시 나의 동의가 필요하며, 이러한 동의는 믿음을 통해 주어지고 발휘됩니다. 더욱이 그리스도께서 성령과 말씀으로 행하시기 위해서는 나의 행위가 반드시 믿음으로부터 나와야 합니다. 나의 행위는 비록 그리스도에게 종속된 것이지만 가장 고상하고도 귀한 행위입니다. 그런 나의 행위가 그분의 행위에 민감하게 반응해야 합니다. 나의 행위가 그분의 행위와 일치하고 그것에 부합해야 하며, 그분의 행위에서 비롯되어야 합니다. 나의 행위가 그분의 행위에 직접적인 영향을 받는 그분의 행위의 결과이어야 합니다.

한편, 믿음은 그리스도의 영과 말씀에 대한 직접적인 반응이자 즉각적인 결과입니다. 이 믿음은 성령의 능력과 말씀이라는 도구를 통해 내 안에서 역사합니다. 우리는 이러한 믿음으로 말씀을 읽을 때에 성령의 신비한 은혜를 통해 성령의 생각을 분명히 깨닫게 됩니다. 그리스도 안에 영원히 살아 계신 성령과 말씀을 통해 깨우쳐진 나는 믿음의 역사로 말미암아 그리스도께서 내 안에 들어와 사시도록 동의하게 됩니다. 그리하여 그분이 내가 지금 기꺼이 순종하는 성령과 가장 귀하게 여기는 복음의 말씀을 통해 내 안에 사시게 되는 것입니다.

이와 같이 자유의지를 최대한 발휘하게 하고 그것을 촉진하고 통제하며 온전하게 함으로써 사람의 의지를 반영하는 믿음은 초라한 집으로 영광의 왕을 모셔 들이게 할 뿐만 아니라 자신을 간접적이고도 종속적인 자리에 서게 합니다. 이러한 믿음은 본질상 그리스도의 절대적 주권에 대한 인식에서 비롯됩니다. 그러므로 그분의 의지와 나의 의지는 그리스도의 임재라고 하는 위대한 결과를 가져오는 두 개의 동인인 것입니다.

그분의 뜻은 절대적이고도 주권적입니다. 나의 의지는 오직 믿음으로 행하기만 하면 가장 낮은 자리에 처하면서도 가장 높은 자리에 서게 되는 최상의 선택을 하게 됩니다. 그것은 가장 낮지만 가장 영광스러운 자리입니다. 그러하기에 예수님은 "자기를 낮추는 자는 높아지리라"(눅 14:11)라고 말씀하십니다.

바울은 에베소 사람들을 위한 기도에서 이러한 믿음의 역할을 특별히 강조합니다.

"믿음으로 말미암아 그리스도께서 너희 마음에 계시게 하시옵고"(엡 3:17).

이 말씀은 자신이 살아 있지만 그리스도께서 자기 안에 사신다는 바울의 주장에서 발견할 수 있는 외견상의 모순을 해소시켜 줍니다. 자신도 살아 있고 동시에 그리스도께서도 자기 안에 살아 계신다는 것은 생명이 두 개라는 말이 아닙니다. 오히려 하나입니다. 믿음이 그것을 실제로 하나로 만듭니다. 그러므로 바울은 "그런즉 이제는 내가 사는 것이 아니요, 오직 내 안에 그리스도께서 사시는 것이라"(갈 2:20)라고 주장합니다. 자신이 살아 있지만 실제로 자신 안에 사시는 분은 그리스도라는 것입니다.

바울이 그리스도께서 자기 안에 사신다고 해서 자신이 살아 있다는 사실을 부정합니까? 아닙니다. 오히려 바울은 자신이 살아 있다는 사실을 다시 한 번 강조합니다. 바울은 이어서 "이제 내가 육체 가운데 사는 것은"이라고 말합니다. 그렇다면 그는 이 두 개의 생명을 어떻게 하나로 만듭니까? 바로 믿음이라는 매개체를 통해서 하나의 생명으로 만듭니다.

"이제 내가 육체 가운데 사는 것은 나를 사랑하사 나를 위하여 자기 자신을 버리신 하나님의 아들을 믿는 믿음 안에서 사는 것이라"(갈 2:20).

이와 함께 우리는 그리스도께서 자기 백성들 안에 사시는 것이 사실상 속죄 제물로 '돌아가신(dying)' 그리스도에 대한 믿음 때문이라는 사실에 유의해야 합니다. 만일 그렇지 않았다면, 바울은 다른 표현을 사용했을 것입니다. 우리는 당연히 '살아 계신(living)' 그리스도에 대한 믿음을 통해 그리스도께서 우리 안에 사시는 것이라고 생각하기 쉽습니다. 그러나 그렇지 않습니다. 그리스도께서 우리 안에 사시는 것은 십자가를 지신 그리스도에 대한 믿음 때문입니다.

바울은 '하나님의 아들을 믿는 믿음 안에서 사는 것'이라고 말합니다. 물론입니다. 그렇다면 그리스도에 대한 어떤 관점으로 인하여 그에 대한 믿음이 역사합니까? 우리를 향한 어떠한 관계나 사역에 대한 믿음입니까? 바울은 "나를 사랑하사 나를 위하여 자기 자신을 버리신 그리스도"라고 말합니다. 즉, 바울의 믿음은 자기를 사랑하사 자기를 위하여 대신 죽으신 그리스도에 대한 믿음입니다.

사실 풍성하고도 놀라운 기적으로 가득한 이 독특한 구절은 이 진리로 시작해서 이 진리로 끝납니다. 즉, 구세주께서 자기 백성 안에 사시는 것은 그들을 대신하여 십자가에 달려 돌아가신 구세주와 믿음으로 교제하기 때문이라는 것입니다.

"내가 그리스도와 함께 십자가에 못 박혔나니 그런즉 이제는 내가 사는 것이 아니요 오직 내 안에 그리스도께서 사시는 것이라. 이제 내가 육체 가운데 사는 것은 나를 사랑하사 나를 위하여 자기 자신을 버리신 하나님의 아들을 믿는 믿음 안에서 사는 것이라"(갈 2:20).

주님 자신의 살을 먹고 피를 마시라는 주님의 놀라운 말씀에서도 이 위대한 진리를 발견할 수 있습니다. 그분의 말씀은 희생 제물로서 살 찢고 피 흘려 돌아가신 자신의 사역에 믿음으로 동참하라는 의미입니다.

"내가 줄 떡은 곧 세상의 생명을 위한 내 살이니라 하시니라……예수께서 이르시되 내가 진실로 진실로 너희에게 이르노니 인자의 살을 먹지 아니하고 인자의 피를 마시지 아니하면 너희 속에 생명이 없느니라. 내 살을 먹고 내 피를 마시는 자는 영생을 가졌고 마지막 날에 내가 그를 다시 살리리니 내 살은 참된 양식이요, 내 피는 참된 음료로다"(요 6:51,53-55).

그분은 이어서 이 진리에 대해 더욱 구체적으로 말씀하십니다.

"내 살을 먹고 내 피를 마시는 자는 내 안에 거하고 나도 그의 안에 거하나니"(요 6:56).

그리고 말씀하시고자 하는 궁극적인 의도를 분명히 드러내십니다.

"살아 계신 아버지께서 나를 보내시매 내가 아버지로 말미암아 사는 것같이 나를 먹는 그 사람도 나로 말미암아 살리라"(요 6:57).

사도 바울이 고린도교회에 보내는 편지에도 십자가에 달려 돌아가신 그리스도에 대한 믿음으로 말미암아 그분이 우리 가운데 거하시게 된다는 진리가 확연히 드러납니다.

"우리가 항상 예수의 죽음을 몸에 짊어짐은 예수의 생명이 또한 우리 몸에 나타나게 하려 함이라"(고후 4:10).

그리스도께서 내 안에 사시기 위해서는 내가 그리스도와 함께 십자가에 못 박혀야 합니다. 또한 그리스도께서 내 안에 사시기 위해서는 나를 위해 죽으신 그리스도에 대한 믿음이 꼭 있어야만 합니다.

이것은 결코 신비가 아닙니다. 내 안에 그리스도의 생명이 충만해지기 위해서는 먼저 지금까지 나를 지배했던 자아가 죽어야 합니다. 우리는 법적인 사망, 즉 하나님의 진노로 말미암아 의로우신 사형선고를 받아 모든 생명과 복으로부터 차단되었습니다. 그리고 나의 허물과 죄로 인한 영적 죽음이 더욱 확실해지고 강화되었습니다. 그러므로 나는 이러한 죽음의 삶에서 벗어나 그것을 정복하고 영원한 승리의 삶을 살게 하는 생명, 참되고도 유일하며 영원한 생명을 찾아야만 합니다.

그리스도의 죽음이 바로 이러한 생명입니다. 이것은 조금도 놀라운 사실이 아닙니다. 그리스도의 죽음은 그처럼 살아 있습니다. 그분의 죽음은 곧 생명입니다. 그것은 사망을 삼키는 영원한 승리의 생명입니다. 그것은 나의 죽음을 삼키고 내 안에서 나를 위해 사는 영원한 생명입니다. 나에게는 이와 같이 허물과 죄로 말미암아 내가 하나님의 율법에 의해 죽임 당했다는 사실을 깨닫는 가운데 사는 생명이 필요합니다. 내 안에 사는 생명을 보여 주고 싶다면, 나의 허물과 죄를 위해 죽으심으로써 율법을 만족시킨 영원한 생명, 죽음 가운데 사는 생명을 보여 주어야 합니다.

나에게 필요한 것은 오직 이것뿐입니다. 그리고 이것은 오직 살아 계신 그리스도 안에서만 발견됩니다. 나를 위해 자신을 희생 제물로 내주신 그분은 여전히 살아 계신 생명으로서 거룩한 신성 가운데 거하십니다. 그분의 생명은 나를 위해 기꺼이 자신을 내주신 그때에 가장 밝게 빛났습니다. 그분은 자신의 육신의 생명을 내주시고, 신성의 영원한 생명과 살아 있는 능력을 통해 중보자의 직무를 다 감당하셨으며, 죽음이 결코 방해할 수 없는 영원한 생명의 능력으로 다시 한 번 육신의 생명을 회복하셨습니다.

그러므로 우리에게는 죽음으로 말미암아 다시 사시고 승리하신 그리스도의 죽음이 필요합니다. 죽음을 통해 사망의 권세 가진 자를 멸하신 그리스도의 죽음, 나를 위해 하늘로부터 가지고 오신 생명의 빛을 꺼뜨리지 않고 그의 신성에 간직된 '생명의 원천'(시 36:9)을 여신 그리스도의 죽음이 필요합니다. 그 죽음이 없었다면 그곳으로부터 '생명수의 강'(계 22:1)이 흘러나와 모든 사망을 휩쓸어 삼킬 때까지 영원히 봉인되어 다가갈 수 없었을 것입니다. 우리에게는 이와 같은 '생명의 왕의 죽음'이 필요합니다. 그것은 살아 있는 죽음이요 실제적인 생명입니다. 그것은 나를 위한 생명입니다. 그것은 죽음 가운데 사는 생명이요, 내 안에 살 수 있는 유일한 생명입니다.

나는 그리스도와 함께 십자가에 못 박혔으나 여전히 살아 있습니다. 나를 위해 죽으신 그리스도에 대한 믿음으로 말미암아 그리스도께서 내 안에 사시기 때문입니다. 그것만이 유일한 방법입니다. '이제 내가 육체 가운데 사는 것은 나를 사랑하사 나를 위하여 자기 자신을 버리신 하나님의 아들을 믿는 믿음 안에서 사는 것'(갈 2:20)입니다.

그리스도가 없으면 나는 아무것도 아니며, 나의 지위나 신분도 아무런 소용이 없습니다. 그리스도가 없으면 나는 여전히 사망의 올무에 갇혀 있을 수밖에 없습니다. 그런데 만약 내가 없다면 그리스도는 어떻게 되시겠습니까? 그분은 '생명', 결코 침범할 수 없는 영원한 생명이십니다. 그분에게는 죽음이 없습니다. 그렇다면 나를 구원하시기 위해 돌아가신 그리스도의 죽음은 어떻게 되겠습니까? 나를 위해 자신을 대속물로 내주시고 대신 돌아가신 그분의 죽음이 무슨 의미가 있겠습니까?

사망의 문을 열고 나에게 들어와 나와 하나가 되려 하시는 영원한 생명이 있는데 나에게 무엇이 더 필요합니까? 그분이 사망의 문을 열고 들어오셨는데 다시 그 문을 닫고 그분과 나를 갈라놓아야 하겠습니까? 이 땅에 오신 생명의 원천인 그리스도 예수 안에 있는 신성이 사망의 먹이와 포로가 되어야 하겠습니까? 하나님께 그런 일은 결코 있을 수 없습니다.

그분은 사망의 포로가 아니라 사망을 멸하는 분이십니다. 그분은 패배자가 아니라 승리자로 나에게 오셨습니다. 그분은 영원하신 생명으로서 무한하신 능력을 가진 영광스러운 승리자로 나에게 오셨습니다. 십자가에 못 박힌 그분은 죽음을 통해 사망의 문을 열고 승리하셨습니다. 그분은 나를 위해 죽으심으로써 내 안에 들어와 살고 계십니다.

그렇습니다. 나를 충족시킬 수 있는 생명은 죽음 안에 있는 생명입니다. 십자가만이 나의 필요를 채워 줄 수 있습니다. 이것이 바로 십자가의 기적이며, 그곳에서 성취된 죽음의 기적입니다. 죽음 가운데 있는 생명은 죽음으로 인하여 소멸되지 않으며, 오히려 죽음을 통해 살아납니다. 십자가에 못 박히신 생명은 죽음을 십자가에 못 박았습니다. 그리고 나는 바로 그 생명과 함께 십자가에 못 박혔습니다. 그러므로 '그러나 내가 사는 것'은 결코 기적이 아닙니다. 나는 언제나 그리스도가 내 안에서 더욱 풍성히 살아 계시도록 나를 위해 죽으신 그리스도와 더욱 풍성한 교제를 나누어야 합니다.

죄의 결과는 사망이므로 사망이 언제나 내 속에 거하는 죄를 통하여 나를 삼키고 지배하려 합니다. 그런데 사망이 내 속에 거하는 죄로 말미암아 찾아오는 것처럼, 믿음으로 말미암아 죄에 대한 죽음이 들어옵니다. 그리스도의 온전하신 죽음은 언제나 사망을 이기고 나에게 생명을 주십니다. 그러므로 나는 항상 예수님의 죽음을 몸에 짊어짐으로써 예수님의 생명이 나의 죽을 몸에 나타나게 해야 합니다.

그리스도는 오직 십자가를 지심으로써 자기 백성 안에 사십니다. 내가 살 수 있는 것도 언제나 그리스도와 함께 십자가에 못 박혔기 때문입니다. 그리고 내가 그리스도와 함께 십자가에 못 박혀 있는 이 상태는 지속적입니다. 나는 생명을 얻었을 뿐만 아니라 나를 사랑하사 나를 위하여 자기 자신을 버리신 하나님의 아들을 믿는 믿음으로 말미암아 그 생명을 누립니다. 그리스도는 십자가에 달리심으로써 나의 영혼 속에 들어오셨을 뿐만 아니라 그곳에 거하시며 나와 함께 사십니다. 그러므로 나를 위해 죽으신 그리스도에 대한 믿음이 그분으로 하여금 내 안에 사시게 하는 수단인 것입니다.

이와 같이 그리스도의 편에서 볼 때에는 성령과 말씀이, 또 나의 편에서 볼 때에는 살아 있는 믿음이 바로 그리스도께서 자기 백성 가운데 임재하시는 동인입니다.

2. 그리스도의 임재의 결과

그리스도께서 자기 백성 가운데 거하시면서 함께하시면 다음과 같은 결과가 나타납니다.

1) 그리스도로 말미암아 거룩이 보장됩니다

거룩이란 그리스도를 닮아 가는 것이 아닙니까? 그리스도께서 내 안에 거하신다면 참으로 진실하게 그분을 닮아 가는 것이 마땅하지 않겠습니까? 그리스도께서 우리 가운데 계시는 한 우리는 확실하고도 분명하게 그리스도를 닮아 갈 것입니다. 그리스도께서 자신의 인격 속에 거하시든 우리 안에 거하시든 그분은 동일한 그리스도이십니다. 그분은 어제나 오늘이나 영원토록 변함이 없습니다. 기록된 복음 가운데 나타나신 그분은 자신을 부인하지 않으며 자신을 잘못 드러내시지도 않습니다.

그분은 성경에 기록된 바 이 땅에서 육체로 계실 때의 삶과 동일하게 우리 안에서 사실 것입니다. 그분이 바로 우리가 성경에서 읽는 그리스도입니다. 그분은 육신을 입고 이 땅에서 사람들과 함께 사실 때와 동일하게 우리 안에 사실 것입니다. 그분은 그때와 동일한 인격으로 우리 안에 사실 것입니다. 믿음으로 말미암아 그분이 우리 안에 거하시게 되는 것입니다.

그리스도는 밖에 계실 때와 마찬가지로 우리 안에 계실 때에도 여전히 온유하고 겸손하며 자비롭고 인자하십니다. 그분은 여전히 충실하고 부지런하며 순종적인 아들이십니다. 그분은 여전히 아무런 불평 없이 고난을 당하시고, 우리 안에서 여전히 선을 찾아 행하십니다. 그분은 우리 안에서 잃어버린 영혼을 찾고 구원받은 자를 돌보십니다. 그리고 우리 안에서 언제나 동일하고 변함이 없으며 순종적이신 그분은 이렇게 말씀하십니다.

"나의 양식은 나를 보내신 이의 뜻을 행하며 그의 일을 온전히 이루는 이것이니라"(요 4:34).

"내가 내 아버지 집에 있어야 될 줄을 알지 못하셨나이까?"(눅 2:49)

그분은 순종하는 자로서 "내 아버지여, 만일 할 만하시거든 이 잔을 내게서 지나가게 하옵소서. 그러나 나의 원대로 마시옵고 아버지의 원대로 하옵소서"(마 26:39)라고 기도하며, 용서하는 자로서 "아버지, 저들을 사하여 주옵소서. 자기들이 하는 것을 알지 못함이니이다"(눅 23:34)라고 기도하십니다. 그리고 하나님을 의지하는 자로서 죽으실 때에도 "아버지, 내 영혼을 아버지 손에 부탁하나이다"(눅 23:46)라고 말씀하십니다. 바로 그분이 우리 안에서도 영원히 그렇게 말씀하실 것입니다. 그분은 육신으로 이 땅에 계실 때와 동일한 모습으로 우리 안에서 사실 것입니다.

그리스도는 성령으로 말미암아 이 땅에 계셨습니다. 또한 말씀은 그분이 이 땅에 육신으로 계실 때의 모습을 묘사합니다. 바로 이 성령과 말씀, 예수 그리스도 안에 거하시는 성령과 그를 묘사하는 살아 계신 말씀으로 말미암아 그분이 우리 안에 계신 것입니다. 그리스도께서 이와 같은 방식으로 우리 안에 계셔야 합니다. 이 세상에 계실 때와 동일한 방식으로 우리 안에서 다시 사시며 자신을 나타내심으로써 임재하셔야 합니다.

그분의 생각이 우리의 생각이 될 것입니다. 그리스도께서 우리 안에 계시면 우리가 그리스도와 동일한 마음을 갖게 되기 때문입니다. 또한 그분의 의지가 우리의 의지가 될 것입니다. 그분이 우리 안에 선한 뜻을 두고 이루어 가실 것이기 때문입니다. 그리고 그분의 일이 우리의 일이 될 것입니다. 왜냐하면 '내 안에 거하시는 그와, 그 안에 거하는 나는 동일한 열매를 맺을 것이기 때문'입니다. 확실히 우리 안에 사시는 그리스도는 우리가 그분을 닮아 가며 그분의 거룩을 본받는 데 대한 확실한 보증이십니다.

이러한 원리에 근거한 거룩, 즉 그리스도의 보증에서 말미암는 거룩은 모든 참된 거룩이 그러하듯이 전적으로 자신을 낮추며 겸손으로 충만할 수밖에 없습니다. 우리가 거룩한 삶을 살더라도 그것이 우리 스스로를 신뢰하게 하거나 스스로 영광을 받을 만한 근거가 되지는 않습니다. 왜냐하면 거룩한 삶이 실로 우리 자신에게서 비롯되는 것이 아니기 때문입니다.

우리 안에 사시는 분은 그리스도입니다. 그러므로 우리에게서 나타나는 정결하고도 거룩한 생각과 지혜는 우리의 것이 아니라 그리스도의 것입니다. 우리 안에 살고 계신 그리스도께서 성령을 통해 우리의 사고 기관(faculty of thought)에 역사하심으로써 하늘의 지혜와 조화를 이룬 자신의 생각을 나타내고 계시는 것입니다. 우리가 기꺼이 선택하고 결심한 순종이나 인내 역시 우리의 의지가 아니라 그리스도의 의지입니다. 우리 안에 계신 그리스도께서 성령을 통해 우리의 의지에 역사하심으로써 그분의 뜻과 조화를 이룬 자신의 의지를 펼쳐 가시는 것입니다.

또한 우리의 선한 행위도 우리의 행위가 아니라 그리스도의 행위입니다. 우리 안에 계시는 그리스도께서 성령을 통해 우리로 하여금 그분의 선한 뜻을 이루어 가도록 결심하게 하고 행하게 하시는 것입니다. 우리는 모든 영광의 근거를 내려놓고, 명예와 존경을 포기해야 합니다. 뿐만 아니라 사실상 우리 자신을 포기해야 합니다. 이제 우리가 사는 것은 사실 그리스도께서 사시는 것입니다. 만유시요 만유 안에 계신 그분이 사시는 것입니다(고전 15:28 참고).

"그러나 내가 나 된 것은 하나님의 은혜로 된 것이니 내게 주신 그의 은혜가 헛되지 아니하여 내가 모든 사도보다 더 많이 수고하였으나 내가 한 것이 아니요 오직 나와 함께하신 하나님의 은혜로라"(고전 15:10).

"그런즉 이제는 내가 사는 것이 아니요 오직 내 안에 그리스도께서 사시는 것이라"(갈 2:20).

어느 누가 바울을 그리스도로 충만한 자라고 말하지 않을 수 있겠습니까? 그리스도가 그 안에 거하시면서 자신을 드러내고 계십니다. 모든 사람 가운데 가장 뛰어나며 아름답고도 사랑스러우신 그리스도께서 나타나시는 것입니다.

2) 그리스도의 지체들 안에서 서로 사랑하게 됩니다

"우리는 형제를 사랑함으로 사망에서 옮겨 생명으로 들어간 줄을 알거니와"(요일 3:14).

그리스도를 모신 자들이 서로 사랑하는 것을 통해 우리 안에 그리스도가 살아 계심을 알 수 있습니다. 그리스도에 대한 사랑은 결국 그분을 모시고 있는 자들을 향한 사랑으로 나타날 수밖에 없습니다. 따라서 그들을 사랑하는 것이 곧 그리스도를 사랑하는 것입니다. 그것이 곧 그들 안에 살아 계신 그리스도를 인식하고 받아들이며 의지하는 것입니다. 그리스도가 거하는 자들이 서로 사랑함으로써 "너희를 영접하는 자는 나를 영접하는 것이요"(마 10:40)라는 말씀이 전적으로 사실임을 보여 주는 것입니다.

"너희가 여기 내 형제 중에 지극히 작은 자 하나에게 한 것이 곧 내게 한 것이니라"(마 25:40).

그리스도 안에서 누군가가 그리스도의 사랑으로 나를 섬긴다면, 그것은 그의 섬김이 아니라 그 안에 사는 그리스도께서 나에게 행하시는 섬김입니다. 마찬가지로 내가 그리스도의 사랑으로 형제를 섬긴다면, 그것은 그를 섬기는 것이 아니라 그 안에 살아 계신 그리스도를 섬기는 것입니다. 이와 같이 그리스도는 자기 백성을 통해 나를 돌보시고 그들 안에서 나를 통해 섬김을 받으십니다. 제자의 이름으로 베푸는 냉수 한 그릇도 그리스도에 대한 감사가 아닌 것이 없으며, 결단코 상을 잃지 않을 것입니다(마 10:42 참고).

형제에 대한 사랑은 서로를 귀하게 여기고 존경하는 순수하고도 고상한 마음입니다. 그리스도를 모신 자는 이와 같은 신비한 마음을 품게 됩니다. 형제를 진정으로 사랑하는 것은 그를 이 땅에서 가장 존귀한 자로 여기고 인정한다는 의미입니다. 즉, 그를 하나님의 자녀요 상속자로 여기는 것입니다. 이것은 그가 하늘에 계신 아버지의 뜻에 따라 왕 같은 제사장이 되었음을 인정하는 것입니다. 그러나 이와 같이 존귀하고도 고상한 인식 위에 그리스도께서 그 안에 사신다는 사실을 알거나 그를 통해 그 안에 사시는 그리스도를 직접 인식한다면 그를 더욱 높이 평가하고 신뢰하게 될 것입니다. 그것은 그리스도 안에서 그를 존귀히 여길 뿐만 아니라 그 안에 계신 그리스도를 더욱 높이는 것입니다.

여기에 세상적 지위나 신분과 같은 요소는 전혀 고려될 필요가 없습니다. 그러한 것들은 절대 중요한 요소가 아니며 아무런 영향도 끼치지 못합니다. 뿐만 아니라 나라나 민족이나 혈통이나 언어도 마찬가지입니다. 살아 계신 그리스도는 국적이나 사회적 신분, 모든 사회적, 인종적 장벽을 초월합니다.

"거기에는 헬라인이나 유대인이나 할례파나 무할례파나 야만인이나 스구디아인이나 종이나 자유인이 차별이 있을 수 없나니 오직 그리스도는 만유시요 만유 안에 계시니라"(골 3:11).

"누구든지 제자의 이름으로 이 작은 자 중 하나에게 냉수 한 그릇이라도 주는 자는 내가 진실로 너희에게 이르노니 그 사람이 결단코 상을 잃지 아니하리라 하시니라"(마 10:42).

따라서 이러한 형제간의 사랑은 예수님의 제자가 되는 데 결정적 요소입니다.

"너희가 서로 사랑하면 이로써 모든 사람이 너희가 내 제자인 줄 알리라"(요 13:35).

3) 박해의 의미와 원인을 파악하게 됩니다

이러한 박해는 그리스도를 증오하는 데서부터 시작되며, 그분을 직접 겨냥합니다. 그리스도께서 자기 백성들 안에 사시기 때문에 그럴 수밖에 없습니다. 예수님은 교회를 핍박하는 사울에게 "사울아 사울아, 네가 어찌하여 나를 박해하느냐?"(행 9:4)라고 말씀하십니다. 그리스도께서 자기 백성들과 함께 계신다는 사실을 믿지 않거나 그 사실을 모르거나 인정하지 않는다고 해서 성도를 핍박한 죄가 경감되는 것은 아닙니다. 세상이 그분의 백성들을 거부하는 것은 곧 그리스도를 거부하는 것과 같습니다.

"세상이 우리를 알지 못함은 그를 알지 못함이라"(요일 3:1).

죄로 인해 세상은 자기 백성들과 함께하시는 그리스도의 영광을 보지 못합니다. 죄가 자기 백성들과 함께하시는 그리스도의 임재의 영광을 보지 못하도록 사람들의 눈을 가리기 때문입니다. 약속의 자녀인 이삭을 비웃고 조롱했던 이스마엘처럼, 육체를 따라 난 자가 성령을 따라 난 자에게 행하는 모욕과 박해는 그리스도께서 그들 안에 계시다는 사실을 알지 못했다거나 이해하지 못했다는 변명으로도 면책될 수 없습니다. 그들의 모욕과 박해는 사실 여자의 후손으로 오시기로 약속된 메시야에게 행한 것입니다. 그분에 대한 증오와 편견이 그들을 영적으로 눈멀게 만든 것입니다.

하나님을 경외하고 그리스도를 사랑한다면, 그분이 자기 백성 가운데 계심을 기꺼이 인정하고 받아들여야 합니다.

"주를 경외하는 자들이 나를 보고 기뻐하는 것은 내가 주의 말씀을 바라는 까닭이니이다"(시 119:74).

"나로 말미암아 하나님께 영광을 돌리니라"(갈 1:24).

이 세상이 왜 그리스도를 모시고 있는 형제를 싫어하는지에 대해 진지하게 생각해 본 적이 있습니까? 왜 그 형제를 의심하고 미워하며 거친 말을 한다고 생각합니까? 여러분은 그들을 통해 드러나는 경건이나 그리스도를 닮은 성품이 오히려 성가시다고 생각했던 적이 없습니까? 그들의 실수나 연약함을 비웃지는 않았습니까? 중요한 것은 이러한 생각이나 행위가 모두 그들 안에 거하시는 그리스도에 대한 심각한 도발이라는 점입니다.

우리는 그리스도의 임재가 아직까지는 그들에게 부분적으로 나타난다는 것을 알아야 합니다. 그리스도께서 그들 안에 거하시기 때문에 비록 영은 의로 말미암아 살아 있으나 몸은 죄로 말미암아 죽은 것입니다(롬 8:10 참고). 그들에게는 그리스도와 더불어 여전히 죄와 사망의 몸이 함께 있기 때문입니다. 이 죄와 사망의 몸은 그들 안에 계신 그리스도의 생명과 성품이 완성되는 것을 방해합니다. 그래서 그들 안에 그리스도가 실재하지만 그리스도를 겨우 부분적으로만 나타내는 것입니다. 그들이 더욱 자라나기를 간절히 바라지만, 사실 그러한 관계가 깨지지 않고 지속되는 것만으로도 다행입니다.

설사 그들이 원하는 바를 이루어 그들의 모든 연약함이 제거되고, 아직도 남아 있는 타락의 찌꺼기들이 사라져 결국 그들 안에 오직 그리스도만이 남아 온전히 풍성한 생명과 거룩한 은혜가 되신다고 해도, 이러한 그들의 세계가 오히려 우리에게 더욱 큰 고통으로 다가올 것입니다. 그리스도인으로서 그들의 경건과 성품이 우리를 지금보다 더욱 강력하게 책망할 것이기 때문입니다. 아마 우리는 할 수만 있다면 그들로부터 멀리 달아나려고 할 것입니다.

만일 그들을 피하는 것이 어렵고 어쩔 수 없이 그들과 교제를 지속해야 한다면, 또 온전한 의와 거룩함과 그리스도를 닮은 성품을 가진 사람들과 함께 있을 수밖에 없다면, 그들과 그들의 삶을 꺼려하고 못마땅하게 여기는 마음이 다양한 과정과 경로를 통해 더욱 부각되지 않겠습니까? 그런데 혹시 이것이 바로 그리스도께서 우리를 비추고 계신다는 명백한 증거일 것이라는 생각을 해 보았습니까? 그분의 임재가 가까이 다가올수록 우리가 더욱 그분을 멀리하려는 것은 아닐까요? 만일 자기 백성을 통해 우리에게 다가오시는 분이 그리스도라면, 지금 우리는 그분을 철저히 거부하면서 "우리는 당신이나 당신의 방식을 원하지 않습니다. 그러니 제발 우리에게서 떠나 주십시오"라고 말하는 것이 아니겠습니까?

그러므로 그분의 백성을 거절하는 것은 사실상 주님을 거절하는 것임을 기억하십시오. 그들 안에 계신 그리스도를 거절하고 핍박하는 것임을 기억하십시오. 왜냐하면 '그리스도께서 그들 안에 살아 계시기 때문'입니다.

신자는 세상으로부터 무엇을 기대해야 하며, 왜 그것을 기대해야 하는지를 알아야 합니다. '우리 안에 사시는 그리스도'는 육체로 세상에 계실 때보다 세상으로부터 더 나은 대접을 받고 있는 것이 아닙니다. 세상은 그때나 지금이나 동일합니다. 우리 안에 계신 그리스도 역시 그때와 동일하십니다. 그러므로 세상은 그리스도가 유대 땅에 거하실 때와 마찬가지로, 모든 시대마다 자기 백성 안에 거하시는 그리스도에 대해 적대적입니다.

세상이 그리스도의 말을 따른다면, 우리의 말도 따를 것입니다. 세상이 그분을 박해한다면, 우리도 박해할 것입니다. 종이 주인보다 높을 수는 없습니다. 종이 주인만큼만 된다면 그것으로 충분합니다. 주인이 자기 안에 살고 계신다면 마땅히 그러해야 합니다. 자기 백성 안에 거하시는 그리스도는 세상의 공격 목표입니다. 우리 안에 거하시는 그리스도가 바로 공격의 대상인 것입니다.

4) 영광의 소망을 누리게 됩니다

그리스도께서 우리 안에 거하실 때 일어나는 또 하나의 결과는 "이 비밀은 너희 안에 계신 그리스도시니 곧 영광의 소망"(골 1:27)이라는 바울의 언급에서 찾을 수 있습니다. 성령으로 우리 안에 거하시는 그리스도는 앞으로 계시될 영광의 인침이자 소망이요 보증이십니다. 그것이 영광 그 자체는 아닙니다. 아직은 실상이 아니라 인침이며, 실현이 아니라 소망이며, 완성이 아니라 보증일 뿐입니다. 왜냐하면 우리 안에 계신 그리스도께서 아직은 영광 가운데 계시지 않기 때문입니다. 그리스도께서 실로 영광 가운데 계실 때에 우리의 영광이 실현될 것입니다. 우리 안에 계신 그리스도께서 영광을 누리실 때 우리도 그로 말미암아 영광을 누릴 것입니다.

그러나 아직은 그리스도께서 영광을 누리고 계시지 않습니다. 그분은 우리 안에서 여전히 낮아지신 상태로 슬픔과 고난을 맛보며 우리를 위해 일하고 계십니다. 그분의 영광은 육체의 장막과 끝없는 낮아지심에 가려져 있습니다. 우리 안에 살아 계신 그리스도께서 온전한 영광과 보상의 자리에 앉아 계시지 않고, 오히려 수고와 비천의 멍에를 지고 계신 것입니다.

그분은 유대와 갈릴리를 다니면서 악을 참고 선을 행하며 선으로 악을 갚으시고, 죄인들의 도발과 핍박을 견뎌 내셨습니다. 그분은 실로 아버지의 은총을 입어 영광스러운 삶을 사셨으나 당시에도 그분의 영광은 감추어져 있었습니다. 이것이 우리 안에 살아 계신 그리스도의 모습입니다. 그러므로 우리의 생명 역시 그리스도와 함께 하나님 안에 감추어져 있습니다.

우리에게 주어진 일은 그분과 함께 고난받음으로써 그리스도의 남은 고난을 채우는 것입니다. 장차 영광이 임할 때 우리 안에 거하시는 그리스도께서 언제나 자기 안에서 영광 가운데 거하셨던 것처럼 우리 안에서 영광을 누리실 것입니다. 성경은 "그리스도가 이런 고난을 받고 자기의 영광에 들어가야 할 것이 아니냐 하시고"(눅 24:26)라고 말합니다. 그렇다면 우리도 그리스도와 함께 고난받음으로써 영광을 누려야 하지 않겠습니까?

우리에게 있는 것은 오직 '영광의 소망'입니다. 그것은 가장 확실하고도 복된 소망이며 가장 강력한 능력과 풍성한 인내의 위로입니다. 우리 안에서 역사하시는 그리스도께서 우리의 모든 것을 온전하게 하실 것입니다. 그분은 그리스도 이외의 모든 것들을 하나씩 제거하심으로써 결국 우리 안에 그리스도만 거하게 만드실 것입니다. 그리하여 우리 안에서 말할 수 없는 영광의 온전한 형상으로 빛나실 것입니다. 우리가 장래에 어떻게 될지는 아직 모르지만 그분이 나타나시면 그분의 참모습 그대로를 볼 것이기 때문에 그와 같이 될 것임을 압니다(요일 3:2 참고). 그때 우리 안에는 오직 그리스도만 계실 것입니다.

우리는 습관적으로 "나에게 가장 필요한 것은 오직 그리스도입니다"라고 말합니다. 감사하게도 그것은 이미 이루어졌습니다. 그분은 나를 사랑하사 나를 위하여(for me) 자기 자신을 버리셨습니다(갈 2:20 참고). '나를 위한 그리스도(none but Christ for me)'라는 표현은 신앙의 표어입니다. 그것은 지금 가장 온전히 드러난 진리입니다. 그리고 '내 안에 사시는 그리스도(none but Christ in me)'라는 표현은 소망의 표어입니다. 그것은 영광 가운데 온전한 진리로 드러날 것입니다. 비록 지금은 첫 열매 안에서만 이루어진 진리이지만 그때에는 모든 사람에게 온전한 진리가 될 것입니다.

동시에 우리에게는 고난도 있습니다. 그러나 우리가 이 땅에서 겪는 현재의 고난은 그리스도의 임재로 말미암아 장차 우리에게 나타날 온전한 영광과 감히 비교할 수도 없습니다. 그리고 우리 안에 임재하신 그리스도가 바로 이러한 영광에 대한 인침이자 보증이며 소망이심을 우리는 압니다. 그러므로 그리스도께서 우리 안에 거하는 죄를 죽이고 십자가에 못 박으시도록 날마다 깨어 기도하고 믿음을 지켜야 합니다. 그렇게 될 때 우리가 그리스도의 내적 임재를 경험하고 그것을 드러내게 될 것입니다. 그리고 바울의 고백을 온전히 깨닫고 더욱 확실한 믿음과 놀라운 기쁨 가운데 동일하게 고백하게 될 것입니다.

"내가 그리스도와 함께 십자가에 못 박혔나니 그런즉 이제는 내가 사는 것이 아니요 오직 내 안에 그리스도께서 사시는 것이라. 이제 내가 육체 가운데 사는 것은 나를 사랑하사 나를 위하여 자기 자신을 버리신 하나님의 아들을 믿는 믿음 안에서 사는 것이라"(갈 2:20).

3. 그리스도의 임재와 관련하여 주의할 점

이 교훈은 매우 신중하게 접근해야 합니다. 왜냐하면 성급하거나 경솔하게 접근할 경우 겉으로는 중요하게 보이지만 전적으로 무가치한 추론들이 도출될 우려가 있기 때문입니다. 이러한 잘못된 추론들은 마땅히 제거되어야만 합니다. 그러나 그중에는 본질을 자세히 설명하지 않고서는 문제점을 발견하기 어려운 것들도 있습니다. 특히 이러한 추론들은 논리적인 문제점을 뒷전으로 하더라도 진리를 가로막고 영광을 가리는 문제점을 양산할 수도 있습니다. 가령 다음과 같은 착각을 일으키는 것입니다.

첫째, 그리스도께서 신자들 안에 사신다면 신자의 인격이 무시되거나 그 기능이 약화될 것이라는 생각입니다. 말하자면, 그리스도가 살아 있는 실제적 인격이시기 때문에 그것과 구별되는 신자의 인격이 무시될 것이라는 주장입니다. 둘째, 신자의 책임 또는 책임감이 점점 존재 의미를 잃고 폐기될 것이라는 생각입니다. 셋째, 신자 안에 영광스러운 인격이 거하시기 때문에 신자의 순수한 인간성이 설 자리를 잃어 무용지물이 되고 말 것이라는 생각입니다. 넷째, 신자의 개성(individuality)이 위축되고 힘을 잃게 될 것이라는 생각입니다.

그러나 이러한 가정은 모두 잘못된 상상력의 산물입니다. 신자의 인격이나 책임감이나 인간성이나 개성은 우리 안에 살아 계신 그리스도로 인해 결코 위축되거나 무시되지 않습니다. 오히려 그로 말미암아 이러한 것들은 더욱 만족하게 되고 활발해지며 점차 온전해질 것입니다.

1) 그리스도의 임재와 신자의 인격

그리스도의 음성을 듣고서 문을 열고 그분이 내 안에 거하시게 되면 나의 인격이 위기에 처하게 됩니까? 결코 그렇지 않습니다. "그런즉 이제는 내가 사는 것이 아니요 오직 내 안에 그리스도께서 사시는 것이라"라는 바울의 말은 확실히 한 인격으로서 자신의 존재를 포기했다고 생각될 만한 표현입니다. 그러나 바울은 곧이어 "이제 내가 육체 가운데 사는 것은 나를 사랑하사 나를 위하여 자기 자신을 버리신 하나님의 아들을 믿는 믿음 안에서 사는 것이라"라고 고백합니다. 그러한 삶의 주체가 바울 자신이라는 것입니다.

그리스도와의 연합은 인격적 연합이 아니라 영적 연합입니다. 그것은 성령이라는 대리인을 통해 성취되고 믿음이라는 수단을 통해 유지됩니다. 그리스도의 인격이 성부의 인격과 구별되는 것처럼, 신자의 인격은 그리스도의 인격과 구별됩니다. 그리스도의 놀라운 말씀을 들어 보십시오.

"내가 그들 안에 있고 아버지께서 내 안에 계시어"(요 17:23).

우리가 그리스도를 위하여 자기를 부인할 때(마 16:24 참고), 즉 자신을 버리고 십자가에 달리신 예수님을 우리 영혼의 생명으로 받아들일 때 어떤 일이 일어납니까?

첫째, 죄악된 삶을 십자가의 소멸하는 능력에 전적으로 맡기게 됩니다. 이러한 자기 부인을 더욱 효과적이고도 진실하게 행하도록 하기 위해 "십자가를 지고"(마 16:24)라는 명령이 추가된 것입니다. 이제 그리스도의 십자가가 우리의 십자가가 되었습니다.

"우리의 옛사람이 예수와 함께 십자가에 못 박힌 것은 죄의 몸이 죽어 다시는 우리가 죄에게 종노릇하지 아니하려 함이니"(롬 6:6).

우리의 옛사람은 십자가에 못 박혀 죽었습니다. 그러나 우리가 그리스도와 함께 십자가에 못 박힌 것은 우리가 살기 위함입니다. 내가 그리스도와 함께 십자가에 못 박혔으나 내가 살아 있다는 말입니다.

둘째, 우리는 우리의 모든 지성과 양심과 감정과 의지와 행위를 성결하게 하는 십자가의 능력에 맡기게 됩니다. 우리는 살아 있는 우리의 모든 기관(faculties)을 우리 안에 사시는 그리스도께 맡기고 그 십자가의 의로 말미암아 성령으로 정결하게 되기를 구합니다. 그분은 이러한 우리의 모든 기관에 힘을 주셔서 모든 왜곡과 속박과 타락에서 벗어나 그분의 기능과 하나가 되어 조화를 이루게 하십니다. 예수님 안에서 그 모든 인격을 주장하신 성령께서는 우리의 모든 기관을 육체를 입으신 예수 그리스도와 동일하게 다루십니다.

그렇다면 이러한 성령의 성결하게 하심과 주장하심이 그리스도의 인격을 무용지물로 만들었습니까? 결코 그렇지 않습니다. 그러므로 우리의 인격도 위축되거나 무시될 수 없습니다. 오히려 그와 반대입니다. 우리의 인격과 의식이 약해지거나 사라지는 것이 아니라 말할 수 없는 복된 경험을 통해 새로운 빛의 인도를 받게 됩니다. 실제로 우리의 인격과 의식이 더욱 강력한 활동과 인식작용을 하게 되는 것입니다.

그런즉 "누구든지 제 목숨을 구원하고자 하면 잃을 것이요 누구든지 나를 위하여 제 목숨을 잃으면 찾으리라"(마 16:25)라는 말씀은 참으로 옳습니다. 사실 이 말씀은 자기 부인(마 16:24 참고)과 관련되어 있습니다. 자기 부인은 '그를 위하여'가 아니면, 즉 십자가에 못 박히신 예수님을 통한 '구축력 있는 능력(expulsive power)'이 아니면 불가능합니다. 신자는 이러한 자기 부인을 통해 독립된 인격체로서의 의식을 더욱 분명히 갖게 됩니다. 그러므로 자기 부인은 우리에게 해가 되는 것이 아니라 유익이 됩니다.

신자는 가장 약하고도 피상적이며 일시적인 생명, 꿈처럼 허무하고 깨지기 쉬운 생명을 버리고 대신에 더욱 심오하고 영원하며 온전하고도 확실한 생명을 얻었습니다. 그것은 마치 어린 시절의 꿈과 열정과 추억이 흘러가는 구름처럼 아스라이 멀어지듯이 시간과 함께 점점 사라져 가는 영광이 아닙니다. 그것은 날이 갈수록 더욱 풍성해지는 영광입니다. 즉, 우리의 생명이신 그리스도께서 나타나며 하나님의 자녀들이 나타나고 영광의 자유에 이를 때 그리스도와 함께 나타날 영원한 영광입니다(골 3:4, 롬 8:19, 21 참고).

그리스도로 말미암아 우리 안에 살아 있는 이 생명은, 비록 감춰져 있으나 사실 더욱 깊이 감춰질수록, 측량할 수도 없고 드러나지도 않았을 개개인의 경이로운 인격의 의식 깊은 곳을 두드려 깨우고 능력을 회복시킵니다.

"내 영혼아 여호와를 송축하라. 내 속에 있는 것들아, 다 그의 거룩한 이름을 송축하라"(시 103:1).

이제 나는 눈을 크게 열어 하나님의 나라에 대한 위대하고도 놀라운 진리를 깨닫습니다. 나는 다른 사람과 구별된 독립적 인격체로 존재합니다. 나는 다른 사람들과 밀접하게 관련되어 있으면서도 그들과는 전적으로 구별되는 나만의 관심사를 가지고 있습니다. 나에게는 나 개인만의 미래가 있으며, 오직 나에게만 주어진 영원한 본분이 있습니다. 나에게는 어느 누구도 대신할 수 없는 나만의 예배가 있습니다. 그것은 오직 '나'라는 인격체로 드려야 하는 예배입니다.

내가 나 자신만을 위해 살 때 나의 의식은 극히 제한된 틀 속에 갇힐 수밖에 없지만, 그리스도께서 내 안에 사실 때 나는 광활한 하나님의 나라를 맛보고 그 나라의 왕의 감정과 경험을 공유하게 됩니다. 내가 '눈에 보이는 일시적인 것들' 가운데 살 때 나의 의식 세계는 실로 위축되고 제한될 수밖에 없습니다. 나는 절반은 살았지만 나머지 절반은 사라져 가는 꿈과 같은 삶을 살고 있습니다. 내가 보이지 않는 영원한 나라의 광대함과 자유를 아는 것은 결코 시간과 감각의 노예인 나를 위한 것이 아닙니다. 생명을 얻기 위해 나는 그것을 버려야만 합니다.

내가 나 자신만을 위해 산다면 나의 인격은 제한될 수밖에 없습니다. 그러나 이제 그리스도께서 내 안에 사시면 내가 나 자신을 위해 사는 것이 아니라 그리스도를 위해 사는 것이며, 나의 의식이 자유함을 얻고 그 기능이 더욱 확장됩니다. 그리고 나의 생명은 더욱 풍성하고도 온전하며 벅찬 새로운 삶을 살게 됩니다. 나 자신을 포기하고 그리스도를 나의 생명이요 전부로 소유하였기 때문에 경이로우면서도 기쁨이 가득한 인격으로 존재할 수 있음을 실감하게 되는 것입니다. 내가 존재하는 것은 오직 하나님의 은혜입니다. '내가 나 된 것은 하나님의 은혜로 된 것'(고전 15:10)입니다.

2) 그리스도의 임재와 개인의 책임

왕의 내적 임재로 말미암아 나의 책임(책임감)이 제한되거나 사라집니까? 또는 모든 책임이 그분에게 전가됩니까? 한 가지 예를 살펴봅시다.

어제 한 병사가 눈 덮인 막사 앞에서 보초를 서고 있었습니다. 그의 눈은 흐릿했고 발걸음은 무거웠으며 들고 있는 무기는 축 늘어져 있었습니다. 그의 자세에는 확고한 신념이 없었고, 생각이 오락가락하였으며, 입은 쉴 새 없이 지나가는 사람들과 노닥거렸습니다. 그 병사가 오늘 또다시 눈 덮인 막사를 지키고 있습니다. 그런데 어제와는 다르게 그의 눈이 초롱초롱하게 빛나고 발걸음이 절도 있으며, 자세가 곧고도 품위 있습니다. 그의 무기는 전투 태세를 완벽히 갖추고 있으며, 그의 모든 혼과 육체와 정신은 초소 주변에 집중되어 있습니다. 그의 모든 생각 역시 잠시도 긴장을 늦추지 않고 경계 태세를 취하고 있습니다.

오늘 눈 덮인 막사가 아름답게 치장된 것은 왜 이러한 변화가 나타났는지를 잘 설명해 줍니다. 바로 그 막사 안에 왕이 들어와 계시기 때문입니다. 그래서 오늘 이 파수꾼은 자부심을 가지고서 목숨을 내놓을 각오로 자신의 책임을 다하고 있는 것입니다.

그렇다면 만일 만왕의 왕이 그 안에 거하신다면 어떻게 되겠습니까? 또 만왕의 왕과 그 나라가 우리 안에 거하신다면 어떻게 하겠습니까? 이것은 주제의 본질을 파악하는 데 도움이 될 만한 하나의 예일 뿐입니다.

책임감이란, 책임에 대하여 확실하게 인식하고 그것을 습관적이고도 실제적으로 받아들이는 것입니다. 바로 이러한 책임감이 양심을 교정하고 자신의 의지를 올바로 지배하는 관건입니다. 물론 여기에는 계시적 통찰력[1]이 전제되어야 합니다. 그러나 속사람의 기능(능력) 가운데 책임과 직접 관계되거나 책임이 직접 호소하거나 전념하는 기관(faculties)은 '양심'과 '의지'입니다. 그렇다면 이들 두 기관은 그리스도의 내적 임재로 말미암아 어떠한 영향을 받습니까?

(1) 양심에 미치는 영향

그리스도께서 내 안에 사신다는 것은 내가 그분과 함께 십자가에 못 박혔다는 사실과 불가분리의 관계에 있습니다.

"내가 그리스도와 함께 십자가에 못 박혔나니 그런즉 이제는 내가 사는 것이 아니요 오직 내 안에 그리스도께서 사시는 것이라"(갈 2:20).

그리스도께서 내 마음에 들어와 사시기 위해서는 나를 위해 십자가를 지셔야만 합니다. 또한 내가 그분을 마음에 모시기 위해서는 그분과 함께 십자가를 져야만 합니다. 만일 내가 십자가를 지지 않는다면, 그분을 위해 나를 버리고 그리스도를 나의 생명으로 받아들이는 진정한 자기 부인이 완성될 수 없습니다.

"이에 예수께서 제자들에게 이르시되 누구든지 나를 따라오려거든 자기를 부인하고 자기 십자가를 지고 나를 따를 것이니라. 누구든지 제 목숨을 구원하고자 하면 잃을 것이요 누구든지 나를 위하여 제 목숨을 잃으면 찾으리라"(마 16:24, 25).

그러므로 그리스도의 십자가를 나의 것으로 만들어야 합니다. 내가 그리스도와 함께 십자가에 못 박혀야 합니다. 십자가의 정신과 의미를 올바로 깨닫고 순종하는 마음으로 십자가를 져야 합니다.

나는 아무런 자격도 없는 죄인입니다. 그래서 십자가의 공로를 받아들일

---

1) 자세한 내용은 9장을 참고하시기 바랍니다.

수밖에 없습니다. 십자가의 공로는 율법에 대한 놀라운 반응을 통해 이루어졌습니다. 율법을 크게 하고(찬미하고) 율법의 요구를 이루며 그것을 존귀하게 하려는 결단을 통해 이루어진 것입니다. 그러므로 나를 저주에서 구원하여 하나님 앞에 의로운 자로 세우시는 이러한 십자가의 능력에 대한 통찰력이 있어야 합니다. 곧 예수 그리스도와 그가 십자가에 못 박히신 것에 대한 신앙적 묵상과 결단(왜냐하면 우리는 마음으로 믿어, 즉 의롭다하심을 얻으려는 의도와 성취를 통해 의에 이르기 때문에)에는 십자가에 대한 깊은 인식과 십자가의 의를 전유하는 능력뿐만 아니라 율법의 존귀성(계명과 징계의 의로움)과 율법수여자의 합당한 권위, 율법에 대한 무조건적이고도 항구적인 책임에 대한 통찰력이 전제되어야 합니다.

십자가는 오직 율법의 조명을 통해서 해석될 수 있습니다. 우리가 만일 십자가 안에서 어떤 유익을 발견한다면, 그것은 자신의 책임에 대한 각성과 십자가 안에 예비된 거룩한 섭리를 인식했기 때문입니다.

그러므로 그리스도의 십자가를 나의 것으로 품는다는 것은 곧 자신의 책임을 가장 확실하게 인식하고 그것을 받아들인다는 말입니다. 그것은 영원히 거룩한 율법 앞에서 율법수여자의 공의를 존중하며 그 권위에 부복하는 것을 의미합니다. 아울러 우리의 충성은 '하나님의 의에 복종'(롬 10:3)하고 순종함으로 드러납니다.

많은 사람들이 그로 말미암아 의롭다하심을 얻었습니다. 이러한 십자가의 의로 말미암아 의롭다하심을 받아 십자가가 나의 것이 되고 내가 그리스도와 함께 십자가에 못 박힐 때, 나는 보좌 앞에 무릎을 꿇고 왕에게 충성을 서약하게 됩니다. 나의 충성 서약은 율법과 은혜에 대한 그분의 주권적 맹세를 다시 한 번 되풀이하는 것입니다.

"내가 나를 두고 맹세하기를 내 입에서 공의로운 말이 나갔은즉 돌아오지 아니하나니 내게 모든 무릎이 꿇겠고 모든 혀가 맹세하리라 하였노라. 내게 대한 어떤 자의 말에 공의와 힘은 여호와께만 있나니 사람들이 그에게로 나아갈 것이라. 무릇 그에게 노하는 자는 부끄러움을 당하리라. 그러나 이스라엘 자손은 다 여호와로 말미암아 의롭다함을 얻고 자랑하리라 하느니라"(사 45:23-25).

십자가로 말미암아 생명에 이르는 칭의는 왕이 스스로 맹세한 주권을 인식하고 받아들이는 우리의 맹세와 직결됩니다.

한없이 지혜롭고도 풍성하며 세심한 십자가의 섭리는 우리의 양심으로 하여금 주어진 책임을 충분히 깨닫고 감당할 수 있게 합니다.

"하물며 영원하신 성령으로 말미암아 흠 없는 자기를 하나님께 드린 그리스도의 피가 어찌 너희 양심을 죽은 행실에서 깨끗하게 하고 살아 계신 하나님을 섬기게 하지 못하겠느냐"(히 9:14).

이것이 바로 우리의 양심이 그리스도께서 내 안에 살아 계심으로써 받는 영향입니다.

(2) 의지에 미치는 영향

그리스도의 임재는 우리의 의지에 어떠한 영향을 미칩니까? 사도 바울은 이에 대해 중요한 단서를 제공합니다.

"그러므로 나의 사랑하는 자들아, 너희가 나 있을 때뿐 아니라 더욱 지금 나 없을 때에도 항상 복종하여 두렵고 떨림으로 너희 구원을 이루라. 너희 안에서 행하시는 이는 하나님이시니 자기의 기쁘신 뜻을 위하여 너희에게 소원을 두고 행하게 하시나니"(빌 2:12,13).

그렇습니다. 우리 안에 살아 계신 그리스도는 우리 안에서 일하십니다. 그러한 그분의 일은 우리를 통해 시행됩니다. 결국 그분은 우리로 하여금 일하게 하시는 것입니다. 그러나 그분은 결코 우리로 기계적으로 일하게 하시지는 않습니다. 그분은 마치 우리의 책임을 전적으로 외면한 듯 모든 일을, 또는 그 일의 일부를 혼자 처리하시지 않습니다.

그분이 우리 안에서 하시는 모든 일에는 먼저 그 일에 대한 우리의 의지가 선행됩니다. 즉, 그분은 우리로 하여금 자신이 하려는 모든 일에 대해 소원을 두고 행하게 하십니다. 그분은 우리의 의지를 자신의 뜻과 조화시켜 나가십니다. 그러면서도 그분은 절대적이고도 창조적이며 조화로운 은혜를 통해 이 일을 은밀히 진행하십니다. 게다가 우리의 의지를 주권적이고도 주관적으로 대하심으로써 우리의 의지에 호소할 만한 객관적인 근거를 마련하십니다. 이렇게 우리의 의지의 동력이 되는 모든 요소를 자극하시는 것입니다.

그분은 '우리에게 소원을 두고 행하게 하시기' 때문에 우리의 의지를 요구하십니다. 주님은 자신의 유효한 은혜와 우리의 도덕적 선택 사이에 발생할 수 있는 그 어떤 갈등도 모순으로 보지 않고 그것을 아름답게 조화시켜 나가십니다. 우리의 의지에 대한 그분의 사역이 도덕적 선택의 동인이 되며, 명백하고도 객관적인 권면이나 도덕적 선택이 우리의 의지에 대한 주관적 은혜의 유효한 역사를 은밀히 성취하는 기회(수단)가 됩니다.

그리스도의 보혈은 우리의 양심을 죽은 행실에서 깨끗하게 하였으며, 그것을 더욱 강하고도 평온하며 순전하게 하셨습니다. 뿐만 아니라 그와 동일한 방식으로 비록 율법이 우리의 완전한 사랑을 요구하는 절대적이고도 주권적인 법이라 할지라도 우리로 하여금 율법에 대한 책임감을 가지게 하였습니다.

이와 같이 대제사장이신 그리스도는 우리의 '양심의 주(Lord)'로서 우리 안에 살아 계실 뿐만 아니라 우리의 '의지의 왕(king)이요 그것을 다스리시는 분'으로서 우리 안에 거하십니다. 그분은 실로 우리의 의지를 주장하십니다. 그분은 단순히 외부에서 명령하시는 것이 아니라 내적인 은혜의 능력으로 명령하십니다. 그리고 우리의 양심의 요구와 의지의 선택을 완벽하게 조화시켜 하나가 되도록 만드십니다. 그리스도인에게 이보다 더 훌륭한 영적 조화는 없습니다.

"일심으로(unite my heart) 주의 이름을 경외하게 하소서"(시 86:11).

도덕성의 교정(rectification)이라는 긴요한 문제는 자신의 본분에 대한 엄격하고도 준엄한 책임 의식과 더불어 가장 평안하고도 풍성한 자유함을 누려야만 해결될 수 있습니다. 도덕법의 절대적 주권을 인정하고 받아들일 뿐만 아니라 그 법을 지키되 자유를 누려야 한다는 것입니다.

나는 절대적 주권자가 이미 선포된 가장 의롭고도 변함없는 모든 법을 통해 우리를 다스리되 절대적으로 다스리지 않고 면책과 특권과 확신을 준다면, 우리의 인격을 합당하게 존중하는 것이 아니라고 생각합니다. 이러한 요구나 바람은 결코 교만이 아닙니다. 오히려 교만이 원하는 바는 본질상 이와는 상반됩니다. 교만이 원하는 바 그 어떤 권위도 인정하지 않은 채 오직 '신과 같이 되려는' 반역적인 마음은 하나님의 법에 절대 굴복하지 않을 뿐더러 굴복할 수도 없습니다. 이렇게 하나님의 법에서 벗어나려는 소원은 오히려 자신을 더욱 낮아지게 합니다.

"자기를 높이는 자는 낮아지고 자기를 낮추는 자는 높아지리라"(눅 18:14).

하나님의 법을 존중하는 것만이 하나님의 형상을 따라 지음 받은 피조물로서 존중받을 수 있는 유일한 방법입니다. 조물주는 나를 임의로 대하지 않고, 확실하고도 인식 가능한 도덕법을 통해 이끌어 가십니다. 우리가 임의로 대우받거나 모든 우연과 불확실과 불가해한 것들로 인한 충격을 피하기 위해서는 오직 하나님의 법 아래 있어야 합니다. 하나님의 법의 절대적 주권을 받아들임으로써 독단적으로 취급받을지도 모른다는 두려움에서 벗어날 수 있는 것입니다.

한 걸음 더 나아가 이러한 하나님의 법은 반드시 절대적이고도 무조건적이며 영원히 변하지 않는 완전한 법이어야 합니다. 원인자의 존재는 논리적으로 절대적이고도 영원한 제1원인자가 존재한다는 추론을 가능하게 합니다. 마찬가지로 법적 의무가 있음을 자각하는 것은 무제한적이고 무조건적이며 영원히 변하지 않는 가장 완전한 궁극적 의무가 있다고 추론하게 합니다. 우리는 "네 마음을 다하며, 목숨을 다하며, 힘을 다하며, 뜻을 다하여 주 너의 하나님을 사랑하고 또한 네 이웃을 네 자신같이 사랑하라"(눅 10:27)라는 두 가지 대강령 속에서 천지가 없어지기 전에는 결코 일점일획도 없어지지 않을 궁극적 의무에 대한 표현과 확신을 발견할 수 있습니다.

내가 만일 그리스도와 함께 십자가에 못 박혔다면, 그것은 바로 나의 양심이 이 법을 존중하도록 깨어났기 때문입니다. 법을 어기는 것은 그 어떤 변명으로도 정당화될 수 없으며, 마땅한 책임이 뒤따릅니다. 우리는 하나님의 율법을 크게 하고 존중해야 하며 그것과 정당한 관계를 맺어야 합니다. 내가 그리스도와 함께 십자가에 못 박힌 것은 율법의 저주로부터 벗어나 율법수여자 앞에서 의롭다하심을 받았다는 가장 확실한 보장이지만, 한편으로는 이러한 칭의의 기준이 되는 율법, 곧 율법수여자와 나 자신이 인정한 율법에 대한 양심의 교정이기도 합니다. 그러므로 이제 나는 가장 준엄하고도 의로운 율법에 대한 가장 엄격한 책임을 짊어져야 하는 새로운 입장에 서 있습니다.

그러나 만일 이렇게 책임에 대한 진정한 인정 없이 의무만을 떠맡을 뿐이라면, 비참하고도 곤고한 삶만이 우리를 기다릴 것입니다. 그렇게 되면 율법 아래 있다 해도 전혀 자유를 누리지 못하고, "오호라 나는 곤고한 사람이로다"(롬 7:24)라고 부르짖을 수밖에 없습니다. 내가 무엇을 해야 하는지 분명히 알고 있으면서도 죄 아래 팔려 옳지 않은 일을 행하게 될 것입니다(롬 7:14 참고). 새롭게 깨어난 나의 양심과 새로워지지 못한 의지 사이에서 계속되는 갈등은 나를 고뇌와 번민으로 몰고 갈 것이며, 자괴감과 수치심에 빠지게 만들 것입니다.

이와 같이 우리의 신앙은 법과 자유, 의지와 양심, 선택과 확신을 모두 갖출 때에 비로소 바른 신앙으로 자랄 수 있습니다. 그렇지 않으면 나의 영혼이 진정한 자유를 맛볼 수도 없고, 나의 신앙 인격이 성숙하거나 존중받지도 못할 것이며, 절대 영광의 왕께서 기뻐하시는 명예로운 신하가 될 수 없습니다.

그러므로 그리스도와 함께 십자가에 못 박힐 뿐 아니라 그리스도가 내 안에 살아 계시도록 해야 합니다. 내 안에서 그분의 뜻이 나에게 전달되고 그것이 나의 의지를 움직이고 다스리게 해야 하며, 내 마음을 법이라는 틀로 주조하여 법의 내용물(사랑까지)을 가득 채워야 합니다. 또한 그분으로 하여금 항상 살아 있고 썩지 않는 새로운 생명의 씨앗을 내 안에 심게 하고(벧전 1:23 참고), 새로운 연합을 통해 내 안에 영원히 거하시도록 해야 합니다.

이 새로운 생명의 씨앗은 점점 성장하여 나의 의지의 본래적 성향과 습관화된 마음처럼 확실히 주권적이고도 절대적인 하나님의 법의 성향을 나타낼 것입니다. 지금까지 권위를 가지고 양심을 압박하던 외적인 법이 이제 나의 의지를 자극하는 내적인 법이 된 것입니다. 이렇게 인식할 수 있는 것은 나의 의지의 본래적 성향이 율법을 순종하지 못하도록 방해하며, 이러한 불순종이 양심의 본래적 기능을 위반하는 것임을 알았기 때문입니다. 결국 제사장이신 그리스도께서 나의 양심의 자리에 앉아 계시며 왕이신 그리스도께서 나의 의지의 원천을 붙들고 인도하시는 것입니다. 그리하여 나의 의지가 나의 양심이 요구하는 바를 기꺼이 즐겨 행하게 되는 것입니다.

이제 우리는 아무도 그 책임을 부인할 수 없습니다. 나의 마음은 그것을 기꺼이 받아들일 수밖에 없습니다. 동시에 나는 양심과 의지의 화목을 통해 하나님의 법과 절대적이고도 무한한 자유를 발견하게 됩니다. 이러한 자유는 내가 법과 동행하는 만큼 누릴 수 있습니다. 내가 더욱더 순종하려고 노력하는 가운데 이전과는 다른 것에 매일 수도 있습니다. 법에서 벗어남으로써 오히려 이러한 속박을 느끼게 되는 것입니다. 사실 이제부터 나의 자유의 영역은 책임의 영역과 같습니다.

"내가 주의 법도들을 구하였사오니 자유롭게 걸어갈 것이오며"(시 119:45).

이러한 속박은 율법을 벗어난 영역입니다. 율법 안에서 나는 자유를 누립니다. 그리고 율법은 내 안에서 자유합니다. 그리스도 안에서 그러했듯이 나의 마음 안에서도 자유한 것입니다.

"주께서 이르시되 그날 후에 내가 이스라엘 집과 맺은 언약은 이것이니 내 법을 그들의 생각에 두고 그들의 마음에 이것을 기억하리라. 나는 그들에게 하나님이 되고 그들은 내게 백성이 되리라"(히 8:10).

"나의 하나님이여, 내가 주의 뜻 행하기를 즐기오니 주의 법이 나의 심중에 있나이다 하였나이다"(시 40:8).

마음에 율법을 담고 있는 그리스도께서 내 안에 살아 계시기 때문에 내가 주의 뜻 행하기를 즐거워하는 것입니다.

지금까지 살펴본 것처럼 나의 양심과 의지가 그리스도께서 내 안에 사심으로 인하여 이러한 영향을 받는다면, 이들 기관이 한편으로는 책임을 인식하고 인정하며 또 한편으로는 그것을 사랑하고 충성스럽게 받아들인다면, 그리스도의 내적 임재로 말미암아 나의 책임이 더욱 깊어지고 확장될 것입니다.

3) 그리스도의 임재와 인간성

그리스도의 임재가 '인간성(인간 고유의 구별된 본성적 특징)'을 제한할 수도 있다는 생각에 대해서는 굳이 언급할 필요가 없는지도 모르겠습니다. 그리스도의 영광스러운 인격이 내주하심으로써 마치 우리의 본성이 다른 사람들과는 다르다거나 더욱 우월한 존재가 될 수 있다고 생각할 수도 있습니다. 따라서 여기서는 특별한 주의점으로 시간을 지체하기보다는 일련의 논리적 완성을 위하여 글의 흐름이 끊어지지 않는 정도에서 이와 같은 잘못된 개념이 주는 폐단에 대해서만 간략히 살펴보겠습니다.

만일 인간보다 우월하면서도 하나님보다는 열등한 본성이나 아예 인간과는 전혀 다른 본성으로 피조된 존재가 내 안에 들어와 산다면, 그것은 확실히 나의 본성의 본질적인 요소를 위협하게 될 것입니다. 그런 경우 양자 사이에는 적지 않은 마찰이 일어날 수밖에 없을 것입니다.

여러분은 천사와 같은 존재가 되기 위해 자신을 부인하였습니까? 진정 그것을 위해 목숨을 버렸습니까? 실제로 그런 상황을 상상해 본다면, 아마도 인간성의 근본적인 특징이 사라지고 그 대신 인간도 아니고 천사도 아닌 무엇인가 초인적이고도 특별한 존재로 대체되어야 할 것입니다.

그러나 내 안에 살아 계신 분은 인간이신 예수 그리스도입니다. 그분은 성령 하나님으로 말미암아 내 안에 거하십니다. 성령은 나의 인간성을 창조한 하나님이십니다. 그러므로 그분은 나의 인간성을 온전히 알고 계십니다. 그분은 그것을 존중해 주실 것입니다. 그분은 그것을 침해하지 않을 것이며, 오히려 그것을 온전하게 하실 것입니다. 인간으로 오신 예수 그리스도 안에 거하셨던 그분이 내 안에 계셔서 오직 '그리스도의 임재'로 나를 가득 채우실 때 우리는 '온전한 사람을 이루어 그리스도의 장성한 분량이 충만한 데까지'(엡 4:13) 이르도록 인도받을 것입니다.

그리스도의 인성은 초인적인 것이 아닙니다. 그분의 인성은 사람 그 이상도 이하도 아니며, 그것과 다르지도 않습니다. 그분의 인성은 가장 진실하고도 참되며 왜곡되지 않은 온전한 인성입니다. 그분은 우리 안에 거하시면서 '많은 형제 중에서 맏아들'(롬 8:29)인 자신을 따르게 하십니다. 그리고 우리의 본성을 모든 왜곡과 타락에서 벗어나 온전히 자유롭게 하실 것입니다. 그분은 인간성의 진정한 능력과 가능성을 이끌어 내실 것입니다.

그분은 우리에게 성령의 거하심이 무엇이며 성령의 인도하심을 통해 무엇이 성취되는지를 보여 주실 것입니다. 그리고 동일한 성령으로 자신이 이룬 것을 어느 정도 우리 안에서 이루실 것이며, 이미 성령으로 이룬 것을 순종을 통해 우리의 것이 되게 하실 것입니다. 그분은 성령께서 자신의 마음에 두셨던 법을 우리 마음에도 두실 것입니다. 그리고 한편으로 '그리스도 예수를 죽은 자 가운데서 살리신 이가 우리 안에 거하시는 그의 영으로 말미암아 우리의 죽을 몸을 살리실 것입니다'(롬 8:11 참고).

이렇게 그리스도는 우리의 마음을 자신의 마음과 마찬가지로 새롭게 하실 것이며, 우리의 몸을 자신의 영광스러운 몸으로 만들어 가실 것입니다. 그분은 우리의 인간성 전체를 구속하시고 영광스럽게 하실 것입니다.

그러나 아직 흥미로운 의문이 한 가지 더 남아 있습니다.

4) 그리스도의 임재와 신자의 개성

그리스도의 임재가 신자의 독특한 개성을 제한하거나 가로막지는 않습니까? 각 사람에게 내주하시는 그리스도께서 모든 다양성을 만족시키지 못하고 다른 사람과 구별되는 독특한 개인적 특성을 소멸시키지는 않습니까?

우리는 먼저 모든 사람에게 동일한 그리스도의 임재로 말미암아 제한되거나 사라져야 할 것이 무엇인지를 분명히 알아야 합니다. 물론 그리스도의 것이 아닌 잡다한 것들은 모두 사라져야 합니다. 거짓되고도 간교한 이전의 인간 잡동사니들이 그리스도의 임재로 말미암아 말끔히 사라져야 합니다. 그때 도덕 세계에 존재하는 강력한 분리의 장벽과 자연 세계에 존재하는 바다와 산과 강조차도 완전히 와해되어 사라지게 될 것입니다.

"바다야 네가 도망함은 어찌함이며, 요단아 네가 물러감은 어찌함인가? 너희 산들아 숫양들같이 뛰놀며, 작은 산들아 어린양들같이 뛰놂은 어찌함인가? 땅이여, 너는 주 앞 곧 야곱의 하나님 앞에서 떨지어다"(시 114:5-7).

시간과 공간, 지구의 직경이나 수천 년의 역사에 의한 분리, 계급이나 신분, 언어나 민족, 혈통이나 인종에 의한 분리가 동일하신 그리스도의 영의 능력 있는 생명과 모든 것을 조화시키는 구속적 사랑의 절대적 주권 앞에서 사라져야 합니다.

"거기에는 헬라인이나 유대인이나 할례파나 무할례파나 야만인이나 스구디아인이나 종이나 자유인이 차별이 있을 수 없나니 오직 그리스도는 만유시요 만유 안에 계시니라"(골 3:11).

특히 왜곡된 개성과 색다른 것을 추구하는 성향, 과격하고 신경질적이며 형제에게 상처를 주고 상호 불신을 조장하는 성격, 서로 사랑하고 보살피기보다는 경계하고 의심하며 시기하게 하는 모난 성격은 그리스도의 임재가 풍성할수록 반드시 사라져야 할 것들입니다.

"그러므로 주 안에서 갇힌 내가 너희를 권하노니 너희가 부르심을 받은 일에 합당하게 행하여 모든 겸손과 온유로 하고 오래 참음으로 사랑 가운데서 서로 용납하고 평안의 매는 줄로 성령이 하나 되게 하신 것을 힘써 지키라"(엡 4:1-3).

이것이 바로 사도 바울이 요구한 조화입니다.

"몸이 하나요 성령도 한 분이시니 이와 같이 너희가 부르심의 한 소망 안에서 부르심을 받았느니라"(엡 4:4).

그렇다면 이 말씀이 다양성을 부인합니까? 과연 바울이 에베소교회의 성도들에게 절대적이고도 피동적인 획일성을 요구하고 있습니까? 그가 원하는 바가 모든 사람들이 판에 박은 듯 동일해지는 것일까요? 그가 말한 한 성령, 한 몸이 과연 그런 의미일까요? 바울이 몸과 성령과 소망과 믿음과 세례가 하나일 뿐만 아니라 만유 위에 계시고 만유를 통일하시고 그 가운데 계신 만유의 아버지 하나님이 한 분이시기 때문에(엡 4:6 참고) 독특한 은사나 취미나 재능이나 성격 등 모든 다양한 개성을 다른 지체들을 위해 포기해야 한다는 뜻으로 말했을까요? 과연 그의 의도가 그것을 인정하거나 권장하는 것일까요?

전혀 그렇지 않습니다. 이어지는 구절은 마치 그러한 결론을 미리 차단하려는 것처럼 보입니다.

"우리 각 사람에게 그리스도의 선물의 분량대로 은혜를 주셨나니"(엡 4:7).

여기서 우리는 바울의 의도가 무엇인지를 알 수 있습니다. 문맥상으로 보아 이것은 "은사는 여러 가지나 성령은 같고"(고전 12:4)라는 문장으로 표현할 수도 있을 것입니다. 때로는 앞뒤를 바꾸어 봄으로써 본문의 의미를 더욱 확실하게 나타낼 수 있습니다. 즉, 성령은 하나이나 은사가 다양하다는 것입니다.

그리스도의 임재가 사람들을 구속하거나 제한하거나 어떤 식으로든 부정적인 영향을 미쳐야 할 이유가 어디에 있겠습니까? 우리의 개성이 위선적이거나 왜곡되어서 한시라도 빨리 제거되어야 하는 것이 아니라면, 그것을 창조하신 분으로 인해 위축될 필요도 없습니다. 그분을 마음에 모신다고 해서 자신만의 독특한 개성을 버려야 하는 것은 아닙니다. 그리스도는 다양성을 원하시며, 이러한 개성을 통해 사람들을 특별히 구별하십니다.

우리는 자신의 개성을 지닌 채로 그분에게로 나아갑니다. 죄인으로서뿐만 아니라 피조물로서 '있는 모습 그대로' 그분에게로 나아갑니다. 모든 사람이 그분께서 우리의 영혼을 구속하셨음을 믿고 그분에게 그 영혼을 드려야 합니다.

우리는 수학적으로 다른 사람과 구별되는 또 하나의 개체일 뿐만 아니라, 복잡하고도 다양한 유기체를 구성하는 독특하고도 구별된 지체라는 점에서 모든 것이 구속자의 사랑과 관심의 대상임을 믿어야 합니다. 우리는 몸의 한 지체로서 너무나 위대한 시간과 영원 속에서 주어진 일에 헌신합니다. 이 헌신은 단지 늘어난 한 사람(한 명의 지체 또는 일꾼)의 몫에 해당하는 일이 아니라 오직 우리만이 감당할 수 있는 개인적 헌신입니다.

이처럼 그리스도의 은혜로운 임재로 말미암아 우리의 개성이 제한되거나 위축되는 것은 아닙니다. 오히려 어떤 면에서는 그 가치가 처음으로 더욱 드러나게 됩니다. 왜냐하면 그리스도께서 지금 그것을 원하시기 때문입니다(마 21:3 참고). 실제로 개성이 존재하는 궁극적인 목적이 이제 곧 드러나고 성취될 것입니다.

그리스도의 임재는 우리의 개성을 모든 왜곡에서 벗어나게 합니다. 우리가 그분에게 전적으로 순종하고 자기를 부인하며 그분을 받아들이는 것이 바로 우리의 개성을 창조하고 완성하고 온전하게 하실 창조주께로 그것을 돌려드리는 것입니다. 우리는 자신의 형상대로 우리를 지으신 그분의 손에 개성을 맡겨야 합니다. 그러면 그분이 그것을 왜곡되지 않은 본래의 참된 성향과 기질과 독특한 특성을 가진 모습으로 되돌리실 것입니다. 그리고 우리 안에서 우리의 개성에 대해 원래부터 가지고 있었던 계획을 온전히 이루어 나가실 것입니다.

다른 사람을 모방하여 따르는 개성의 굴욕적인 복종은 그리스도와 온전히 교제하는 것을 방해합니다. 그것은 마땅히 그분에게 해야 할 복종을 제한하는 것이며 일종의 배교입니다.

"하나님이 미리 아신 자들을 또한 그 아들의 형상을 본받게 하기 위하여 미리 정하셨으니 이는 그로 많은 형제 중에서 맏아들이 되게 하려 하심이니라"(롬 8:29).

모든 형제들이 맏아들을 온전히 본받되 그들의 다양성을 파괴하지 않는 범위에서 그러할 것입니다. 그들은 아버지와의 관계 형성과 관련된 모든 일에 그 아들을 본받음으로써 다른 사람과 구별되는 천부적 재능이나 섭리적

훈련, 은혜로운 의사소통 등 모든 것을 보존하고 온전하게 할 것입니다. 또한 이 모든 다양성을 받아들이신 그리스도께서 자신으로 그것을 가득히 채우실 것입니다.

그렇다면 우리는 왜 이것을 믿지 못합니까? 모든 신자들의 마음에 살아 계신 분이 단지 사람이라면(자체적인 모순이 없다는 가정하에) 끊임없이 변화하는 개성의 자유로운 발전을 도모할 수는 없을 것입니다. 그러나 그분은 신격을 가지고 계십니다. 하나님이신 그분이 육신을 입고 우리에게 나타나셨습니다.

그분은 성령 하나님을 통해 자기 백성들과 함께하십니다. 그분 안에 한량없이 계셨던 성령이, 인간의 본성 속에도 함께하실 것입니다. 육신을 입으신 하나님과 한량없이 함께하셨던 그 성령이 우리 안에서 우리의 모든 인간성을 풍성히 채우실 것임을 확신하십시오. 그분은 참으로 우리의 독특한 성격과 개인적 은사와 능력을 잃게 하지 않으면서도 그리스도 안에 있는 풍성한 것들로 가득 채우실 것입니다. 아버지께서는 모든 충만으로 그리스도 안에 거하게 하셨습니다. 그분 안에는 어떤 편향됨이나 유별남이나 특별히 눈에 띄는 점이나 특이한 성격이나 사람에게서 볼 수 있는 잡다한 개성 같은 것이 없습니다.

신자들에게서 발견되는 특별한 은사나 은혜나 재능이나 독특함은 모두 각자의 분량대로 받은 것입니다.

"각 사람에게 그리스도의 선물의 분량대로 은혜를 주셨나니"(엡 4:7).

그러나 이 말은 모든 '동료보다 뛰어나신' 그분에게는 결코 해당되지 않습니다(시 45:7 참고). 그분은 성령을 한량없이 받으셨기 때문입니다.

"하나님이 보내신 이는 하나님의 말씀을 하나니 이는 하나님이 성령을 한량없이 주심이니라"(요 3:34).

"우리가 그의 영광을 보니 아버지의 독생자의 영광이요 은혜와 진리가 충만하더라……우리가 다 그의 충만한 데서 받으니 은혜 위에 은혜러라"(요 1:14,16).

그분은 위로 올라가실 때에 사람들에게 선물을 주셨습니다. 그리고 다음의 말씀이 이어집니다.

"내리셨던 그가 곧 모든 하늘 위에 오르신 자니 이는 만물을 충만하게 하려 하심이라"(엡 4:10).

또한 같은 서신에서 우리는 동일한 맥락의 언급을 찾아볼 수 있습니다.

"그의 능력이 그리스도 안에서 역사하사 죽은 자들 가운데서 다시 살리시고 하늘에서 자기의 오른편에 앉히사 모든 통치와 권세와 능력과 주권과 이 세상뿐 아니라 오는 세상에 일컫는 모든 이름 위에 뛰어나게 하시고 또 만물을 그의 발 아래에 복종하게 하시고 그를 만물 위에 교회의 머리로 삼으셨느니라. 교회는 그의 몸이니 만물 안에서 만물을 충만하게 하시는 이의 충만함이니라"(엡 1:20-23).

그분은 만물을 충만하게 하기 위해 위로 올라가셨습니다. 그분은 만물 안에서 만물을 충만하게 하십니다. 그리스도의 몸인 교회는 그분의 충만함입니다. 그분이 만물 안에서 만물을 충만하게 하시기 때문입니다. 그러므로 이 일은 함께 인침을 받은 '십사만 사천'(계 14:1)과 그 숫자가 상징하는 바 아무도 셀 수 없는 허다한 무리 안에서 이루어질 것입니다.

거룩한 공동체, 영광으로 온전하게 된 유기적 조직 전체가 그리스도로 충만해질 것이며, 그리스도가 그들 모두 안에 살게 될 것입니다. 그들은 모두 '그의 충만함'의 표현으로서, 그분이 '장차 올 세상에 나타내실' 것을 보여 주어야 합니다. 모든 시대를 아우르는 영광스러운 사도들, 선지자 무리, 순교자 행렬, 교부들과 청교도, 신앙고백자와 개혁자들, 드러나지 않게 숨어 있는 신앙인들, 한마디로 아브라함의 후손 모두가 빛으로 드러나게 될 것입니다.

"하늘을 우러러 뭇별을 셀 수 있나 보라. 또 그에게 이르시되 네 자손이 이와 같으리라"(창 15:5).

오, 그들이 함께 모일 마지막 날 영광의 별들로 충만해질 하늘을 상상해 보십시오! 그 하늘 역시 "별과 별의 영광이 다르도다"(고전 15:41)라는 말씀대로 될 것입니다.

그리스도를 머리와 생명으로 모신 하나의 유기체인 교회 안에 존재하는 놀라운 다양성은 매력적인 논제입니다. 분명히 그리스도의 영의 임재로 말미암아 각 지체의 특별한 기호나 능력이나 지위가 손상되는 것은 절대 아닙니다. 그분은 우리가 그분을 본받되 자신만의 전형이나 특유의 방식을 지향하지 못하게 하거나 자신만의 특별한 은사를 자유롭게 개발하지 못하게 하시지는 않습니다.

오히려 그분은 우리가 자신의 자리를 묵묵히 지키면서 그분의 말씀의 교훈과 성령의 지혜를 따라 우리의 개성에 합당하게 주어진 일에 충성하기를 바라십니다. 그분은 우리가 자신의 자리나 역할을 포기하는 것을 바라시지 않습니다. 그분은 우리가 그 일에 만족하기를 바라십니다. 그분은 우리가 만약 그 일을 벗어던진다면 몸의 기능이 약해지고 말 것이라고 말씀하십니다. 이에 대해 성경은 몸의 지체를 예로 들어 설명합니다.

"만일 발이 이르되 나는 손이 아니니 몸에 붙지 아니하였다 할지라도 이로써 몸에 붙지 아니한 것이 아니요 또 귀가 이르되 나는 눈이 아니니 몸에 붙지 아니하였다 할지라도 이로써 몸에 붙지 아니한 것이 아니니"(고전 12:15,16).

한 걸음 더 나아가 성경은 만일 모든 기능이 각자에게 주어진 역할을 거부한다면 도대체 몸은 무엇이며 어디에 있느냐고 반문합니다.

"만일 온 몸이 눈이면 듣는 곳은 어디며, 온 몸이 듣는 곳이면 냄새 맡는 곳은 어디냐? 그러나 이제 하나님이 그 원하시는 대로 지체를 각각 몸에 두셨으니 만일 다 한 지체뿐이면 몸은 어디냐?"(고전 12:17-19)

다만 많은 지체가 있을 뿐 성령이 하나이기 때문에 몸은 하나입니다. 말하자면, '한 성령으로 세례를 받아 한 몸이'(고전 12:13) 된 것입니다.

이와 같이 내주하시는 그리스도는 성령을 통해 각자의 개성을 보존하시고 그것을 보호하고 지키시며, 마음껏 펼치고 발휘하게 하시며, 완전하게 하십니다. 그분의 임재로 말미암아 모든 지체의 개성이 존중되고 아름다운 조화를 이루며 최대한의 자유를 누리는 가운데 무한한 다양성을 추구하게 됩니다. 동시에 하나의 유기체로서 동일한 성령 안에서 동일한 생명의 전율을 느끼며, 만유 안에서 만유가 되시며 만유의 생명이요 머리 되신 그리스도를 붙들게 됩니다.

여기서 간단하면서도 매우 가치 있는 한 가지 적용을 제시하지 않을 수 없습니다. 이러한 관점이 그리스도인의 자유를 완성시킨다는 사실입니다. 물론 그리스도인의 자유의 가장 중요하고도 근본적인 요소에 대해서는 앞에서 그리스도의 임재가 책임감을 박탈하는 것이 아니라 오히려 각성시키고 일깨워 준다는 사실을 통해 살펴본 바 있습니다. 돌판에 새겨진 율법이 그리스도의 영으로 말미암아 육신의 마음 판에 새겨질 때 우리는 내적인 자유를 누리게 됩니다. 거듭난 심령은 깨끗해진 양심의 요구를 기꺼이 수용할 것입니다.

우리 안에서 우리를 자극하는 율법은 밖에서 우리에게 명령하는 율법과 동일합니다. 이 아름다운 조화는 우리의 속사람에게 자유와 기쁨을 누리게 하며, 언제나 미래지향적이고도 풍성한 소망으로 넘치게 합니다.

그런데 이 새로운 생명을 극대화하기 위해서는 자신에게 주어진 모든 개인적 재능과 자신만의 색깔, 취향이나 특색이 최대한 발휘되고 드러나야 하며, 그것을 위한 환경과 여건이 조성되어야 합니다.

이러한 두 번째 의미에서의 자유, 즉 개성을 최대한 발휘함으로써 얻을 수 있는 자유는 종종 가장 필요한 형식(demanding form)을 통해 성취되곤 합니다. 그것이 언제나 친절하고도 깍듯하며 사랑스러운 젊은이들에게서만 발견되는 것은 아니며, 정신적 성숙이나 불굴의 의지 속에서만 발견되는 것도 아닙니다. 그렇다고 친절함이나 지혜, 또는 정신적 성숙과 같은 요소를 배제한 채 그것을 이룰 수 있다고 논할 수도 없습니다. 만일 지금까지 이러한 자유가 그런 식으로 이루어진다고 인식되어 왔더라면, 그래서 그리스도의 임재를 경험하는 살아 있는 신앙이 어떻게 선하고도 의로운 규제 속에서 이러한 요구에 부응할 수 있었는지를 보여 주었더라면 얼마나 좋았겠습니까?

지금까지 기독교가 기독교의 실제적 모범과는 부당하게 또는 지나치게 배타적으로 우리를 속박하려 했을 수도 있습니다. 그래서 우리를 다소 성가시게 하고 짜증스럽게 했을지도 모릅니다. 때로는 편협하거나 균형감을 잃어버리기도 했을 것입니다. 한편으로는 열정이나 능력이, 또 한편으로는 조용하고도 진지한 규제가 부족했을 수도 있습니다. 또한 성장의 지연이나 불균형도 있었을 것입니다. 때로는 관용과 친절이 부족하여 냉정하고도 엄격하게 오직 원리만을 내세우기도 했을 것이며, 또 힘과 용기가 부족하여 한없이 나약하기만 한 친절도 있었을 것입니다. 무엇보다도 우리를 분발시켰던 모범적 신앙의 전형 속에서 자신에게 진정한 기쁨을 주는 어떤 식견이나 열정을 발견하지 못하여 그것이 자신과는 무관하다고 생각하거나 자신을 전적으로 바쳐서 기꺼이 헌신할 만한 일을 발견하지 못했을 수도 있습니다.

혹시 우리는 공의를 행하거나 자비를 베푸는 등 자신이 기독교의 몇 가지 형식을 싫어할 뿐 기독교의 본질적인 정신에 적대감을 가진 것은 아니라고 믿게 하려 할지도 모릅니다. 그러나 그것은 우리가 싫어하는 특정 형식을 굳이 받아들일 의무가 없다는 사실을 기억하는 데 도움이 되지 못합니다.

예를 들어, 기독교는 아직 어리거나 젊은 사람에게 아무것도 강요하지 않습니다. 또한 진지하고도 강한 의심에 사로잡혀 있거나 특별한 개인적 재능에

도취된 사람에게도 마찬가지입니다. 과학의 놀라운 세계나 깊은 사색에 빠진 사람이나 예술적 열정이나 사업적 기질이나 취향을 가진 사람에게 기독교는 결코 할머니에게나 어울릴 만한 경건을 강요하거나 촉구하지 않습니다. 젊은 이들은 그러한 경건의 형식이 자신에게 아무런 유익이 되지 않는다고 생각하면서 그러한 친절한 권면에 귀를 기울이지 않을지도 모릅니다.

우리에게는 자신만의 성격과 세계가 있습니다. 다른 사람이 하루 종일 난로 곁에서 조용히 찬송가를 흥얼거리는 동안 우리는 치열한 삶의 현장과 맞서야 하며, 다른 사람이 한 번도 만나 보지 못한 불안한 생각과 의심과 두려움을 헤쳐 나가야 할 수도 있습니다. 만일 누군가가 다른 사람의 경건의 정신이나 본질을 싫어한다면 그 형식이나 전형을 굳이 받아들일 필요는 없을 것입니다. 다만, 그 안에 숨 쉬고 있는 정신을 존중한다면, 결코 형식에 구애받을 필요는 없겠지만 적어도 경건의 정신만큼은 존중해야 합니다.

"어려운 환경에서 자라난 그였기에
이해력도 떨어지고 지혜도 없었지만
성경이 진리라는 사실을 알았습니다.
그에게는 그것으로 충분했습니다.
똑똑한 프랑스인은 그것도 모릅니다.
특권을 받은 그는 반짝이는 눈으로
하늘의 보화에 관한 글을 읽습니다."

우리가 가진 모든 기호와 재능과 과학과 예술과 사색에 대한 진보와 기쁨의 성향을 그 발아래에 내려놓는 것이 더 나을지도 모릅니다. 그리고 그 모든 것을 그의 정신의 일부분과 바꾸는 것이 더 현명할지도 모릅니다. 아마도 필요하다면 그렇게 하는 것이 훨씬 더 지혜롭고도 유익할 것입니다.

그러나 그렇지 않습니다. 우리는 그가 받았던 것과 동일한 성령으로 세례를 받았습니다. 그러므로 우리는 자신의 모든 취미와 재능과 기술과 과학과 탐구를 유지할 수도 있습니다. 우리가 학교에서 받은 모든 학위는 그것을 겸손히 사용하라고 제공된 것입니다. 그리스도의 영이 우리와 우리의 모든 개성 위에 세례를 베푸실 것입니다.

우리 안에 사시는 그리스도는 우리를 전적으로 채우고 만족시킬 수 있습니다. 우리 안에 계신 그분의 인격 안에는 조금도 구속되거나 위축된 성품이 없습니다. 그러므로 그리스도의 몸인 교회 역시 그리스도의 임재로 인하여 구속되거나 위축되지 않습니다. 그분은 우리 안에 거하시면서 '특별한 지체'인 우리의 모든 마음과 영혼을 자신의 임재로 채우고 회복시키며, 우리에게 주신 모든 재능을 치유하고 온전하게 하실 것입니다.

그분은 모든 선하고도 온전한 정신적 은사를 필요에 따라 공급해 주십니다. 그분은 그 모든 것들에 대해 잘 알고 계십니다. 그분은 그들이 무엇을 배워야 하고 어떻게 온전해질 수 있으며 또 그분의 나라를 위해 어떠한 사역을 감당할 수 있는지를 아십니다. 그들에 대한 그분의 인식은 합당합니다. 그분은 오직 그들을 창조하신 분만이 가질 수 있는 부드러움과 관심으로 그들을 대하실 것입니다. 그분은 그들을 절대 억압하지 않으며 오히려 그와는 반대로 대하실 것입니다.

그러므로 우리의 속사람을 그분에게 전적으로 맡기십시오. 그리하면 그분이 우리의 몸과 마음과 영혼을 전적으로 만족시키실 것입니다. 처음부터 모든 것을 알고 계시며 모든 시대를 꿰뚫어 보시는 그분이 우리의 개성에 적절한 기회를 주실 것입니다. 처음부터 우리에게 자신을 내주신 그분이 자유롭고도 건전한 동인을 부여하고, 확고한 행동과 풍성한 열매와 앞으로 해야 할

일과 그 결실에 대한 위대한 소망을 주실 것입니다.

이런 점에서 '주의 영이 계신 곳에는 자유가'(고후 3:17) 있습니다. 이 말씀이 바로 이 모든 것에 대한 가장 분명한 결론입니다. 우리 안에 사시는 분은 바로 성경에 나타난 예수 그리스도이십니다.

chapter

11

동시대를 살아가는 모든 성도

"때가 차매"(갈 4:4).

"너희 조상 아브라함은 나의 때 볼 것을 즐거워하다가 보고 기뻐하였느니라"(요 8:56).
"하나님이 바다를 변하여 육지가 되게 하셨으므로 무리가 걸어서 강을 건너고 우리가 거기서 주로 말미암아 기뻐하였도다"(시 66:6).
"그 후에 우리 살아 남은 자들도 그들과 함께 구름 속으로 끌어 올려 공중에서 주를 영접하게 하시리니 그리하여 우리가 항상 주와 함께 있으리라"(살전 4:17).

복음서에 나타나 있는 것처럼 그리스도께서 모든 시대마다 자기 백성들과 함께하신다면, 사실상 모든 성도는 그리스도와 함께 동시대를 살아간다고 할 수 있습니다. 더구나 그리스도께서 자기 백성 안에 사신다면, 더더욱 모든 성도가 그리스도와 함께 동시대를 살아간다고 할 수 있습니다. 이것은 참으로 놀라운 일이 아닐 수 없습니다. 그러나 한편으로는 우리가 전하려는 신앙에 관한 진리와 기능을 왜곡하는 생각이 틈타지 않도록 엄격하게 검증해야 할 내용입니다.

우리는 앞에서 '믿음에는 시간적 요소를 초월하는 본질적인 힘이 있다'는 점을 살펴보았습니다. 사실 신앙의 모든 영역은 초시간적(supratemporal)이라고 할 수 있습니다. 우리의 모든 구원은 시간과 감각을 초월하는 세계(영역)에 속합니다. 이곳에 사는 이가 누구이든 이 영역에는 영원한 생명이 있습니다. 이곳에 사는 이는 유한한 시간에 얽매이지 않습니다. 그는 이 세계의 왕과 같이 '죽었으나 다시 살아 영원토록 사는' 이입니다.

성경은 이 영역 또는 이 나라에 대해 다양하게 묘사합니다. 때때로 그것은 '위'라는 한 단어로 지칭됩니다. 그래서 그곳에서 온 사자는 "위로부터 오시는 이"(요 3:31)라고 불립니다. 또 그곳에 있는 보화는 "위의 것"(골 3:1)이며, 그곳의 도시는 "위에 있는 예루살렘"(갈 4:26)입니다. '자유자, 예루살렘'이 '우리 모두의 어머니'이며, 이 나라의 자녀들은 '위에서 난 자'입니다. 우리는 이곳에서 진정한 '초월(transcendentalism)'을 경험하게 됩니다.

'하늘의 처소'는 이 영원한 본향의 또 다른 이름입니다. 이곳에는 그리스도의 중보적 보좌가 있고(엡 1:20 참고), 믿음으로 그분과 함께 일으켜져 보좌에 앉은 그의 백성들이 거합니다(엡 2:6 참고). 또한 이곳에서 신령한 복을 누리고(엡 1:3 참고), 통치자들과 권세들에게 하나님의 각종 지혜를 알게 하십니다(엡 3:10 참고).

그곳은 시편 기자가 영원히 머물며 주의 날개 아래로 피하겠다고 했던 바로 그 장막입니다(시 61:4 참고). 그곳은 '주의 전', '그의 성전', '그의 성막', '그의 장막 은밀한 곳'입니다. 그곳은 감추어진 생명이 숨겨진 처소로 그 나라의 자녀들이 자주 찾아가는 곳입니다.

"주께서 그들을 주의 은밀한 곳에 숨기사 사람의 꾀에서 벗어나게 하시고 비밀히 장막에 감추사 말다툼에서 면하게 하시리이다"(시 31:20).

여호와께서 처소에서 나와 이 땅의 거민들을 심판하실 때에 그들은 안전한 방주로 대피하듯이 그곳에서 몸을 숨길 것입니다.

"내 백성아 갈지어다. 네 밀실에 들어가서 네 문을 닫고 분노가 지나기까지 잠깐 숨을지어다"(사 26:20).

그들은 '지존자의 은밀한 곳에 거주하며 전능자의 그늘 아래'(시 91:1) 살고 있습니다. 그곳은 우리의 구원의 본향입니다. 그곳에서는 우리의 구원과 영적 생명과 관계된 모든 일들이 일어나고 진행됩니다. 그곳은 시간과 감각, 세상과 육체를 초월하는 하늘에 있는 지존자의 은밀한 처소입니다.

시간이 존재 의미를 상실하는 경이로운 세계를 상상해 본 적이 있습니까? 만일 이와 같이 시공을 초월하는 구원의 세계가 '거짓이 없으신 하나님이 영원 전부터 약속하신 것'(딛 1:2)이며 '영원 전부터 그리스도 예수 안에서 우리에게 주신'(딤후 1:9) 것이라면 믿으시겠습니까?

그렇습니다. 구원의 처소는 바로 영원하신 성부의 마음에 있습니다. 아들은 언제나 그곳에 있었으며, 육신을 입고서 우리와 함께 거하실 때에도 그분의 처소는 그곳이었습니다(요 1:18, 3:13 참고). 복음서는 그리스도께서 세상에 계실 때에도 성부와 함께 계셨다고 말합니다. 하나님이자 사람으로서 그분은 영원한 세계와 일시적인 세계, 초월적인 세계와 감각적인 세계에 동시에 거하셨습니다. 심지어 십자가에서 죽으실 때에도 그분은 성부의 보호하심 가운데 계셨습니다. 그분은 양들을 위해 생명을 내놓은 자신을 향한 아버지의 무한하신 사랑을 맛보았습니다.

이러한 예수님의 죽음으로부터 용기를 얻은 탕자가, 자신의 영혼을 의의 제물로 드린 예수님과 같이, 자기 영혼을 아버지의 손에 맡길 때 그의 목을 안고 입을 맞추며 그를 따뜻하게 맞아 준 곳도 바로 아버지의 품이 아닙니까? 우리의 구원은 전적으로 아버지의 손에 있습니다. 즉, 구원받는다는 것은 곧 아버지의 품으로 돌아가 안긴다는 뜻입니다.

구원은 영원 전부터 바로 그곳 아버지 품 안에 있었습니다. 우리의 구원이 '그 곁에 있어서 창조자가 되어 날마다 그의 기뻐하신 바가 되었으며 항상 그 앞에서 즐거워하였으며 사람이 거처할 땅에서 즐거워하며 인자들을 기뻐한'(잠 8:30,31 참고) 그의 아들과 함께 아버지 품 안에 있었습니다. 그리고 이 구원이 '창세전에'(엡 1:4) 사랑하는 자 안에서 우리에게 주어졌습니다.

영원한 세계인 위에 있는 구원의 은밀한 처소와 이 땅의 일시적인 순례의 현장이 하나로 연결되었습니다. '정한 때'에 나타나기로 되어 있었던 초시간적 은혜와 약속이 '우리 구주 그리스도 예수의 나타나심으로 말미암아'(딤후 1:10) 드러나게 되었습니다. 이 약속과 은혜가 처음에는 시간과 상관없이 주어졌으나, '정한 때', 즉 그리스도의 때가 되자 결국 시간의 세계와 연결된 것입니다(딛 1:2,3, 딤후 1:9,10).

'때가 차매'(갈 4:4) 영원하신 말씀이 육신이 되심으로써 영원한 구원이 임하게 되었습니다. '아버지와 함께 계시던 영원한 생명'(요일 1:2 참고)이 시간 세계와의 접점을 찾아 연결된 것입니다. 그러나 또한 그것은 여전히 시간을 초월하는 영원한 세계에 남아 있습니다. 그것이 시간의 영역으로 들어왔지만 시간의 제약도 받지 않고, 눈에 보이는 일시적인 것들 안에 갇히지도 않는 것입니다.

또한 그것은 시간의 무상함과 공허함에 굴복하거나 이 땅의 제한된 영역에 갇혀 괴로워하지도 않습니다. 실로 시간이라는 좁은 울타리는 감히 무한하신 성부께 속한 것들, 곧 예수 그리스도를 통해 우리에게 주신 놀랍도록 풍성한 은혜와 자비, 임마누엘을 통해 우리와 함께하시는 성부의 충만, 그리고 모든 것이 구비된 영원한 언약의 보고를 감당할 수 없습니다. 이처럼 보이지 않는 영원한 보화는 비록 시간과 연결된다 할지라도 영원합니다. 마찬가지로 영원하신 말씀도 육신을 입고 시간 세계 안에 존재하게 되어 비록 어린 시절을 보내셨다 해도, 그분은 여전히 '영존하시는 아버지'(사 9:6)이시며 '그의 근본은 상고에, 영원에'(미 5:2) 있었습니다.

영원하신 말씀의 성육신은 신성과 인성의 인격적 결합입니다. 신성과 인성은 분명히 구별되면서도 하나이며, 영원과 시간의 결합 역시 동일합니다. 우리는 하나님이자 사람이신 그분의 인성 안에서 하나님에게서 볼 수 있는 하나님의 성품을 발견합니다. 마찬가지로 우리는 '그리스도의 때'라는 시간 세계 속에서 영원한 세계에서나 볼 수 있고 모든 시대를 함축하는 영원한 사건과 논점을 발견할 수 있습니다.

인성 안에서 발견할 수 있는 영원히 고귀하고도 선한 것들 가운데 육신을 입으신 하나님의 인성과 무관하거나 그것에 담겨 있지 않은 것이 있습니까? 마찬가지로 시간의 역사 속에서 발견되는 영원히 고귀한 것들 가운데 영존하시는 아버지의 '때'와 무관하거나 그 시대로부터 나오지 않는 것이 있습니까?

하나님과 사람이 그리스도의 인격 안에서 만나 하나가 됨으로써 모든 사람이 영원한 버려짐을 면할 수 있게 되었습니다. 이와 같이 그리스도의 때에 영원과 시간이 만남으로써 모든 시간이 영원히 소멸되지 않게 되었습니다. 그리스도의 인격이 몸 된 지체의 머리라면, 그리스도의 때야말로 모든 시간의 충만입니다.

우리는 이러한 유추에 담긴 여러 가지 교훈에 대해 상고해 보지 않을 수 없습니다. 특히 성부 하나님의 기쁘신 뜻과 목적에 따라 영원하신 말씀이 정해진 역할을 능히 수행하실 수 있도록 성령의 무한하신 사랑과 보호하심이 인간의 모든 조직과 환경을 조성하셨다면, 즉 하나님께서 그리스도 안에서 하늘에 있는 것과 땅에 있는 것과 그 안에 있는 것들을 모두 불러 모아 재구성하시거나 하나로 통일하셨다면, 그와 동일한 신적 지혜가 이러한 '경륜'의 가장 핵심적인 사건을 위해 모든 시간이 집중되는 '때가 찬' 한 날을 선택하여, 마치 몸 된 지체가 오직 머리만을 향하는 것과 같이 모든 시간이 그날을 향하도록 하시지 않았겠습니까?

이러한 생각을 말로 정확히 표현하기는 어렵습니다. 다만 수많은 날 가운데 오직 이 한 날, 곧 '그리스도의 때'에 신앙의 영적 직관이 기꺼이 환영하고 시급히 받아들여야 하는 특별한 지위를 부여한 것입니다. 그날을 위해서라면 나는 기꺼이 다른 모든 날에 대한 관심을 포기할 수 있습니다.

혹시 나는 욥과 같이 부르짖을지도 모릅니다.

"내가 난 날이 멸망하였더라면, 사내 아이를 배었다 하던 그 밤도 그러하였더라면, 그날이 캄캄하였더라면, 하나님이 위에서 돌아보지 않으셨더라면, 빛도 그날을 비추지 않았더라면"(욥 3:3,4).

그러나 아무리 큰 시련 가운데 있을지라도 욥도, 나도 그렇게 말할 수 없는 것은 "내가 알기에는 나의 대속자가 살아 계시니 마침내 그가 땅 위에 서실 것이라"(욥 19:25)라는 욥의 고백 때문입니다.

하나님의 아들이 자신에게 주어진 사역을 모두 완수하신 그날은 다른 모든 날들 위에 영원한 하늘의 빛을 드리웠으며, 모든 시대에 소망과 영광의 인침과 흔적을 남겼습니다. '모든 시간'이 이날을 중심으로 삼을 것입니다. 우리는 그리스도의 날을 모든 시대의 머리와 영혼과 마음으로 삼을 것입니다. 그것은 수동적이거나 도의적인 관계가 아니라 강력한 영향력과 지배력으로 충만한 관계입니다. 그것은 마치 정부 기관이나 민간단체의 수뇌부가 중앙통제센터의 사령탑으로 앉아 중앙 기록에 의존하여 전화나 각종 통신매체를 통해 모든 조직의 움직임을 관찰하며 조직을 장악하고 있어서 어떤 요소도 이러한 지배와 감찰로부터 벗어날 수 없는 것과 같습니다.

실제로 그리스도의 날은 하나님의 장중에 있는 모든 시대에 이와 같은 핵심적 지위를 가지고 절대적 영향력을 행사합니다. '모든 시대'는 오직 그리스도의 날을 머리로 삼아 하나의 온전한 몸을 이룰 때에만 영원과 연계하여 해석할 수 있습니다. 모든 역사는 영존하시는 아버지와 연결되어 있습니다. 그분이 이루시는 구원이 만민 앞에 예비되어 있습니다. 그러므로 그분은 그리스도의 날에 모든 세대에 나타나실 것입니다.

구름 한 점 없는 해가 그들을 비출 것이며, 그들을 또 하나의 여호와의 큰 날까지 인도할 것입니다. 그날이 이르러 모든 시간이 멈출 때까지, 아브라함이 보고 기뻐했던 역사의 정점, 그리스도의 날에 보좌로부터 아브라함과 그의 후손들을 기쁘게 했던 영원한 충만이 쏟아질 것이며, 모든 성도들이 믿음으로 고백했던 바로 그날로 되돌아갈 것입니다. 이것은 결코 놀라운 일이 아닙니다.

그리스도의 인격으로부터 인간에게 부어진 하나님의 사랑으로 말미암아 우리가 그리스도 안에서 믿음으로 '뼈 중의 뼈요 살 중의 살'(창 2:23)에게로 나아가며 신성과 인성의 영원한 연합을 통해 연약한 인성이 신적 능력을 입는 것처럼, 그리스도의 날로부터 영원한 빛이 모든 시대로 흘러들어와 모든 시대가 그날 속으로 들어가고, 그날의 신비한 능력으로 말미암아 결코 소멸되지 않으며 영원과 시간이 하나가 되는 초시간적 세계를 향하게 됩니다. 실로 그리스도의 날은 '때가 찬 충만'이요 영원으로 향하는 관문입니다. 모든 시대가 그날로 향할 것이며, 그날을 지나 영원으로 들어갈 것입니다.

지위나 절대적 지배라는 차원에서 그리스도의 날과 모든 시대 사이에 존재하는 이와 같은 특수한 관계를 기하학적으로 설명한다면 다소 놀라운 사실을 발견할 수 있습니다. 하나님이 세계를 주관하시는 모든 시대를 하나의 원뿔 형태로 나타낼 수 있다고 가정해 봅시다. 우리 앞에 모든 역사를 담고 있는 상징적 입체 도형이 놓여 있습니다. 원뿔의 눈에 보이는 표면을 그리스도인이

된 후의 영역으로, 눈에 보이지 않는 반대편 어두운 곳을 그리스도인이 되기 전의 불신자의 영역으로 보고, 눈앞에 보이는 꼭지점에서부터 바닥까지 이어지는 경사면을 우리가 이 땅에서 지낸 모든 시대로 생각해 봅시다.

이제 우리는 우리의 시대를 상징하는 선의 어느 지점에서 한 줄기의 빛(베들레헴의 별이라고 부르겠습니다)을 발견하고 어둠에서 돌이켜 빛으로 나오게 되었습니다. 그러나 우리의 시대는 아직 '충만한 때'가 아닙니다. 베들레헴의 별이 이 신비한 원뿔의 경사면을 따라 가다가 '때가 찬' 시점이 아닌 어느 한 지점에 안착하였다면, 우리의 시대가 누리는 참으로 영광스러운 특권은 우리와 우리의 동시대 사람들에게만 제한적으로 적용될 것입니다. 전면에 드러나지 않아 보이지 않는 다른 시대는 여전히 어둠에 빠져 있습니다. 예를 들어 아브라함은 우리 시대의 한 지점에 머무르는 그리스도의 날을 볼 수 없는 것입니다.

그러나 베들레헴의 별이 모든 경사면이 만나는 유일한 한 지점인 원뿔의 꼭지점에서 비춰고 있다고 생각해 봅시다. 모든 역사의 경사면이 모이는 한 날을 가정해 보자는 것입니다. 모든 것의 중심이 되는 바로 그날을 선택했다고 합시다. 그것이 만물의 충만에 관한 경륜이라면 동시에 충만한 시간에 관한 경륜(때가 찬 경륜)도 될 것입니다.

만일 그리스도의 인격 안에서 하나님께서 '신성의 모든 충만'(골 2:9)과 인성의 충만, 그리고 이스라엘과 이방인(롬 11:12,25 참고)의 충만을 포함한 교회의 충만(엡 1:23 참고)을 재현하신다면, 역사의 모든 경사면이 재현되어 함께 그리스도의 날 안으로 들어오게 될 것입니다. 모든 충만으로 그리스도 안에 거하게 하시는 것이 바로 아버지의 뜻이기 때문입니다(골 1:19 참고). 그것은 마치 각각의 메시지와 의미를 담고 있는 모든 통신 회선이 중앙처리장치에 모여 해석되고 전달되는 것과 같습니다.

이와 같이 모든 시간이 그리스도의 날로 모일 것입니다. 이날은 하나님의 섭리하에 '때가 찬' 시점에 이를 때까지 모든 시간이 모이는 집결지로 선택되었습니다. 베들레헴의 별은 그리스도의 날을 의미하는 상징적인 원뿔의 꼭지점에서 빛을 발하고 있습니다. 그것이 바로 태초부터 세상 끝 날까지 세상을 비추는 세상의 빛을 의미하는 것이 아닙니까? 그 빛이 모든 역사의 경사면인 과거와 현재와 미래를 동일하게 비추고 있지 않습니까? 그것은 우리 시대와 마찬가지로 아브라함의 시대에도 빛나지 않았습니까? 그리고 아브라함의 시대를 그리스도의 날과 동시대로 만들지 않았습니까? 그렇다면 어떻게 우리 시대를 그리스도의 날과 다른 시대라고 할 수 있겠습니까?

결국 우리와 아브라함은 사실상 동시대를 살고 있는 셈입니다. 아브라함은 수천 년의 시간을 넘어 우리 시대에 볼 것을 보았습니다. 그는 '말일에 모든 산꼭대기에 굳게 설 여호와의 전의 산'(사 2:2 참고)이요 도움의 산을 향해 눈을 들었습니다. 우리도 이와 같이 눈을 들어야 합니다.

그곳에는 베들레헴의 별이 비취고 있습니다. '다윗의 뿌리요 자손이며 광명한 새벽 별'(계 22:16 참고)이신 그분이 영원히 그곳을 떠나지 않고, 모든 역사와 시간을 주관하는 보좌에 앉아 계십니다. 이 별은 영원과 시간을 중재하는 매개체로서 그로 말미암아 아브라함의 믿음이 벧엘의 산(시간적으로 우리와 분리된)을 넘어 모든 시간을 초월하는 영원한 영역으로 들어왔습니다. 그리고 우리의 믿음 역시 동일한 베들레헴의 별을 통해 눈에 보이지 않는 영원한 나라로 우리를 인도할 것입니다.

그곳에 들어가면 아브라함과 마찬가지로 우리에게도 시간이라는 요소가 사라지게 되고, 우리와 우리의 조상 아브라함이 시간의 제약을 뛰어 넘을 것입니다. 아브라함과 우리가 사실상 그 나라에서 동일한 시대를 살고 있는 것입니다.

앞에서도 언급한 바와 같이 복음서뿐만 아니라 모든 성경이 '왕의 갤러리'입니다. 우리는 성경을 보면서 성령을 통해 왕이 그분의 벗들과 함께하신다는 것을 깨닫습니다. 우리는 믿음의 눈으로 그분이 이전에 그들과 함께하셨던 것처럼 우리와 함께하시며, 그들이 보았던 영광의 계시가 지금도 우리에게 생생히 살아 역사하고 있음을 봅니다. 우리는 사실상 그들과 동일한 시대를 살고 있으며, 성령을 통해 믿음의 조상들과 함께 구경꾼이 아닌 당사자로서 왕과의 인터뷰에 동참하고 있는 것입니다.

우리는 아브라함이 하나님에게서 약속받은 영원한 복(창 12:1-3 참고)을 부러워할 필요가 없습니다. 나에게도 동일한 믿음이 있다면 아브라함의 부르심에 담긴 영적 의미와 효력을 공유하게 될 것이며, '믿음이 있는 아브라함과 함께 복을'(갈 3:9) 받을 것이기 때문입니다.

그러므로 나는 결코 아브라함이 하나님과 누리는 은밀한 교제를 방해하는 낯선 침입자가 아닙니다. 나는 성령으로 기록된 아브라함에 관한 말씀과 그분의 임재를 통해 아브라함과 동일한 교제를 누리고 있습니다. 나는 하나님의 부르심을 받는 순간 사실상 아브라함과 함께 낯선 나라를 향한 여정을 시작했으며, 이삭과 야곱과 함께 장막에 거하면서 그들과 동일한 언약을 기업으로 받았습니다.

우리는 하나님이 계획하고 지으실 터가 있는 나라를 함께 바라보고 있습니다. 우리는 더 나은 본향 하늘나라를 소망합니다. 그리고 우리를 위하여 한 성을 예비하신 하나님은 결코 우리의 하나님이라 일컬음 받으심을 부끄러워하지 않으실 것입니다(히 11:8-16 참고).

내가 아브라함의 자녀로서 나그네 복장을 하고 순례자의 지팡이를 드는 순간부터 어느 곳에 장막을 치고 제단을 쌓든, 나는 사실상 '서쪽은 벧엘이요 동쪽은 아이'(창 12:8)인 곳에서 순례자 조상들과 함께 예배드리고 있는 것입니다. 나의 기도는 그들의 기도와 함께 휘장 안에 있는 영원한 신앙의 세계로 향할 것입니다. 설사 내가 신앙의 순결을 지키지 못하고 애굽으로 내려가 비겁하게 타협할지라도 하나님은 나를 구하고 내 영혼을 회복시키실 것이며, 다시 한 번 그분의 언약을 자세히 알려 주실 것입니다.

대적들과 싸워 승리하고 돌아오는 길에 멜기세덱은 하늘과 땅의 주인이요 나를 대적의 손에서 구원하신 지극히 높으신 하나님의 이름으로 나를 축복할 것입니다. 살렘 왕이자 의의 왕이며 영원한 제사장인 그분이 내가 순례의 길로 나아갈수록 더욱 큰 평안과 복의 중보자가 되실 것입니다. 나는 환상 중에 "두려워하지 말라. 나는 네 방패요 너의 지극히 큰 상급이니라"(창 15:1)라는 여호와의 말씀을 듣고, 아브라함과 함께 밤하늘의 뭇별을 바라보면서 그와 나의 하나님이신 그분으로부터 언약의 후손에 관한 이야기를 들으며, 믿음으로 의롭다하심을 얻게 될 것입니다(창 15:5,6 참고). 아브라함의 칭의에 관한 기록은 아브라함만을 위한 것이 아니라 아브라함과 같이 믿음으로 말미암아 의롭다하심을 받게 될 우리를 위한 것이기도 합니다(롬 4:23,24 참고).

또한 우리는 "나는 전능한 하나님이라. 너는 내 앞에서 행하여 완전하라"(창 17:1)라는 말씀을 통해 다시 한 번 힘을 얻고, 다른 사람을 위한 중보자로서의 사명을 감당하게 될 것입니다(창 18:22-33 참고). 이 위대한 순례자의 삶을 사는 동안 '바랄 수 없는 중에 바라고'(롬 4:18) 낙심하지 않고 나아갈 때에 마침내 이삭이 태어나 우리의 심령과 가정에 웃음꽃을 피울 것입니다(창 21:1-7 참고). 여호와께서 우리로 '여호와 이레'(창 22:14)의 복을 경험하게 하실 것입니다. 이삭을 바쳐야 하는 시련의 순간이 지난 후에 그리스도의 날을 더욱 밝히 보게 되는 것입니다(창 22:1-18 참고).

이와 같이 풍성한 영적 경험을 통해 우리는 절대 '성경의 모든 예언은 사사로이 풀 것'(벧후 1:20)이 아님을 알게 될 것입니다. 또한 성도들에게 주신 모든 약속이나 왕의 임재에 관한 내용이 어느 개인의 것이 아니라 약속의 후사로서 그리스도 안에 거하는 아브라함의 모든 자녀의 것임을 깨닫게 될 것입니다. 하나님이 아브라함에게 약속하신 바 "땅의 모든 족속이 너와 네 자손으로 말미암아 복을 받으리라"(창 28:14)라는 말씀에 담긴 뜻을 더욱 명확하고도 구체적으로 깨닫게 되는 것입니다. 곧 하늘에 속한 영적 복의 온전한 의미와 풍성함을 발견하게 되는 것입니다. 그리고 성령께서 다시 한 번 상기시킨 바 "그러므로 믿음으로 말미암은 자는 믿음이 있는 아브라함과 함께 복을 받느니라"(갈 3:9)라는 말씀을 온전히 이해하게 되는 것입니다.

또한 나는 약속의 자녀인 '자유 있는 여자, 즉 위에 있는 예루살렘'의 자녀 이삭과 같이 성령으로 난 자가 되어 육체를 따라 난 자의 핍박을 받을 때에도 실로 그때와 지금이 동일하다는 사실을 깨닫게 될 것입니다. 나도 같은 어머니에게서 성령을 따라 난 약속의 자녀이기 때문에 본질적으로 변한 것은 없습니다. 육체를 따라 난 자로부터 핍박을 받는 상황도 그때와 동일합니다. 실로 달라진 것이 없습니다.

이처럼 진리는 세월과 무관하기 때문에 나는 위에 있는 예루살렘이라는 초월적인 세계 안에서 이삭과 동일한 시대를 살고 있습니다(갈 4:22-31 참고). 지금도 성경은 나의 귀에 "이 여종과 그 아들을 내쫓으라. 이 종의 아들은 내 아들 이삭과 함께 기업을 얻지 못하리라"(창 21:10)라고 말씀하십니다. 나는 기업을 받을 이삭과 동일한 후사로서 아브라함의 씨를 통해 얻은 자유를 누리고 있는 것입니다(갈 4:22-31, 5:1 참고).

여호와와 야곱이 만난 영광스러운 장면 역시 나와 무관하지 않습니다. 야곱이 본 환상은 나의 것이자 나다나엘의 것이며 모든 '참 이스라엘 사람'의 것입니다(창 28:10-22, 요 1:51 참고). 영감으로 기록된 말씀은 벧엘과 마하나임과 브니엘을 영적인 장소요, 그 어떤 죄악이나 세월의 흐름도 방해하지 못하는 장소로 계시합니다. 그곳은 '하나님의 집이요 이는 하늘의 문'(창 28:17)이며, '여호와의 천사가 주를 경외하는 자를 둘러 진 치고'(시 34:7) 있는 곳이며, 그들의 조상이 허벅다리로 말미암아 절며 브니엘을 지날 때에 해가 돋았던 것처럼(창 32:31 참고) '야곱 족속이 여호와의 빛에 행하는'(사 2:5 참고) 곳입니다.

'왕의 갤러리'의 거룩한 전당에 대해 다른 예가 더 필요합니까? 이것으로도 충분할 것입니다. 우리는 이 '상아궁'이 감각과 시간을 초월하는 영역에 있다는 사실을 알고 있습니다. 그곳이 바로 하늘의 처소입니다. 그곳은 손으로 붙잡을 수 있는 산이 아니라 살아 계신 하나님의 도성, 하늘의 예루살렘입니다. 외부인은 절대 그곳으로 들어올 수 없으며, 그곳의 자녀도 절대 밖으로 나갈 수 없습니다. 만일 아들이 우리를 자유하게 한다면, 우리는 그분의 집에서 참으로 자유를 누릴 것입니다.

나는 말씀과 성령을 통해 아브라함과 이삭과 야곱이 '뼈 중의 뼈요 살 중의 살'인 그리스도 안에서 하늘의 처소에 앉아 있는 것을 봅니다. 그리스도는 이스라엘의 왕이십니다. 우리가 만일 그리스도와 함께 살리심을 받았다면, 모든 믿음과 사랑과 기쁨의 삶에도 동참하게 될 것입니다.

믿음은 하늘나라에 있는 왕의 갤러리로 들어가는 열쇠이며, 성령은 인도자입니다. 만일 우리가 왕이 내 집에 들어오심을 감당하지 못한다는 사실을 진심으로 깨닫고 다만 말씀으로만 하여도 나의 모든 구원과 소망이 성취된다는 사실을 믿는다면, 그분이 주신 이러한 믿음으로 말미암아 거룩한 성경의 갤러리로 들어가 아브라함과 이삭과 야곱과 함께 천국에 앉게 될 것입니다.

"백부장이 대답하여 이르되, 주여 내 집에 들어오심을 나는 감당하지 못하겠사오니 다만 말씀으로만 하옵소서. 그러면 내 하인이 낫겠사옵나이다……이스라엘 중 아무에게서도 이만한 믿음을 보지 못하였노라. 또 너희에게 이르노니 동서로부터 많은 사람이 이르러 아브라함과 이삭과 야곱과 함께 천국에 앉으려니와"(마 8:8-11).

참으로 모든 성도가 동시대를 살아간다는 이 원리야말로 우리에게 얼마나 풍성한 영적 경험과 믿음의 삶을 누리게 하며 하나님과의 거룩한 동행으로 이끄는지요!

이런 관점에서, 그리고 이와 같이 살아 있는 방식으로 히브리서 11장을 읽어 보십시오. 만일 저자가 믿음으로 산 자들의 놀라운 승리의 경험에 대해 이야기할 시간이 부족하였다면, 우리가 그들과 함께 지내며 그들의 기쁨과 슬픔과 수고와 싸움에 동참할 시간은 더욱 부족할 것입니다(32절 참고). 그러나 확실히 우리가 당하는 모든 믿음의 시련은 그들 가운데서 전례를 찾을 수 있는 것이며, 결코 지나간 과거의 전례가 아니라 지금도 우리 안에서 계속되고 있는 하나의 전조인 것입니다.

예를 들어, 모세의 후계자라는 명예를 얻은 여호수아는 어떻게 행하였습니까? 성경은 "젊은 수종자 여호수아는 회막을 떠나지 아니하니라"(출 33:11)라고 말합니다. 그는 '여수룬의 왕'에 대한 무한한 사랑과 존경심을 가지고 회막을 지켰습니다. 이 여호수아가 이스라엘의 새로운 지도자가 되어 느보산 아래 모압 평지에서 하나님으로부터 가나안 정복의 대명령을 받지 않았습니까?(수 1:1-9 참고)

감추어진 하나님의 자녀들이여! 우리의 상황이 그때와는 다릅니까? 그러나 두려워하지 말고 이 위대한 승리자와 함께하시기 바랍니다. 여호와께서 그를 지명하여 믿음으로 싸우게 하시고 말씀을 통해 그를 그 땅에 있는 모든 가나안 사람보다 강하게 하셨던 것을 기억하십시오. 그에게 주신 약속의 말씀에 귀를 기울이십시오.

"네 평생에 너를 능히 대적할 자가 없으리니 내가 모세와 함께 있었던 것같이 너와 함께 있을 것임이라. 내가 너를 떠나지 아니하며 버리지 아니하리니 강하고 담대하라"(수 1:5,6).

이 약속은 영원히 살아 있는 말씀이 아닙니까? 이것은 여호수아에게만 하신 약속이 아닙니다. 그런데도 혹시 영적인 차원에서 자신의 싸움을 모압 평지로 떠넘겨 버리고, 의기양양하게 모든 불가능하고도 절망적인 일을 요단강을 건너는 것과 같다고 여기지는 않습니까? 그렇게 받아들여서는 안 됩니다. 여호수아에게 주신 약속과 능력은 결코 허상이나 환상이 아닙니다.

히브리서 저자를 통해 말씀하시는 성령은 결코 그렇게 권면하시지 않습니다. 그분은 확실히 우리와 그들과의 연합에 대해 언급하고 있습니다. 그러한 연합과 그것에 관한 약속이 지금도 살아 있다는 점을 분명히 밝히고 있습니다. 사실상 우리는 약속이 주어진 그날, 그 상황으로 되돌아가 이스라엘의 용사들과 동시대인이 된 것입니다.

"그가 친히 말씀하시기를 내가 결코 너희를 버리지 아니하고 너희를 떠나지 아니하리라 하셨느니라. 그러므로 우리가 담대히 말하되 주는 나를 돕는 이시니 내가 무서워하지 아니하겠노라. 사람이 내게 어찌하리요 하노라"(히 13:5,6).

그러므로 이러한 권면을 담대히 받아들이고 수많은 이스라엘 가운데 하나가 되어 어떤 어려움이 닥치더라도 오직 주만 바라보며 그들과 함께 요단강을 건너시기 바랍니다.

이스라엘의 노래하는 자가 자신 있게 전하는 권면에 귀를 기울이시기 바랍니다. 그는 앞서 자신보다 더욱 큰 강을 건넜던 이스라엘과 자신을 동일하게 여겼습니다. 그는 조금도 주저하지 않고 자신이 모세와 동시대인이요 아울러 구름과 바다에서 그와 함께 세례를 받은 자들과 동시대인임을 주장합니다. 이 이스라엘의 왕은 그로부터 수백 년간 이어져 내려온 믿음의 승리에 대해 노래합니다.

"와서 하나님께서 행하신 것을 보라. 사람의 아들들에게 행하심이 엄위하시도다. 하나님이 바다를 변하여 육지가 되게 하셨으므로 무리가 걸어서 강을 건너고 우리가 거기서 주로 말미암아 기뻐하였도다"(시 66:5,6).

오, 살아 있는 하나님의 교회여! 출애굽의 영광은 모든 시대의 것입니다. 하나님의 영광과 권능은 사라지지 않습니다. 우리가 영원한 유월절을 경험하였다면, 마찬가지로 영원한 출애굽도 경험할 것입니다. 우리는 믿음으로 말미암아 불가능한 것을 성취할 수 있습니다. 믿음으로 그들과 하나가 되어 출애굽을 경험하고 걸어서 강을 건너기 바랍니다. 우리의 왕이신 하나님은 지금도 시간을 초월한 광야에서 조금도 변함없는 능력과 권위로 "이스라엘 자손을 명하여 앞으로 나아가게 하라"라고 말씀하십니다.

하나님의 자녀여! 앞으로 나아가야 합니다. 대적을 삼킬 물이 우리에게는 좌우의 담이 될 것입니다. 걸어서 강을 건너기 바랍니다. 노래하며 지나가기 바랍니다.

"내가 여호와를 찬송하리니 그는 높고 영화로우심이요 말과 그 탄 자를 바다에 던지셨음이로다"(출 15:1).

그분은 언제나 우리를 애굽 땅 종 되었던 집에서 인도하여 내신 여호와 하나님이십니다. 그분은 우리를 '광활한 땅'(사 33:17)으로 인도하십니다. 과거에 주신 모든 은혜가 우리의 것이며, 미래의 영광 또한 모두 우리의 것입니다. 바울은 '하나님의 말씀을 통해' 수천 년간 내려온 예언과 다윗에 관한 말씀들이 성취되었다고 말합니다. 다윗이 성령으로 출애굽을 현재화하였듯이, 바울은 그리스도의 재림을 현재적이고도 영원한 교회의 유산으로 제시합니다.

"우리가 주의 말씀으로 너희에게 이것을 말하노니 주께서 강림하실 때까지 우리 살아 남아 있는 자도 자는 자보다 결코 앞서지 못하리라"(살전 4:15).

즉, 그때까지 누구도 미리 대기하거나 앞서지 못한다는 것입니다. 그러므로 알파와 오메가요 처음이며 나중이신 그리스도의 자녀들이 결코 시간에 구속되어서는 안 됩니다. 모든 시대가 우리와 함께 있습니다. 아브라함이나 이삭이나 야곱, 모세나 여호수아나 다윗, 바울이나 아볼로나 게바가 우리에게 속하였으며, 세상이나 생명이나 사망, 과거나 미래, 다가올 모든 것들과 이스라엘의 출애굽과 그리스도의 재림 모두가 우리에게 속하였습니다. 성도들과 함께하시는 그리스도의 임재가 우리와 그들 안에서 이 모든 것을 이루실 것입니다.

이와 같이 만유가 그리스도 안에서, 때가 찬 경륜 안에서 재현될 것입니다. 마찬가지로 과거와 미래의 모든 시간이 그리스도 안에서 재현될 것입니다. 그분은 몸의 머리요 영존하는 아버지이십니다. 그러므로 그분이 임재해 계시는 한 날이 수천 년의 날과 같습니다. 우리는 그분의 임재를 통해 하늘과 땅에 있는 모든 가족과 함께하고 있는 것입니다.

이것이 믿음의 특권입니다. 실로 '지금은 거울로 보는 것같이 희미하나 그때에는 얼굴과 얼굴을 대하여 볼 것'(고전 13:12)입니다. 우리가 보는 대상은 동일하지만 계시의 방법이 달라지는 것입니다. 그때의 기쁨은 말로 표현할 수 없을 것입니다. 은혜가 영광으로 충만할 때에 우리의 믿음은 결코 충격적이지 않은 방식으로 아름다운 결실을 맺게 될 것입니다. '하늘이 큰 소리로 떠나가고 물질이 뜨거운 불에 풀어지고 땅과 그중에 있는 모든 일이 드러날 때'(벧후 3:10 참고)에 기록된 말씀대로 우리와 함께하신 그리스도께서 빛 가운데 아버지의 영광이 충만한 모습으로 임하실 것입니다.

"이것들을 증언하신 이가 이르시되 내가 진실로 속히 오리라 하시거늘 아멘, 주 예수여 오시옵소서"(계 22:20).

옮긴이 **황의무 목사**는 한국외국어대학교 영어과를 졸업하고 한국은행에서 근무하다가 기독신학대학원대학에서 신학을 공부하였습니다. 그리고 한국은행을 퇴직한 후에 고려신학교를 졸업(M.Div)하고, 현재 상도교회(고신) 담임목사로 시무 중이며, 역서로는 『그리스도인』, 『고난을 주시는 하나님』 등이 있습니다.

스코틀랜드 P&R 시리즈 6
그리스도의 임재

지은이 | 휴 마틴
옮긴이 | 황의무

펴낸곳 | 지평서원
펴낸이 | 박명규

편 집 | 정 은, 이윤경
디자인 | 안소영
마케팅 | 정지욱

펴낸날 | 2010년 6월 22일 초판

서울 강남구 역삼동 684-26 지평빌딩 135-916
☎ 538-9640,1 Fax. 538-9642
등 록 | 1978. 3. 22. 제 1-129

값 11,000원
ISBN 978-89-6497-000-3-94230
ISBN 978-89-86681-74-1(세트)

메일주소 jipyung@jpbook.kr
홈페이지 www.jpbook.kr